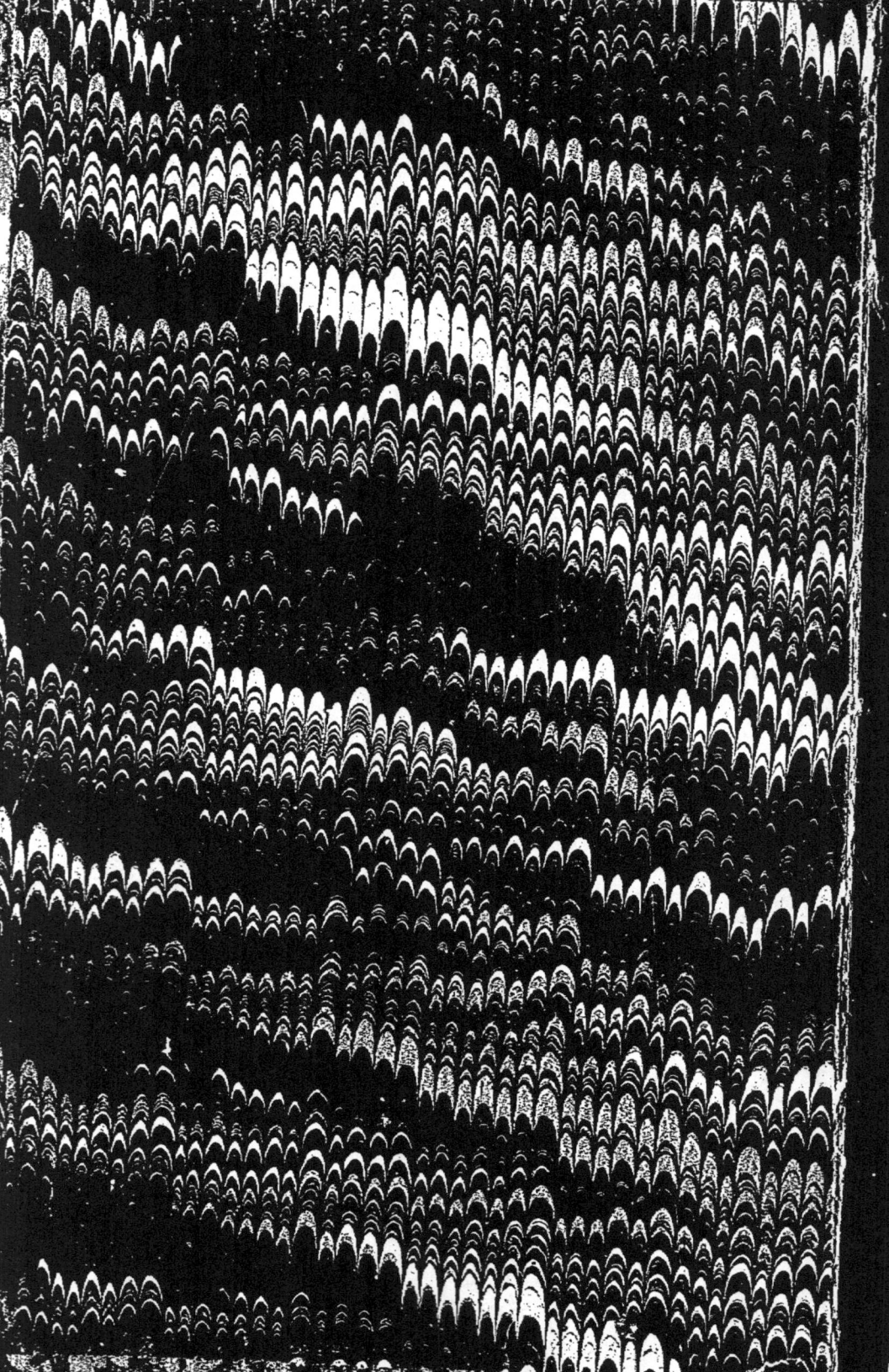

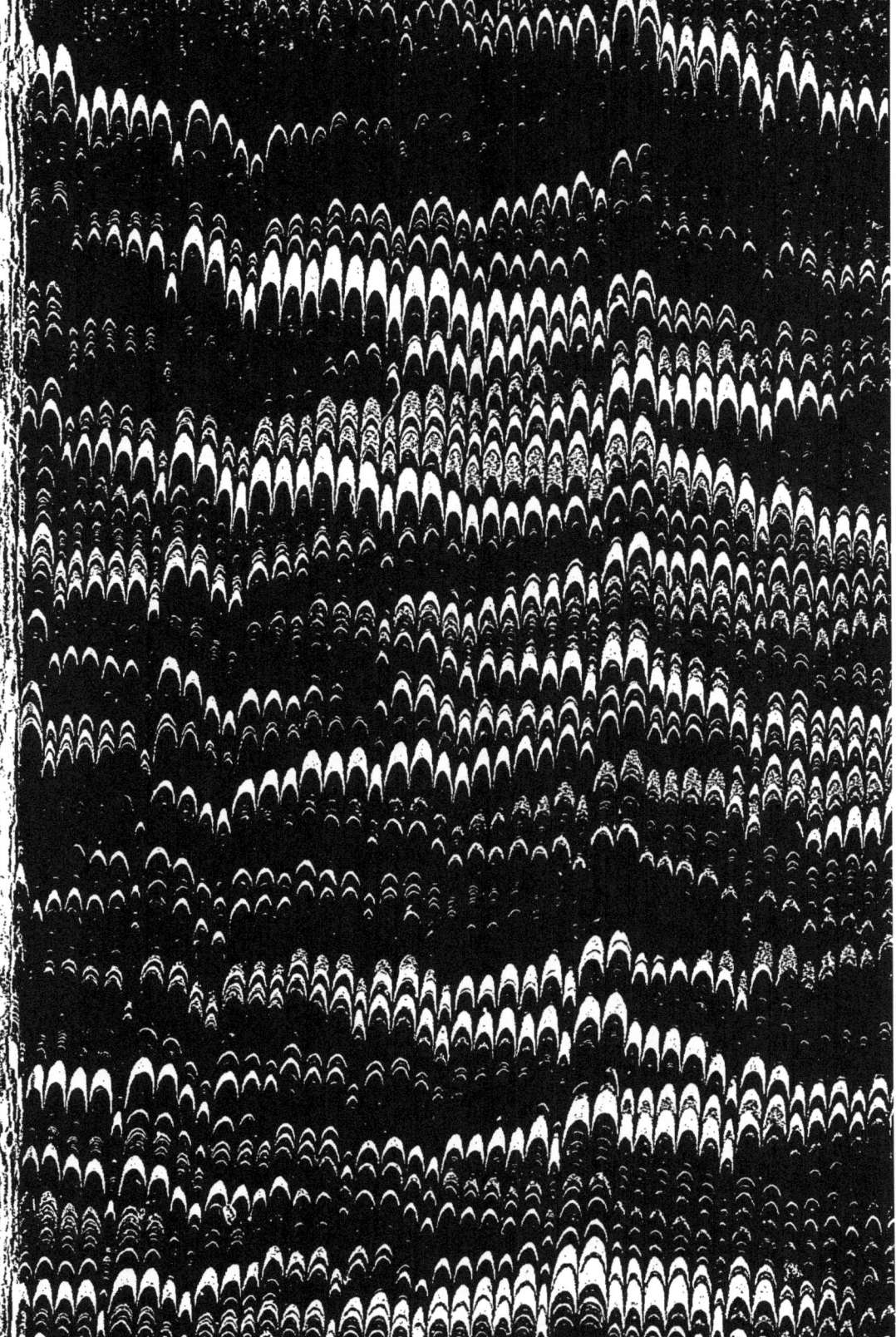

11871

8º Y f
792

L'ESPRIT AU THÉATRE

8° Yf
792

L'ESPRIT AU THÉATRE

DÉPOSÉ AUX TERMES DE LA LOI

Bruxelles. — Imp. de E. Guyot, rue de Pachéco, 12.

ÉMILE COLOMBEY

L'ESPRIT

AU

THÉATRE

PARIS
COLLECTION HETZEL
LIBRAIRIE DE L. HACHETTE ET COMPAGNIE
RUE PIERRE-SARRAZIN, 14

PRÉFACE

Notre intention n'est pas de marcher sur les brisées du *Citateur dramatique* ou de tout autre recueil de cette espèce : ce n'est que par exception que nous chassons sur les mêmes terres. Nous nous contentons de rapporter les menus propos semés, de ci de là, sur les choses du théâtre, — depuis Sophocle jusqu'à M. Alexandre Dumas fils, depuis le bateleur Philippe jusqu'à M. Beauvallet, depuis Aristote jusqu'à M. Venet. Nous avons donné place aussi aux saillies des coulisses et des foyers, aux interruptions du parterre et aux caquets des salons. Et, pour rompre la monotonie, nous avons mêlé quelques ingénuités à toutes ces boutades.

Nous aurions pu grossir beaucoup plus ce volume, mais il nous eût fallu ramasser des anecdotes scabreuses et des jeux d'esprit d'un tour trop risqué. Nous n'avions qu'à nous baisser, et ce genre de récolte eût été des plus abondants. Le monde des coulisses, comme le monde des ateliers, ne se gêne pas pour prendre des privautés avec la langue, et Dieu sait les triomphes sonores obtenus à l'aide de certaines audaces de style ! Piron et M. Veuillot sont là pour en témoigner. — Que M. Veuillot ne s'offense pas de l'accouplement ! Certes, Piron a péché (hélas ! qui n'a pas été jeune une fois au moins en sa vie ?), mais il a racheté ses fautes par une bonne fin, si l'on ne compte pas sa dernière grimace.

Donc, nous avons laissé à l'écart les « mots de gueule » et les gaietés grasses. Il en résulte une grande perte de sel, mais il faut en faire son deuil. Ce que l'on entend sans sourciller ferait rougir le papier, comme dirait M. Prudhomme.

Du reste, malgré les limites que nous nous sommes imposées, notre champ est encore assez vaste pour que les propos les plus variés s'y donnent carrière. Voici Arnal avec son flegme incurable ; Pylade le pantomime et son inflexible bon sens ; Corneille et sa bonhomie quelque peu narquoise ; M. Mario Uchard dans l'ivresse de sa gloire ; le vicomte d'Arlincourt et ses vers nonpareils ; Sophie Arnould et ses traits acérés ; Augustine Brohan et ses impitoyables sarcasmes ; Harel et son esprit de ressources ; Thémistocle et son amour des louanges ; la *modestie* de M. de Jouy ; Molé pris dans ses propres filets ; Palaprat et son tournebroche ; Michot et ses « bons gendarmes ; » les coups de canne de la Maupin ; les ruades du chevalier de Tintiniac ; les reparties du vicomte de Ségur; les quolibets de Martainville; les calembredaines d'Odry; un mot de la Duthé; un hexamètre de madame de Lambert, et, pour couronner le tout, une fine espièglerie de l'empereur Gallien.

E. C.

L'ESPRIT AU THÉATRE

ABBÉS

Un abbé venait de s'asseoir sur un des bancs placés de chaque côté de la scène et que Lauraguais fit supprimer. Le parterre, qui était ce soir-là de méchante humeur, se mit à crier.

— A bas monsieur l'abbé ! à bas !

Celui-ci fit d'abord la sourde oreille; puis, voyant qu'on paraissait disposé à le huer indéfiniment, il perdit patience et se leva. Le public aussitôt, s'imaginant qu'il cédait à l'orage et battait en retraite, redoubla ses clabauderies; mais l'abbé, loin de disparaître, s'approcha du parterre et dit fort poliment :

— Messieurs, depuis qu'on m'a volé une montre d'or en votre compagnie, j'aime mieux qu'il m'en coûte quatre francs au théâtre que de me remettre auprès de vous.

*

On devait lire, chez un évêque au faubourg Saint-Germain, une tragédie nouvelle que les comédiens se disposaient à représenter au premier jour. L'auteur, qu'on attendait, ne fut pas plus tôt arrivé, qu'il tira sa pièce de sa poche pour en régaler la compagnie.

Il commence. On l'écoute, et bientôt quelques battements de mains font retentir la salle; le prélat se met de la partie de la meilleure foi du monde. Un petit abbé, voyant que l'évêque applaudissait, et croyant qu'en louant tout haut la pièce son supérieur spirituel riait tout bas de l'auteur, prit le parti de la louer aussi. Et même il faisait des exclamations aux plus mauvais endroits, et paraissait transporté d'admiration, ce qui achevait de confirmer le prélat dans l'estime qu'il avait pour l'ouvrage. Enfin, quand l'auteur, comblé de louanges, fut sorti, l'évêque dit à l'abbé :

— Voilà une belle tragédie. Qu'en pensez-vous, monsieur l'abbé? N'êtes-vous pas de mon sentiment?

— En vérité, monseigneur, répondit l'abbé d'un air sérieux, je n'ai de ma vie rien entendu de si pitoyable.

— Comment donc! répliqua le prélat étonné, vous avez applaudi cette pièce et vous la trouvez mauvaise?

— Je vous demande pardon, monseigneur; j'ai cru que vous l'applaudissiez par ironie et j'ai suivi votre exemple.

ABONDANCE DE PÈRES

Une ingénue se trouvait dans une position intéressante. Le directeur l'engagea à suspendre son service, et lui dit avec intérêt:

— Qui est-ce qui a pu vous mettre dans cet état-là, mon enfant ?

— C'est des messieurs que vous ne connaissez pas, répondit la pauvre fille en pleurant.

ABOUT

About venait de lire à un haut personnage une comédie qu'il comptait offrir aux Français.

— Mais, dit celui-ci au moment de prononcer son jugement, où est donc la morale de tout ceci ?... Je ne la vois point.

— Ah ! la morale ?...

— Oui.

— Eh bien, la pièce vous a-t-elle amusé, là, franchement ?

— Certes.

— Eh bien, la voilà, la morale...

ACCIDENT COMIQUE

Un financier inquiétait le machiniste de l'Opéra en rôdant trop souvent autour de mademoiselle Saulnier, que ce machiniste aimait. Aussi, voulant se venger, il profita du moment où, la toile étant baissée, son rival avait suivi l'objet de sa flamme jusque sur le truc d'un nuage, pour donner le coup de sifflet qui était le signal de l'élévation de ce nuage vers les frises. Au lever du rideau, tout le public de l'Opéra put admirer le majestueux financier, en perruque et en grand gilet mordoré, montant dans les airs, à côté de Minerve, représentée par mademoiselle Saulnier.

ACTE (un cinquième)

L'auteur d'une tragédie nouvelle ayant fait le sacrifice de son cinquième acte pour assurer à son ouvrage deux ou trois autres représentations :

— Voilà, dit M. Siraudin, un homme qui se met en quatre pour satisfaire le public.

— Il vaudrait peut-être mieux, dit Grassot, qu'il mît ses quatre actes en pièce.

AGE DE MADEMOISELLE P***

— Décidément, quel âge peut donc avoir la fameuse actrice mademoiselle P***?
— Dame, vingt-huit ans.
— Vous croyez cela, vous ?
— Je puis bien le croire : il y a dix ans qu'elle le fait dire deux fois par semaine dans les journaux de théâtre.

ALBONI

Madame de Girardin disait d'Alboni : « C'est un éléphant qui a avalé un rossignol. »

Quand madame Medori débuta à l'Opéra, elle arrivait précédée d'une réputation qu'elle ne justifia pas. « C'est, dit M. H***, un rossignol qui a avalé un éléphant. Malheureusement, l'éléphant lui est resté dans la gorge. »

ALCIDE TOUSEZ ET LES PERDREAUX

ALCIDE TOUSEZ. — Combien les quatre perdreaux qui vous restent?
LA MARCHANDE. — Six francs.

Alcide Tousez. — Et en choisissant les plus gros ?
La marchande. — Deux francs la pièce.
Alcide Tousez. — Bien... Je prends ces trois-ci.

ALCIDE TOUSEZ ET LA RETRAITE DE RUSSIE

Alcide Tousez, racontant l'histoire de Napoléon, s'exprimait ainsi en parlant de la retraite de Russie :

— Il faisait si froid, mes enfants, que *le feu* lui-même *gelait*.

ALLAN (madame)

Madame Allan était la première comédienne des Français, comme Rachel en était la première tragédienne. Augustine Brohan sentait cette supériorité et s'en vengeait de son mieux en faisant contre elle des mots qui souvent dépassaient le but. Quelqu'un qui ignorait l'hostilité de ces deux artistes déplorait devant madame Allan qu'Augustine eût de si mauvais yeux.

— Les mauvais yeux de mademoiselle Brohan sont sa seule qualité, dit madame Allan ; grâce à eux, on peut croire qu'elle ne sait où elle frappe.

*

On parlait beaucoup de l'esprit d'Augustine Brohan devant cette même madame Allan :

— Quand elle sera vieille, dit madame Allan, ceux qui citeront ses meilleurs mots auront l'air d'être ses ennemis. Ses amis et elle-même seront obligés de les renier.

AMÉNITÉS THÉATRALES

Harel et d'Épagny se trouvaient en concurrence pour obtenir la direction de l'Odéon ; d'Épagny l'emporta. Harel, qui ne désespérait jamais de l'avenir, se vengea momentanément par un mot, suivant sa coutume.

— D'Épagny n'a fait *qu'entr'ouvrir* l'Odéon.

— C'est vrai, dit à son tour d'Épagny, à qui l'on rapportait le mot ; c'est pour ne pas laisser entrer mademoiselle George.

AMPHIGOURI

On a remarqué, dans la parodie du *Fils naturel*, ce couplet qui résume toute la pièce, et qui est un modèle d'amphigouri :

> J'aurais voulu te cacher que ton père
> A négligé de t'appeler son fils ;
> Mais il le faut ! Tu possèdes un père
> Qui ne tient pas à posséder un fils.
> L'état civil ne connaît pas ton père ;
> Ton pèr' non plus ne connaît pas son fils ;
> Ton père est l'pèr' d'un fils qui n'a pas d'père,
> Et toi, le fils d'un pèr' qui n'a pas d'fils...

ANAIS AUBERT

Anaïs donnait un jour à Augustine Brohan un conseil.

— Du temps de Molière, disait-elle pour appuyer son conseil, on disait ainsi...

— Tu t'en souviens? interrompit Augustine.

ANCELOT

Le soir de la première représentation de *Maria Padilla*, qui avait été accueillie par des sifflets, M. Ancelot, très-déconfit, recevait au foyer les condoléances d'usage.

— La pièce ne mérite pas ce sort-là!
— Il y a de beaux effets!
— Il s'y trouve des choses que le public n'a pas comprises!
— Ça se relèvera à la deuxième représentation!
— Ces buses d'acteurs ne savaient pas assez leurs rôles!
Etc., etc., etc.

C'était un chœur de dames compatissantes qui entouraient l'auteur désolé. Madame Guillemin, l'une d'elles, aperçoit Choquart, l'ancien garde du corps de Charles X, le vaudevilliste original. Elle va le trouver dans un coin du foyer, et lui dit :

— Avez-vous vu la pièce nouvelle, monsieur Choquart?
— Oui, madame.
— Eh bien, qu'en pensez-vous? N'est-ce pas que...?
— Madame, interrompit vivement l'ancien garde du corps, que toutes les susdites jérémiades avaient ennuyé, madame, si mon portier avait fait cette pièce, je ne rentrerais pas coucher chez moi ce soir!

(*Gazette de Paris.*)

ANCELOT ET MOLIÈRE

Lorsque M. Ancelot était directeur du Vaudeville, un jeune

homme qui avait obtenu une lecture, voulant gagner son juge, demanda à lire des vers adressés à l'académicien. Quand il fut arrivé à

> Rival heureux de notre grand Molière,

M. Ancelot se cabra : un tel éloge effarouchait sa modestie. Il exigea la substitution d'*émule* à *rival*. Le jeune homme s'exécuta avec force regrets; puis il débita le reste tout d'une haleine. Il espérait ensuite recevoir quelques compliments. Mais, à partir du fameux vers ainsi modifié :

> Émule heureux...

M. Ancelot était demeuré plongé dans une profonde méditation. Enfin, il se décide à parler, et c'est pour dire :
— Tout bien pesé, *émule heureux* sonne mal à l'oreille, rétablissez *rival*.

ANDROMAQUE

Une grave magistrat, qui n'avait jamais été à la comédie, s'y laissa entraîner par l'assurance qu'on lui donna, qu'il serait très-content de la tragédie d'*Andromaque*. Il fut très-attentif au spectacle, qui finit par *les Plaideurs*. En sortant, il alla trouver Racine; et, croyant lui devoir un compliment, lui dit :
— Je suis très-satisfait, monsieur, de votre *Andromaque*; c'est une jolie pièce : je suis seulement étonné qu'elle finisse si gaiement. J'avais d'abord eu quelque envie de pleurer; mais la vue des petits chiens m'a fait rire.

ANGLAIS

Un Anglais épris d'une actrice française qui était d'une rare beauté, d'un remarquable talent et d'une conduite exemplaire, lui écrivit le billet suivant :

« Mademoiselle, on dit que vous êtes sage et que vous avez formé la résolution de l'être toujours : je vous exhorte à ne pas changer. Le contrat que je vous envoie vous assure cinquante guinées par mois tant que cette fantaisie vous durera. Si par hasard elle vient à vous passer, je vous en donnerai cent et vous demande la préférence. »

— Si je connaissais des Anglais comme celui-là, disait à cette occasion mademoiselle X***, je lui ferais bien voir qu'en France on sait que deux et deux font quatre; faut-il qu'elle soit bête, la petite A***, et son Anglais bon enfant !

ANGUILLES DE MELUN

Une chanteuse se plaignait qu'on la couvrit de huées avant qu'elle eût ouvert la bouche.
— Le public, lui répondit-on, est comme les anguilles de Melun, qui crient avant qu'on les écorche.

A-PROPOS

Dans la *Revue des Théâtres* de Chevrier, paraît une danseuse, qui arrivant justement comme la pièce chancelait :

— Quel motif en ces lieux vous fait porter vos pas? lui demanda-t-on.

Elle répondit :

— Je viens tirer un auteur d'embarras.

— Ma foi, il était temps! riposta quelqu'un.

Et de rire.

A QUI PERD GAGNE

Une actrice, d'une légèreté de conduite notoire, disait :

— On m'a proposé une partie de campagne fort agréable, mais je m'y suis refusée à cause des mauvaises langues; car, Dieu merci, on empoisonne tout aujourd'hui. En un mot, j'ai craint d'y perdre ma réputation.

— Tu as eu tort, lui dit mademoiselle X***, son amie : à ce jeu-là, tu ne pourrais que gagner.

ARGUMENT *AD HOMINEM*

Un des premiers gentilshommes de la Chambre s'étonnait qu'on n'eût pas poussé plus loin que le quatrième acte une tragédie nouvelle, généralement huée jusque-là.

— Ma foi, monseigneur, dit une actrice, je voudrais bien voir, si vous étiez sifflé pendant quatre actes, quelle mine vous feriez au cinquième!

ARIOSTE

Le père de l'Arioste le gronda un jour très-vivement et très-longtemps. Il l'écoutait avec une très-grande attention, sans lui répliquer, sans chercher à se justifier. Un témoin de cette scène lui demanda pourquoi il n'avait rien allégué pour sa défense. L'Arioste répondit simplement qu'il travaillait à une comédie, et qu'il en était resté à la scène d'un vieillard qui gronde son fils ; que, dès que son père avait ouvert la bouche, l'idée lui était venue de l'étudier afin de pouvoir peindre d'après nature : en sorte qu'il n'avait été occupé que du ton, des gestes et des propos de son père, et point du tout de ses réprimandes.

ARISTOPHANE

Cléon, fils de corroyeur et corroyeur lui-même, était d'une insolence extrême. Il imposait aux masses par sa voix de stentor, et avait réussi à gagner le peuple et à le mettre dans ses intérêts. Il était devenu le personnage le plus considérable de l'État. Aristophane ne craignit pas de s'attaquer à lui dans sa comédie des *Chevaliers*. Aucun acteur n'osant s'y hasarder, il fut obligé de jouer lui-même le rôle de Cléon. Il se barbouilla le visage de lie, faute de masque : il n'avait trouvé aucun ouvrier assez hardi pour reproduire les traits de Cléon.

Cléon, pour se venger des railleries d'Aristophane, l'accusa devant le peuple, et lui disputa son droit de citoyen de l'Attique. Aristophane se tira d'affaire par un mot qui réjouit ses juges, une citation fort heureuse de deux vers naïfs, qu'Homère a mis dans la bouche de Télémaque et qu'il s'appliqua fort plaisamment :

> Je suis fils de Philippe, à ce que dit ma mère.
> Pour moi, je n'en sais rien : qui sait quel est son père ?

*

Aristophane, dans ses comédies, parodia beaucoup de poëtes

tragiques, et principalement Euripide. Il touchait très-souvent juste : rien de plus amusant que le passage (pour n'en citer qu'un) où il fait parler un député qui vient, en vrai narrateur de tragédie, se perdre, d'un air pressé, dans un récit interminable, puis ajoute brusquement :

— Faites-moi donc taire !

ARLEQUIN

Dominique, auquel succédèrent les deux Carlin, père et fils, joignait à beaucoup d'esprit et de talent des connaissances en tout genre. Rencontrant dans une bibliothèque publique le président de Harlay, qui expliquait au conservateur ce que renfermait un ouvrage dont il ne se rappelait pas le titre, et dans lequel il désirait faire quelques recherches, le bibliothécaire ne devinait pas quel livre ce pouvait être. Dominique, témoin de leur embarras, désigna l'ouvrage sous son vrai nom. Le président, charmé de rencontrer un homme aussi éclairé, lie conversation, et finit par l'inviter à dîner. Dominique accepte. La plupart des convives, qui le connaissaient, ne furent pas peu surpris de le voir assis parmi eux. Ils n'en témoignèrent cependant rien au grave magistrat, si ce n'est après le dîner. Le président, surpris et fâché d'avoir admis familièrement à sa table un arlequin, voulut en témoigner sa mauvaise humeur à Dominique, en lui demandant assez brusquement qui il était.

— Monseigneur, répond l'aimable histrion, je suis votre parent et votre successeur.

— Comment? dit M. de Harlay encore plus vexé.

— Oui, monseigneur; votre bisaïeul n'était-il pas Harlay premier? votre aïeul, Harlay deux? votre père, Harlay trois? vous, monseigneur, Harlay quatre?... Eh bien, moi, je suis Arlé-quin.

*

Lorsque les acteurs de la Comédie française voulaient empêcher les comédiens italiens de parler français, l'affaire fut portée devant Louis XIV. Baron et Dominique furent les avocats des deux troupes. Lorsque Baron eut plaidé la cause de ses camarades, le roi fit signe à Dominique de parler à son tour. Cet acteur, après quelques gestes grotesques, dit au roi :

— Quelle langue Votre Majesté veut-elle que je parle?

— Parle comme tu voudras, lui dit le roi.

— Je n'en veux pas davantage, dit Dominique en saluant; ma cause est gagnée.

— Ma parole est lâchée, dit le roi en riant; je ne la retirerai pas.

*

Louis XIV, au retour de la chasse, était venu incognito à la comédie italienne qui se donnait à Versailles. Dominique jouait; et, malgré le jeu de l'excellent arlequin, la pièce parut insipide. Le roi lui dit en sortant :

— Dominique, voilà une mauvaise pièce.

— Dites cela tout bas, je vous prie, répondit-il; car, si le roi le savait, il me congédierait avec ma troupe.

— C'est bien, Dominique, ajouta Louis XIV, le roi n'en saura rien.

*

Mezzetin, ancien personnage de la Comédie italienne, est supposé venir sur le théâtre cachant quelque chose sous son manteau. Arlequin lui demande :

— Que portes-tu?

— Un poignard, dit Mezzetin.

Arlequin cherche, et voit que c'est une bouteille; il la vide, et la rend ensuite à Mezzetin en lui disant :

— Je te fais grâce du fourreau.

*

Les comédiens italiens donnèrent, au mois de juin de l'année 1771, sous le titre de *la Buona Figliola*, un opéra-comique en trois actes dont le sujet, ainsi que celui de *Nanine*, est tiré du roman de *Paméla*. Avant la première représentation, Carlin, qui avait joué son rôle d'Arlequin dans une pièce italienne, vint faire l'annonce, suivant l'usage; après quoi, restant sur le théâtre d'un air inquiet, et regardant autour de lui avec beaucoup de mystère, il lança des lazzis qui mirent en belle humeur les spectateurs. Puis, s'avançant sur le bord de la scène et s'inclinant vers le parterre, il lui dit en grande confidence :

— Messieurs, on va vous donner *la Buona Figliola*, ou la bonne enfant... Mes camarades veulent vous persuader que c'est une pièce nouvelle... N'en croyez rien... Je ne veux pas qu'on vous trompe; je suis trop honnête... Il y a dix ans que la pièce est faite... bon!... elle a couru l'Italie, l'Allemagne, l'Angleterre... Vous vous apercevrez, sans doute, qu'elle a un air de ressemblance avec *Nanine*... Je sais bien pourquoi...: elles sont sœurs... elles ne sont pas du même père, mais de la même mère..., elles descendent en droite ligne de cette madame Paméla qui a fait tant de bruit.

*

Dans une des pièces de l'ancien théâtre italien, qui étaient des canevas que l'acteur remplissait sur-le-champ, Carlin-Arlequin entendit son maître faire la plus amère satire des hommes.

— Et les femmes, monsieur, qu'en dites-vous?

— Les femmes?... Ah! c'est encore pis!

— Si bien donc, reprend Arlequin, que nous serions parfaits si nous n'étions ni hommes ni femmes.

*

Lorsqu'on donna aux Italiens *le Duel comique*, Carlin, à qui tout était permis, dit, en annonçant la pièce :

— Messieurs, je vous réponds de la musique, elle vous plaira. Quant aux paroles, heu! heu!... vous verrez.

Les amis de l'auteur trouvèrent cette hardiesse très-mauvaise; mais l'auteur lui-même dut convenir, après la représentation, que Carlin avait eu raison.

*

Un jour qu'il n'y avait que deux personnes dans la salle, on n'en fut pas moins obligé de jouer pour elles. Le spectacle fini, Carlin invita un des spectateurs à s'approcher.

— Monsieur, lui dit-il, si vous rencontrez quelqu'un en sortant d'ici, faites-moi le plaisir de lui annoncer que nous donnerons demain la même pièce qu'aujourd'hui.

*

Arlequin, parlant de la noblesse, disait :

— Si Adam s'était avisé d'acheter une charge de secrétaire du roi, nous serions tous gentilshommes.

Il ajoutait :

— Autrefois les gens de qualité savaient tout sans avoir jamais rien appris ; mais, à présent, ils apprennent tout sans rien savoir.

*

Obligé de raconter la mort de son père :
— Hélas ! dit-il, dispensez-m'en : le pauvre homme mourut du chagrin de se voir pendre.

*

Un jour qu'il n'y avait presque personne à la Comédie italienne, Colombine voulait confier tout bas un secret à Arlequin :
— Parlez haut, dit ce dernier, car personne ne nous entend.

*

On venait d'interdire la musique aux Italiens. Un âne parut sur le théâtre, et se mit à braire.
— Taisez-vous, insolent ! fit Arlequin ; la musique nous est défendue.

*

Arlequin promet au docteur de le guérir infailliblement de sa bosse.
— Comment t'y prendras-tu ? lui dit le docteur.
— Je vous mettrai sous un grand pressoir de vendange, répond Arlequin, et puis je donnerai un petit coup de roue.
— Mais je crierai, dit le docteur.

— Je le sais bien, reprend Arlequin; je ne m'embarrasserai pas de vos cris; j'irai toujours mon chemin, et je donnerai un second coup de roue qui aura beaucoup de force.

— Mais je crèverai, dit le docteur.

— J'en conviens, répond Arlequin; mais aussi, après cela, vous serez mince comme une feuille de papier.

*

Le théâtre représente la fameuse *foire des Loges* avec plusieurs marchands et marchandes dans leurs boutiques. On y voit Mezzetin en pâtissier, avec un clayon sur sa tête, lequel clayon est garni de gâteaux appelés *ratons*.

Arlequin se présente.

MEZZETIN. — A deux liards! à deux liards! à deux liards!

ARLEQUIN. — Qu'est-ce que c'est que cela, mon ami?

MEZZETIN. — Ce sont des ratons tout chauds, qui sont bons, monsieur.

ARLEQUIN — Les vends-tu à la douzaine?

MEZZETIN. — Oui, monsieur.

ARLEQUIN. — Donnes-tu le treizième?

MEZZETIN. — Oui, monsieur.

ARLEQUIN (*s'emparant d'un gâteau*). — Eh bien, je m'en vais toujours manger le treizième, et je prendrai la douzaine une autre fois.

*

Scaramouche rencontrant Arlequin, qui avait une grosse pierre sous le bras, lui demanda ce qu'il en voulait faire.

— C'est l'échantillon d'une maison que je veux vendre, dit-il.

D'ARLINCOURT

Le vicomte d'Arlincourt commit une tragédie, intitulée *le Siège de Paris*, qui fut jouée en 1827 au Théâtre-Français et dans laquelle on remarque des vers de cet acabit :

. . . . On m'appelle à régner.
— Mon père, en ma prison, seul à manger m'apporte.
— J'habite la montagne et j'aime à la vallée.
— Sur le sein de l'épouse il écrase l'époux.

On fut obligé d'arrêter cette pièce après la première représentation : le public courait le danger de mourir de rire.

ARMAND

Armand, qui tint pendant plus de quarante ans les emplois des Scapin et des Crispin, entreprit dans un souper de faire pleurer ses camarades, avec la fable de *Tartufe*.

— Figurez-vous, mes bons amis, leur dit-il, un honnête gentilhomme qui retire chez lui un misérable, à qui il donne sa fille avec tout son bien, et qui, pour le récompenser de ses bontés, veut séduire sa femme, le chasser de sa propre maison, et fait venir un exempt pour l'arrêter.

— Ah ! le coquin ! le monstre ! le scélérat ! s'écrient les convives un peu gris.

Et, en disant cela, ils fondent en larmes. Alors Armand, continuant avec ce sang-froid qui le rendait si plaisant :

— La la, consolez-vous, ne pleurez pas, leur dit-il ; mon

gentilhomme en fut quitte pour la peur... L'exempt lui dit :

Remettez-vous, monsieur, d'une alarme si chaude.

— Que diable! c'est le sujet de *Tartufe* que tu nous débites-là ?
— Eh! oui, mes amis. A-t-on si grand tort de dire que nombre de comédiens ne connaissent que leur rôle, même dans les pièces qu'ils représentent journellement?

ARMAND CARREL

En 1852, on jouait au Théâtre-Français une comédie aristophanesque d'Henri de Latouche, intitulée *la Reine d'Espagne*.
Cette prose était vive, incisive, très-colorée et pleine de choses neuves, — un peu licencieuses. Il y avait des sifflets.
— Comment! s'écria Armand Carrel, ils sifflent cette prose-là? Allons! ils méritent d'être condamnés aux vers de Viennet pour le restant de leur vie.

ARMÉE SUR LA SCÈNE

Dernièrement, un auteur lisait une tragédie de sa façon dans une réunion intime. Dès la première scène, il faisait paraître trente personnages, cinquante à la deuxième, et ainsi de suite, toujours en augmentant.
— Je ne vois qu'un général de division qui puisse conduire tout ce monde-là jusqu'au dénoûment, lui dit un des assistants.

ARNAL

Un soir, on crut que le feu prenait au Vaudeville. Arnal était en scène. Il contemplait les loges qui se vidaient, avec la physionomie effarée qu'on lui connaît, et ce regard si vague dont la nature l'a doué. Ne comprenant pas pourquoi on ne l'écoutait plus, et pourquoi l'on se sauvait, il en demanda la raison.

— C'est le feu, lui répondit-on. Le théâtre brûle ! lui criait-on de toutes parts.

Et quelques spectateurs, debout sur des banquettes, ajoutèrent avec une fureur grotesque :

— Comment ne rassure-t-on pas le public ?

— C'est indigne ! Qu'on rassure le public !

Arnal eut une inspiration triomphante. Boutonnant son habit bleu avec une gravité de notaire, et rappelant à l'ordre une mèche de cheveux égarée sur son front :

— Ah çà ! s'écria-t-il, croyez-vous donc que, s'il y avait le moindre danger, je m'amuserais à rester là, moi ?

*

Dans son *Épître à Bouffé*, il raconte ainsi ses débuts au théâtre :

> Je n'ai point oublié cette fatale date :
> Nous étions chez Doyen, je jouais Mithridate ;
> Du fougueux roi de Pont, l'ennemi des Romains,
> Je peignis les fureurs et des pieds et des mains.
> Mon public fut saisi de ce rire homérique
> Qui charmait tant les dieux sur leur montagne antique.
> La pièce était finie et l'on riait encor
> De mon nez, de ma barbe et de mon casque d'or.

Un tel effet conquis dans les rôles tragiques
Semblait me destiner à l'emploi des comiques ;
Aussi, dès ce moment, se trouvant bien jugé,
Mithridate devint *Jocrisse corrigé*.

Arnal se présente alors à Brunet, qui dirigeait les Variétés :

Il consent aussitôt à m'entendre, à me voir ;
Là, j'expose en tremblant mes projets, mon espoir ;
Le bonhomme à mes vœux s'empresse de souscrire.
Mon air un peu niais, je crois, le fit sourire.
— Je vous reçois, dit-il d'un ton des plus moqueurs :
Dès demain, vous pouvez débuter dans les chœurs.

*

— Vous prenez du ventre, disait-on à Arnal, dans une vieille pièce de l'année dernière.
— Mais, pourvu que je ne prenne pas le vôtre, répliqua aigrement Arnal, que vous importe ?

ARNAULD (L'ABBÉ)

L'abbé Arnauld disait d'une tragédie qui ne l'avait point ému :
— C'est une pièce qui vous mène en litière jusqu'au dénoûment.

ARNOULD (SOPHIE)

Mademoiselle Allard, danseuse de l'Opéra, s'étant plus occupée de ses plaisirs que de ses intérêts, se trouva sans fortune à la fin de sa brillante carrière. Elle acquit avec les années un embonpoint excessif, et l'énormité de sa taille éloigna peu à peu tous ses adorateurs.

— Pauvre Allard ! disait Sophie, elle s'agrandit sans garder ses conquêtes.

*

Apprenant la mort de Louis XV et l'exil de madame Dubarry, elle dit en regardant tristement ses camarades :
— Nous voilà orphelines de père et de mère.

*

Mademoiselle Dubois de la Comédie française laissa en mourant plus de 25,000 francs de rente. C'était une des courtisanes les plus citées pour leur cupidité; du reste, elle avait toujours été médiocre au théâtre, et n'avait pas su tirer parti des heureux moyens que la nature lui avait donnés. Un jour, elle se plaignait d'approcher de trente ans, quoiqu'elle en eût davantage.
— Console-toi, lui dit Sophie, tu t'en éloignes tous les jours.

*

Mademoiselle Laguerre était fort avare, et faisait de temps en temps la vente de ses meubles et de ses bijoux. Un jour qu'elle procédait à cette opération, des femmes de qualité marchandèrent divers objets précieux, et se plaignirent de la cherté.
— Il paraît, mesdames, leur dit Sophie, que vous voudriez les avoir à prix coûtant.

*

Elle avait une fille assez laide et fort rousse qui atteignit l'âge nubile sans avoir fait un faux pas. A ce propos, un malin fit observer que sa couleur ne contribuait pas peu à la maintenir sage.

— Vous avez raison, repartit la mère, ma fille est comme Samson ; sa force est dans ses cheveux.

*

Elle assistait au mariage de sa fille, avec la mère, la tante, et plusieurs autres parentes de son gendre ; pendant la cérémonie nuptiale, elle se retourne et leur dit :
— C'est plaisant ! je suis la seule demoiselle qui se trouve ici.

*

Son gendre, Murville, un des plus ardents lutteurs des concours académiques, lui dit un jour :
— Je veux être de l'Académie à trente ans, ou je me brûle la cervelle.
— Taisez-vous, cerveau brûlé ! répliqua-t-elle.

*

Une laïs nommée Dorval avait épousé depuis peu le marquis d'Aubard. Un soir qu'elle était à l'Opéra dans une parure éblouissante, quelqu'un demanda à Sophie quelle était cette grande dame.
— C'est une petite personne, répondit-elle, qui s'est laissé tomber d'un quatrième étage dans un carrosse sans se faire de mal.

*

Sophie avait un différend, à propos d'une cheminée, avec le ministre qui administrait le département de Paris. M. Thomas, chargé d'arranger cela, lui dit :

— Mademoiselle, j'ai eu occasion de voir M. le duc de la Vrillière et de l'entretenir de votre cheminée. Je lui ai d'abord parlé en citoyen, ensuite en philosophe.

— Eh! monsieur, reprit-elle vivement, ce n'était ni en citoyen, ni en philosophe, c'était en ramoneur qu'il fallait lui parler.

*

Son jockey étant revenu tout crotté de faire une commission pressée :

— Où diable t'es-tu donc mis? lui dit-elle.

— Je courais si fort, que je suis tombé dans le ruisseau.

— Je ne t'avais pas dit, reprit-elle, d'aller ventre à terre.

*

Mademoiselle Lefèvre, seconde femme de Dugazon, débuta à la Comédie italienne le 19 juin 1777, par le rôle de Pauline dans *le Sylvain;* elle se montra l'émule de madame Favart, marcha de près sur ses traces, et, comme elle, contribua au succès de plusieurs ouvrages dramatiques. *Nina ou la Folle par amour* fut son triomphe. Sa beauté compromit plus d'une fois sa vertu, et son mari était le premier à la décrier.

— Cet homme est bien inconséquent, disait Sophie; il peut penser de sa femme tout ce qu'il voudra, mais il ne devrait pas en dégoûter les autres.

*

Elle était à l'Assemblée nationale le jour qu'on décréta la vente des biens ecclésiastiques. Ce décret excita des réclamations bruyantes; chaque membre du clergé se levait et changeait de place à tout instant. Sophie, impatientée de ce brouhaha, dit à quelques abbés :

— Messieurs, on veut vous raser; mais, si vous remuez tant, vous vous ferez couper.

*

Le jour de la première représentation du *Mariage de Figaro*, la critique menaçait la pièce d'une chute complète.

— Oui, dit Sophie, c'est une pièce qui tombera... quarante fois de suite.

*

Beaumarchais, lorsqu'on jouait ses *Deux Amis*, trouvant Sophie Arnould au foyer de l'Opéra, lui dit qu'il n'y avait guère de monde à ce spectacle.

— Il en viendra, répondit l'actrice; vos amis nous en enverront.

*

Le marquis de Bièvre déjeunant chez Sophie, on servit un melon, auquel il reprocha d'avoir les pâles couleurs.

— N'en soyez point surpris, dit l'actrice, c'est qu'il relève de couche.

*

Une actrice ayant paru sur la scène, en plein hiver, avec une robe garnie de fleurs naturelles :

— Ah! mon Dieu! lui dit-elle, vous avez l'air d'une serre chaude.

*

Elle disait, en voyant jouer une actrice si maigre qu'on voyait saillir les os :

— Il n'est pas nécessaire d'aller à Saint-Cloud pour voir jouer les eaux.

*

On faisait l'éloge d'une dame très-répandue.

— C'est vrai, dit Sophie Arnould, c'est une excellente personne : elle a des préférences pour tout le monde.

*

En 1770, une chanteuse retirée depuis longtemps de l'Opéra vivait avec un M. Rollin, fermier général. Elle vint un soir à l'Opéra et causa avec des actrices; quelqu'un s'informa quelle était cette dame :

— Eh quoi ! répondit Sophie Arnould, vous ne la connaissez pas ? C'est l'histoire ancienne de M. Rollin.

*

Revenant du bois de Boulogne, où elle avait assisté à un duel sans résultat fâcheux, Sophie Arnould dit en racontant cette affaire au théâtre :

— Ils m'ont fait un mal horrible. D'honneur, je n'y reviendrais pas, quand je serais sûre qu'ils se tueraient tous les deux.

Piquée contre mademoiselle Duplant, Sophie lui cria, en voyant passer un gros chien sur le théâtre :

— Tiens, voilà le coureur de ton amant.

La Duplant était alors protégée par un boucher fort riche, nommé Colin.

*

Mademoiselle Robbé, débutant à l'Opéra, inspira de l'amour au comte de Lauraguais, d'humeur assez fantasque pour aller faire part à Sophie Arnould de l'impression produite sur lui. Celle-ci reçut la confidence avec philosophie : elle se résigna à suivre le nouveau goût de son infidèle, et à en apprendre des nouvelles de sa propre bouche. Un jour qu'elle lui demandait où il en était, il ne put s'empêcher de lui témoigner qu'il était désolé de rencontrer toujours chez sa « divinité » un certain chevalier de Malte qui l'offusquait fort.

— Un chevalier de Malte, monsieur le comte? Mais vous avez raison de craindre ces gens-là... Ils sont établis pour chasser les infidèles.

*

— On vous donne au moins cinquante ans, disait-on à Sophie Arnould.

— Ma foi, répliqua-t-elle, si on me les donne, je ne les prends pas.

ART ET NATURE

Un comédien jouait, à Rome, et il reproduisait les cris des

animaux; il fut beaucoup applaudi pour avoir imité le grognement du cochon.

Un paysan qui assistait au spectacle déclara hautement qu'il ferait mieux. Il fut admis à déployer son talent. Il monta sur la scène et fit son imitation. Il fut bafoué par le public. Alors il tira de dessous sa blouse un cochon véritable, à qui, pour le faire crier, il avait pincé violemment l'oreille. Le paysan fut porté en triomphe.

Le bon public est partout le même.

ARTISTE ET FIGURANT

Un brave homme, rencontrant Garrick, l'appelait *cher camarade* avec une tendre familiarité.

— Je ne vous connais pas, mon cher monsieur, lui dit Garrick.
— Eh! nous avons pourtant joué bien des fois ensemble.
— Je ne m'en souviens pas; quel rôle faisiez-vous donc?
— C'est moi qui faisais le coq dans *Hamlet*.

ASPIC DE VAUCANSON

Dans la pièce de *Cléopâtre*, de Marmontel, figurait un aspic fait par Vaucanson, et, au moment où Cléopâtre l'approchait de son bras, l'aspic sifflait.

Après la pièce, on demanda à M. de Bièvre ce qu'il pensait de la tragédie.

— Ma foi, répondit-il, je suis de l'avis de l'aspic.

ATCHI

Un auteur avait fait une mauvaise pièce intitulé *les Souhaits*. Après la pièce, il vint à éternuer.

— A vos souhaits, monsieur, lui dit un plaisant.
— Monsieur, vous m'insultez.
— Moi, monsieur ! et à propos de quoi ?
— A propos de la pièce qu'on vient de jouer.
— Monsieur, j'ignorais que vous en fussiez l'auteur; mais, puisque c'est ainsi, vous devez vous abstenir d'éternuer.

LES ATRIDES

A la première représentation des *Atrides* de M. Arthur Ponroy, lorsque l'acteur chargé du rôle principal dit, avec un geste et un accent tragiques, à un esclave qui tient une fiole empoisonnée :
— Verse !
Un plaisant du parterre imitant le cri des garçons de café s'écria :
— Pas de crrrème ! boumm !

AUBER

L'auteur de *la Muette*, de *l'Ambassadrice*, etc., n'a jamais pu se décider à voir représenter une de ses pièces. Voilà une singularité bien caractérisée.
— Si j'assistais, dit-il, à un de mes ouvrages, je n'écrirais de ma vie une note de musique.

AUFRESNE

Aufresne parlait la tragédie; il ne s'écartait jamais du véritable sens, et trouvait souvent des traits sublimes dans leur simplicité. Ses débuts furent suivis avec chaleur, et le public se déclara pour lui d'une manière si éclatante, que l'on ne put se dispenser de le recevoir aux appointements, en se réservant, *in petto*, le droit de le renvoyer aussitôt que le premier feu de l'enthousiasme serait passé. Il fut bientôt obligé de se retirer devant les taquineries dont on l'excéda.

Un amateur demandait, quelques jours après sa retraite, à un comédien du Théâtre-Français, pourquoi l'on n'avait pas fait tous ses efforts pour le retenir.

— Eh! monsieur, répondit l'acteur, cet homme nous faisait perdre la carte; il était faux dans son jeu avec nous, ou nous l'étions avec lui. Il fallait qu'il changeât, ou qu'il fît changer toute la Comédie. Il est dur de refaire son apprentissage : nous avons mieux aimé le renvoyer. Le public en sera fâché, mais bah !

AUGIER (Émile)

Questionné sur sa vie par un biographe :
— Je suis né en 1820, dit-il; j'ai été baptisé, vacciné, mon nez s'est allongé, et puis il ne m'est plus rien arrivé.

AUGUSTE

Auguste, le chef de claque de l'Opéra, ne demandait jamais rien, et il n'acceptait pas toujours.

Une chanteuse, son abonnée, sollicitait pour un mois un extra d'applaudissements, offrant, de son côté, un extra de solde.

— Désolé de vous refuser, madame, lui répondit Auguste; mais votre engagement va expirer, j'ai promis à l'administration de rester neutre.

AUTEURS

Une ingénue venait de donner le jour à une petite fille ; Alcide Tousez fut chargé d'aller faire la déclaration à la mairie.

L'employé lui ayant demandé le nom du père de l'enfant, Alcide Tousez se recula un peu, fit trois saluts, et répondit :

— Messieurs, l'auteur de la pièce que nous venons de représenter devant vous désire garder l'anonyme.

*

Aux premières représentations de *Roxelane et Mustapha*, tragédie de Maisonneuve, on demanda l'auteur, qui ne voulut point paraître.

Un spectateur s'écria :

— Ne pourrait-on pas savoir sa demeure ? On irait le voir.

*

Le jour de la première représentation des *Fausses Bonnes Femmes*, le jeune auteur du *Fils Naturel*, qui y assistait, se levant après le second acte, et parodiant un mot connu, dit en sortant :

— Je suis de ceux qui ne vont pas plus loin que l'église.

Mot d'un homme qui trouvait que la corvée d'un enterrement qui vous mène jusqu'au cimetière était au-dessus de ses forces.

Ce mot peu obligeant fut répété à l'auteur des *Fausses Bonnes Femmes*, qui montra d'abord un assez vif mécontentement. Mais c'est un homme d'esprit ; voici sa vengeance : à la première représentation du *Fils Naturel*, il applaudit constamment jusqu'à la fin, et fut une des voix les plus retentissantes qui se firent entendre pour demander l'auteur et proclamer son nom.

L'auteur du *Fils Naturel* finit par savoir tout ce qui s'était passé, et écrivit à peu près ceci :

« Depuis trois jours, je bois du lait ; mais il y a une mouche dans ce lait... On me prête un bon mot offensant pour vous ; cela m'afflige. Si le mot n'est pas de moi, je le trouve stupide ; s'il est de moi, pardonnez-le. »

L'auteur des *Fausses Bonnes Femmes* répondit :

« Je n'avais pas de raisons de vous aimer, et votre lettre me contrarie ; car je ne puis être à l'avenir que votre ami. »

AUTEUR INTERLOQUÉ

Un auteur dramatique, expliquant le sujet de sa pièce, disait :

— La scène est en Cappadoce ; il faut se transporter dans ce pays-là, et entrer dans le génie de la nation.

— Êtes-vous bien sûr, lui dit-on, que la pièce rapporte jamais de quoi faire les frais du voyage ?

AUTREAU

Connu par plusieurs comédies jouées aux Italiens, Autreau avait fait des paroles fort goûtées sur un air de *la Princesse d'Élide*. Un petit-maître, sur un de ces bancs qui environnent le grand bassin des Tuileries, se les attribuait et recevait des compliments. Le hasard voulut qu'Autreau passât dans cet endroit, et un de ses amis qui était là, l'arrêtant, lui dit :

— Voilà monsieur qui se dit auteur des paroles qui courent sur tel air, et qui commencent par...

Autreau répondit avec un calme accablant :

— Pourquoi monsieur ne les aurait-il pas faites ? Je les ai bien faites, moi !

L'AVARE AUGMENTÉ

L'*Avare* de Molière, dans la traduction anglaise, après avoir ordonné qu'on écrive en lettres d'or cette sentence qui le charme : « Il faut manger pour vivre, et non pas vivre pour manger, » se ravise et trouve qu'il lui en coûterait trop, et que cette maxime sera tout aussi lisible en l'écrivant avec de l'encre ordinaire.

AZIMONT (MADEMOISELLE)

— Dis donc, demandait mademoiselle Duverger à mademoiselle Azimont, as-tu remarqué comme Hyacinthe a de grandes mains ?

— Eh bien, qu'y a-t-il d'étonnant ? répondit mademoiselle Azimont, ne faut-il pas qu'il puisse se moucher ?

AZOR

Un ténor était sifflé à outrance par un seul spectateur, tandis que, pour protester, la salle entière applaudissait.

— Rassurez-vous, messieurs, dit l'acteur au public : ce sifflet

n'est pas pour moi. C'est un monsieur qui appelle Azor!
D'où *appeler Azor* est devenu synonyme de siffler.

BALZAC

Balzac aimait beaucoup la fameuse farce des Variétés, *le Sourd ou l'Auberge pleine*; il raffolait surtout de ce passage où Danières interpelle papa Doliban :

— Papa Doliban, j'avais planté des pommes de terre dans mon jardin; savez-vous ce qui est venu?

— Parbleu! voilà une belle question; il est venu des pommes de terre.

— Pas du tout : il est venu des cochons qui les ont mangées.

Feu Balzac trouvait cela aussi bon que le mot de Sganarelle à Martine dans *le Médecin malgré lui* :

— J'ai trois enfants sur les bras.

— Mets-les à terre.

*

Dans la pièce de *Quinola* (première scène), un personnage, sentant quelqu'un qui marche derrière lui, se retourne en disant :

— Mais qui donc marche dans mes souliers?

L'autre répond :

— Seigneur, un homme qui n'en a pas!

BANQUE MANDRIN

Dernièrement, des acteurs nomades, de passage à Vienne (Vienne qui a donné le jour à M. Ponsard), avaient fait poser à tous les coins de rue de cette ville une affiche ainsi rédigée :

Pour la clôture des représentations de la troupe :

LES

AVENTURES DE MANDRIN

Mandrin fut d'abord soldat ; mais, doué des qualités qui distinguent les hommes nés pour le commandement, il comprit qu'il avait assez obéi, releva son front audacieux et déserta pour vivre libre et se faire contrebandier.

La figure intéressante, les formes d'une stature bien proportionnée, le regard hardi, la parole ferme, étaient ses principales qualités, rehaussées par l'exquise politesse dont il usait même avec ses ennemis. C'est à Montbrison qu'il se présenta hardiment chez le receveur des gabelles et se fit donner la recette en laissant un reçu en échange ; il traversa la Bresse et le Lyonnais, enleva les caisses et laissa du tabac en échange. Le Château du Diable était un des repaires choisis par cet illustre bandit.

C'est sur la place de Valence, le 10 mai 1775, qu'il fut rompu vif.

Ainsi mourut cet audacieux brigand.

Ce drame sera joué dimanche pour la clôture définitive.

Avis. *Des mesures seront prises pour éviter les accidents que pourrait causer la foule.*

*

Environ un mois après, les mêmes acteurs annonçaient dans la même ville :

Par extraordinaire et pour les adieux définitifs de la troupe :

UNE

GRANDE FÊTE

DONNÉE

GRATIS A L'ENFANCE

avec le concours de la senorita Ana de la Fuente, première danseuse des théâtres de Madrid, Paris et Londres.

Pour éviter les accidents occasionnés par la foule, une haie d'agents et de soldats maintiendra l'ordre.

BANQUIER

— Je ne comprends pas, disait Hyacinthe à son camarade, que l'on aime un banquier.
— Pourquoi?
— Parce que ses pareils prennent généralement plus d'intérêt qu'ils n'en inspirent.

BAPTISTE AÎNÉ

Baptiste aîné demandait à un de ses camarades s'il connaissait le moyen de fixer l'amour. Après plusieurs réponses :

— Vous n'y êtes pas, dit-il : le meilleur moyen de fixer l'amour, c'est de lui mettre des bas de *filoselle* (de fil aux ailes).

BARBE DE LA REINE

Au XVIIe siècle, en Angleterre, les femmes ne montaient pas sur le théâtre ; elles étaient remplacées par des hommes déguisés. Un soir que le public s'impatientait de ce que le spectacle ne commençât pas, le directeur vint présenter cette jolie excuse, qui eut un plein succès :

— La reine, dit-il, n'est pas encore rasée.

BARO (BALTHAZAR)

L'auteur de *Chloris*, pour égayer sa pastorale, imagina d'y introduire un berger et une bergère d'humeur folâtre. Philidon, c'est le nom du berger, jure à Éliante, sa bergère, une constance à toute épreuve. Il n'y va pas par quatre chemins :

Si, de ce que j'ai dit, ta rigueur, trop connue,
Cherche la vérité, la voilà toute nue.
(*Il lui ôte son mouchoir.*)

ÉLIANTE.
Que fais-tu, Philidon ?

PHILIDON
C'est que je veux au moins
Te convaincre d'erreur avec deux beaux témoins.

BARON

Quelques jours avant que Baron fît représenter ses *Adelphes*, Roquelaure, le rencontrant à la comédie, lui dit :

— Quand veux-tu me montrer ta pièce nouvelle? Tu sais que je m'y connais. J'en ai fait fête à trois femmes d'esprit qui doivent être chez moi : viens dîner avec nous. Apporte les *Adelphes*, et tu nous en feras la lecture. Je suis curieux de voir si tu es moins ennuyeux que Térence.

Baron accepta la proposition et se rendit le jour suivant à l'hôtel de Roquelaure, où il trouva deux comtesses et une marquise qui lui témoignèrent une vive impatience d'entendre sa comédie. Cependant, quelque envie qu'elles parussent en avoir, elles ne laissèrent pas de se donner le temps de dîner à leur aise.

Après un repas fort long, les dames demandèrent des cartes.

— Comment, des cartes! s'écria Roquelaure. Vous n'y pensez pas, mesdames? Vous oubliez que M. Baron se prépare à vous lire sa comédie nouvelle?

— Non, non, monsieur, lui répondit une comtesse, nous ne l'oublions point. Tandis que nous jouerons, M. Baron nous lira sa pièce. Nous aurons deux plaisirs pour un.

Baron se leva brusquement, et gagna la porte en disant que sa pièce *n'était pas digne de partager avec les cartes l'attention de ces dames.*

*

Le comédien Baron était assez couru des femmes. Une duchesse le recevait, mais ne le recevait qu'à la brune. Baron s'avisa d'y aller le jour, comme en visite. La grande dame, qui avait société chez elle, piquée de la venue du comédien, lui dit :

— Monsieur, que venez-vous chercher ici?

— Mon bonnet de nuit, répondit-il.

*

On raconte plusieurs traits de Baron, dont quelques-uns, sans doute ne sont pas des plus authentiques, au moins dans les termes où on les rapporte. Jouant, très-vieux, dans le *Cid*, il excita un éclat de rire général, en disant :

> Je suis jeune, il est vrai...

Il recommença, en appuyant, et les rires ayant redoublé, il s'avança sur le bord du théâtre.

— Messieurs, fit-il, je vais recommencer encore; mais je vous préviens que, si l'on rit de nouveau, je quitte le théâtre pour n'y plus reparaître.

Et on se le tint pour dit.

*

En entrant sur la scène, dans *Iphigénie*, il débutait d'un ton fort bas :

> Oui, c'est Agamemnon, c'est ton roi qui t'éveille.

— Plus haut! lui cria-t-on.
— Si je le disais plus haut, je le dirais mal, répondit-il.

Accueilli par de nombreux rires que provoquait sa vieillesse, un jour qu'il jouait *Britannicus*, il regarda fixement l'auditoire, et, d'une voix pleine d'amertume :

— Ingrat parterre que j'ai élevé! dit-il.

Puis il poursuivit. L'orgueil de Baron, la conscience d'un immense talent, la faveur du public, en dépit de ses injustices passagères, expliquaient et justifiaient ces réponses, qui n'auraient pas été admises de la part de tout autre. Ainsi, un comédien de province, hué par les spectateurs, s'étant tourné vers eux pour dire d'une voix piteuse : « Ingrat parterre, que t'ai-je fait? »

excitait-il un véritable ouragan d'hilarité. A partir de ce jour, on ne disait plus au bureau du théâtre :

— Donnez-moi un parterre.

Mais :

— Donnez-moi un ingrat.

BARRIÈRE (THÉODORE)

M. Théodore Barrière disait à quelqu'un, à l'une des représentations de *l'Héritage de M. Plumet* :

— C'est fini, je jure de ne plus prendre de collaborateur.

— Vous avez bien raison, mon cher, répondit son interlocuteur, vous ferez mieux tout seul ; qu'avez-vous besoin de partager votre gloire avec autrui? Non que je veuille dire du mal de Capendu. Vous avez tout ce qu'il faut pour travailler seul. Restez seul; au moins, on ne contestera pas votre talent.

— Ce n'est pas ce qui me décide, répond l'auteur des *Faux Bonshommes*; mais, par ces chaleurs, je ne serais pas fâché d'être seul pour toucher mes six francs de droits.

BEAUJOLAIS

Beaujolais était directeur du grand théâtre de Bordeaux ; il y fit en peu de temps une fortune considérable, qu'il eût vite mangée. On lui prête un tour que l'on a prêté à plusieurs de ses confrères. La caisse de Beaujolais commençait à sonner creux. Un pauvre comédien du nom de Franval vient le trouver au moment où il se mettait à table. Il traite la question d'argent; le directeur exprime le regret de ne pouvoir en donner; Franval renouvelle sa demande, lorsque entre un domestique portant un gigot rôti.

— Parbleu ! dit le comédien en s'emparant du gigot, si je ne puis avoir de l'argent, j'aurai toujours de quoi dîner.

Et de gagner la rue, avec le gigot sous sa redingote.

— Franval ! Franval ! lui crie de la fenêtre le bon Beaujolais, en lui montrant un pain de quatre livres ; bien joué, mais tu oublies le pain.

Le comédien rentre, replace le gigot sur la table et le mange avec son directeur.

BEAUMARCHAIS

Il fallait encore plus d'esprit, a-t-on dit, pour faire jouer le *Mariage de Figaro* que pour l'avoir fait. Beaumarchais s'y employa plusieurs années durant. Il avait contre lui le roi, les magistrats, le lieutenant de police, le garde des sceaux, toutes les sommités. Avec cette audace qui n'était qu'à lui, il chercha son point d'appui même auprès des courtisans, qu'il tournait en raillerie.

FIGARO.
J'étais né pour être courtisan.

SUZANNE.
On dit que c'est métier si difficile !

FIGARO.
Recevoir, prendre et demander, voilà le secret en trois mots.

— Il n'y a, disait Beaumarchais, que les petits hommes qui craignent les petits écrits.

Et les courtisans n'osaient plus prendre la mouche.

Beaumarchais, protégé par la reine et par madame de Polignac, savait bien qu'il triompherait de la résistance de Louis XVI : ce n'était pour lui qu'une question de temps.

— Le roi, dit-il, ne veut pas permettre la représentation de ma pièce : donc, on la jouera.

Il était parvenu à la faire répéter sur le théâtre des Menus-Plaisirs, c'est-à-dire sur le théâtre même du roi. On allait passer outre et la jouer. Déjà les billets étaient distribués, portant « une figure gravée de Figaro dans son costume. » Les voitures arrivaient en foule ; le comte d'Artois s'était mis en route pour venir de Versailles à Paris, lorsque le duc de Villequier fit signifier aux comédiens qu'ils eussent à s'abstenir de jouer la pièce, sous peine « d'encourir l'indignation de Sa Majesté. »

Beaumarchais, furieux, s'emporta jusqu'à s'écrier devant tous :

— Eh bien, messieurs, il ne veut pas qu'on la représente ici, et je jure, moi, que, plutôt que de ne pas être jouée, elle le sera, s'il le faut, dans le chœur même de Notre-Dame !

M. de Vaudreuil, l'un des patrons de l'auteur, obtint de faire jouer chez lui la pièce à Gennevilliers (26 septembre 1783), par les Comédiens français, devant trois cents personnes. Une indisposition empêcha la reine d'y assister ; mais le comte d'Artois, la duchesse de Polignac s'y étaient rendus. L'ancien régime accourait applaudir à ce qui le perdait. Beaumarchais était dans l'ivresse. Il courait de tous côtés, comme un homme hors de lui-même ; et, comme on se plaignait de la chaleur, il ne donna pas le temps d'ouvrir les fenêtres, et cassa tous les carreaux avec sa canne, ce qui fit dire, après la pièce, qu'il avait doublement cassé les vitres.

Le Mariage de Figaro obtint, comme on le sait, un triomphe éclatant. Pendant l'une des premières représentations, on jeta sur la scène l'épigramme suivante :

Je vis hier, du fond d'une coulisse,
L'extravagante nouveauté

Qui, triomphant de la police,
Profanait des Français le spectacle enchanté.
Dans ce drame honteux, chaque acteur offre un vice
Bien personnifié dans toute son horreur.
  Bartholo nous peint l'avarice ;
  Almaviva, le suborneur ;
  Sa tendre moitié, l'adultère ;
  Le Double-Main, un plat voleur ;
  Marceline est une mégère ;
  Basile, un calomniateur.
Fanchette... l'innocente, est trop apprivoisée ;
Et, tout brûlant d'amour, le gentil Chérubin
  Est, pour bien dire, un fieffé libertin
Protégé par Suzon, fille plus que rusée,
Prenant aussi sa part du page, favori
  De la dame et de son mari.
Quel bon ton, quelles mœurs cette intrigue rassemble !...
Pour l'esprit de l'ouvrage, il est chez Brid'oison ;
Et, quant à Figaro, le drôle à son patron
  Si scandaleusement ressemble,
  Il est si frappant, qu'il fait peur ;
Mais, pour voir à la fin tous les vices ensemble,
Le parterre en chorus a demandé l'auteur.

Beaumarchais laissa dire ; il publia lui-même l'épigramme.

BEAUPRÉ

Beaupré était à l'Opéra depuis 1790.

Il avait été un des élèves d'Audinot, et avait joué à l'Ambigu-Comique dans sa troupe d'enfants, avec Michot de la Comédie française.

Aussi bon chorégraphe que bon danseur, il avait été maître de ballets au théâtre de la Cité.

Pour sa représentation de retraite, il voulut se risquer dans la comédie, et, de plus, dans le rôle de *Crispin rival de son maître*, à côté de Michot, qui jouait supérieurement le rôle de Labranche.

Il fut plus que mauvais, et en convint lui-même. Il disait :

— On a prétendu que je dansais en comédien ; mais j'ai joué la comédie comme un danseur.

BEAU SUCCÈS

Un comédien de province écrivait à un de ses amis :

« Dans tous les rôles que j'ai joués, petit-maître, vieillard, financier, valet, paysan, j'ai été sifflé. Loin de me décourager, j'ai ajouté celui de Tartufe. Lorsqu'on m'entendit prononcer ce vers :

Mais la vérité pure est que je ne vaux rien...,

alors je fus applaudi à tout rompre, et les battements de mains furent continués plus d'un quart d'heure après la toile baissée.

BEAUVALLET

M. Beauvallet fut longtemps la coqueluche des titis de l'Ambigu, dont il avait emporté le cœur d'assaut. — Il succédait à Frédérick et débutait dans le rôle de Cardillac, un des triomphes du grand acteur. On l'avait menacé de siffler son audace. M. Beauvallet ne se laissa pas abattre et eut bien vite conjuré l'orage. Il lui suffit d'ouvrir la bouche.

— Quelle gueule ! s'écria un ouvrier avec l'accent de l'admiration.

*

Dans *le Forçat libéré*, déguisé, au cinquième acte, en marchand de bœufs, il était suivi d'un dogue monstrueux qui était toujours salué d'applaudissements frénétiques. Mais voilà qu'un soir ce chien ne peut paraître, chargé qu'il est d'aller faire sa partie à la barrière du Combat. M. Beauvallet ne sait à quel dogue se vouer. On ne peut lui offrir qu'un caniche décoré du nom de César. Il redoute les sifflets et avec raison.

— A bas le roquet! crie-t-on de toutes parts. Le bouledogue! le bouledogue!

Les trognons de pommes tombaient comme grêle.

M. Beauvallet, voulant couper court à ce tapage, s'approche de la rampe et demande à s'expliquer.

— Messieurs, dit-il, quand le silence est rétabli, notre camarade le bouledogue ayant été pris d'une indisposition subite, monsieur que voilà (montrant le roquet) a bien voulu le remplacer et, n'ayant pas eu le temps d'apprendre son rôle, il réclame toute votre indulgence.

Le mélodrame finit au milieu des éclats de rire.

*

Une tragédienne, mademoiselle Levasseur, devait s'empoisonner. — Elle saisit la coupe d'usage et, après l'avoir portée à ses lèvres:

— Nom d'un chien! s'écrie-t-elle, qu'est-ce qu'ils ont fourré là dedans?

M. Beauvallet avait enduit d'*assa-fœtida* les bords de la coupe.

*

Après la chute d'*Arbogaste* :

— Messieurs, dit-il, j'ai l'honneur de vous annoncer que l'auteur de la pièce, M. Viennet, pour ne pas le nommer, désire garder l'anonyme.

*

David le tragédien soutenait à Beauvallet qu'il devait toujours, comme confident, rester à dix pas en arrière de lui. Le confident profita ou plutôt abusa de la leçon. David ne faisait pas un pas vers Beauvallet que celui-ci n'en fît un à reculons, pour maintenir la distance de rigueur. A la fin de la pièce, le prince, attendant avec impatience que son confident lui vienne annoncer le résultat de la bataille et le voyant arriver, court à sa rencontre, mais, à mesure qu'il approche, l'autre recule.

— Parle ! dit David.

Le confident mesure gravement dix pas qui le conduisent près de la coulisse, et, s'accrochant au portant :

— De cette façon, dit-il à voix basse, je suis sûr de ne pas me laisser entraîner par l'éloquence du récit et de maintenir toujours la distance respectueuse.

Et d'entamer son récit, sans prendre garde à l'hilarité du public.

BEAUVALLET FILS

Beauvallet s'opposait à ce que son fils montât sur les planches. Le jeune homme arguait d'une vocation inflexible.

— Va-t'en au diable ! s'écria le tragédien, fatigué de faire vainement acte d'autorité.

— J'y vais.

Et voilà comme M. Léon Beauvallet devint acteur.

BEAU VERS

A la première représentation de *Paros*, tragédie de Mailhol, on applaudit extraordinairement à ce vers :

Un héros, en Savoie, enfanté des soldats.

Quelqu'un qui ne l'avait pas entendu demandant à son voisin, qui battait des mains de toutes ses forces, ce qu'on avait dit, celui-ci déclama avec emphase, et de la meilleure foi du monde :

Un héron, en sabots, enfante des soldats.

Cela rappelle le *vieil as de pique* d'*Hernani*.

BÉJART

Les gens de la maison du roi jouissaient autrefois de l'entrée gratuite à la Comédie, et le parterre en était toujours rempli. Molière obtint de Louis XIV la suppression de cet abus. Mais ces messieurs, ne voulant pas renoncer à leur privilége, résolurent de forcer l'entrée de la salle. Ils se rendirent en nombre au théâtre de Molière, attaquèrent les gardiens et tuèrent le portier, quoique celui-ci, accablé par le nombre, eût fini par jeter son épée pour qu'on l'épargnât.

Rendus plus furieux encore par la résistance, ils cherchaient partout la troupe pour la traiter de même ; déjà la plupart des acteurs commençaient à s'enfuir, et les femmes étaient demi-mortes de frayeur. Le jeune Béjart, qui se trouvait habillé en vieillard pour la pièce qu'on allait jouer, osa se présenter sur le théâtre devant ces forcenés, en leur criant :

— Eh ! messieurs, épargnez du moins un pauvre vieillard de soixante-quinze ans, qui n'a plus que quelques jours à vivre.

Et la tempête se calma.

BELLAMY (MISTRESS)

Jouant le rôle d'Alicia, dans *Jane Shore*, en présence du roi de Danemark, qui s'était endormi, mistress Bellamy se piqua du peu de galanterie de ce prince. S'approchant aussi près que possible de sa loge, elle s'écria, continuant son rôle et donnant à sa voix toute son étendue :

— Oh ! le plus traître des hommes !

Le roi tressaillit, se réveilla et déclara que, « pour tout au monde, il ne voudrait pas être marié avec une femme dont la voix était si formidable... »

BERGERAC (CYRANO DE)

Cyrano de Bergerac avait eu querelle avec Montfleury le comédien, et lui avait défendu, de sa pleine autorité, de monter sur le théâtre.

— Je l'interdis, lui dit-il, pour un mois.

A deux jours de là, Bergerac se trouvant à la Comédie, Montfleury parut et vint jouer son rôle, comme à l'ordinaire, dans la pièce de *Cloreste*. Bergerac, du milieu du parterre, lui cria de se retirer en le menaçant du geste; et il fallut que Montfleury, de crainte de pis, se retirât.

Bergerac disait de Montfleury :

—Ce coquin fait le fier parce qu'il est si gros, qu'on ne peut le bâtonner tout entier en un jour.

BERGÈRES

A son lit de mort, Guibert, régisseur des Variétés, fit appeler Auguste, son successeur, et lui dit :

— C'est vous, monsieur, qui allez me remplacer; permettez à un mourant de vous donner quelques conseils. Soyez indulgent pour les femmes, pour les choristes surtout. Les seuls moments heureux de ma vie, je les ai passés avec elles. J'ai encore une recommandation expresse à vous faire : Ne ralliez jamais vos choristes femmes qu'avec ces mots : « A nous, les bergères ! » elles y sont faites depuis trente ans. Je vous lègue cette tradition, c'est tout ce que je puis vous léguer.

Et il mourut.

BERNARD (SAMUEL)

L'auteur de *Julie ou le Triomphe de l'amitié* fit usage dans sa pièce du trait que voici.

Un grand seigneur très-emprunteur, et très-connu pour ne jamais rendre, ne connaissait que de vue le fameux et riche Samuel Bernard.

A la première visite qu'il lui rendit, et après les premières civilités, il lui dit :

— Je vais vous étonner, monsieur : je m'appelle le marquis de F***, je ne vous connais point, et je viens vous emprunter cinq cents louis.

— Je vous étonnerai bien davantage moi, monsieur, répondit Samuel Bernard ; je vous connais et je vais vous les prêter.

BIÈVRE (LE MARQUIS DE)

Molé avait une grande réputation de roué, lorsqu'il lui arriva de retarder, sous prétexte de rhume, la première représentation du *Séducteur* de M. de Bièvre :

— Eh bien, lui dit l'auteur, vous jouerez le séducteur enroué.

*

A la première représentation de *la Fausse Magie*, lorsqu'il vit le miroir sur la scène :

— Ah ! quel dénoûment à la glace ! s'écria-t-il.

*

Il disait à une chanteuse de l'Opéra, qu'un Américain voulait emmener à Saint-Domingue :

— Vous ne vous plairez pas dans ce pays-là, on y passe souvent du blanc au noir ; et puis on y a pour principe, comme en musique, que deux noires valent une blanche : au surplus, si votre amant ne vous satisfait pas, envoyez-le faire sucre.

*

Saint-Marc, auteur de plusieurs opéras, fit jouer à Fontainebleau une pièce intitulée *le Langage des fleurs*. De Bièvre, à qui l'on demanda comment il trouvait cette pièce, répondit :

— Elle est charmante, c'est dommage qu'il n'y ait pas de pensées.

*

— Oh! je suis bien rusée, disait une femme au marquis.

— Ah! madame, c'est sûrement un air (une r) que vous vous donnez.

BILBOQUET

— Que nous apportez-vous pour déjeuner? demandaient à Bilboquet les pensionnaires de celui-ci.
— Deux sous de fromage d'Italie.
— C'est maigre!
— J'en conviens; mais soyez tranquilles, mes *infins*; j'ai marchandé une superbe carpe que j'achèterai la semaine prochaine.

BILLET D'AUTEUR

Lorsqu'on donna l'*Accommodement imprévu* au Théâtre-Français, un plaisant, battant des mains à tout rompre, criait en même temps :
— Ah! que cela est mauvais!
Ceux qui se trouvaient à ses côtés, surpris de ce procédé bizarre, lui demandèrent pourquoi il disait que la pièce était mauvaise, au moment même où il l'applaudissait.
— J'ai reçu, répondit-il, un billet de faveur; j'ai promis d'applaudir, et je tiens parole; mais je suis honnête homme, et je ne puis trahir mon sentiment : c'est pourquoi, tout en battant des mains, je dis et répète que la pièce est détestable.
Et tout le monde, comme lui, d'applaudir et de siffler en même temps.

BILLETS DE BANQUE

Alceste ou le Triomphe d'Alcide, de Quinault et Lulli, est le premier opéra qui ait été joué sur le théâtre du Palais-Royal, que le roi, après la mort de Molière, accorda à l'Académie royale de Musique. On le reprit sous le règne de Law. Caron, qui y joue un grand rôle, demandait à une âme le prix du passage. Comme elle n'avait point l'obole de rigueur, quelqu'un cria :

— Jetez-lui des billets de banque.

BIRON (LE MARQUIS DE)

Le marquis de Biron vivait avec le comédien Baron dans une grande familiarité. Un jour que le cocher et le laquais du marquis avaient battu le cocher et le laquais du comédien, Baron dit au gentilhomme :

— Monsieur le marquis, vos gens ont maltraité les miens, je vous en demande justice.

Il revint plusieurs fois à la charge, se servant toujours des mêmes termes, « vos gens et les miens. »

M. de Biron, choqué du parallèle, lui répondit enfin :

— Mon pauvre Baron, que veux-tu que je te dise ? Pourquoi as-tu des gens ?

BOHÈME

Un prince voulait faire un cadeau à un artiste du boulevard. Mais, avant de lui envoyer une tabatière, il avait voulu au moins savoir si l'artiste prenait du tabac, et lui avait, à cet effet, dépêché un intendant. — La tabatière proposée fut acceptée avec enthousiasme.

— Eh bien, dit l'intendant, où demeurez-vous ? Je vous l'enverrai demain.

— Oh ! répliqua l'artiste, si c'était un effet de votre bonté de la mettre au mont-de-piété et de m'envoyer la reconnaissance...

BOIELDIEU

Boïeldieu n'allait que rarement au Théâtre-Français, où il avait ses entrées. Un soir, il y conduit une dame, prend un billet pour elle et donne son nom.

— Mon Dieu, monsieur, lui dit le contrôleur, cette plaisanterie est excellente; bien qu'elle se répète souvent, nous en rions toujours; mais, aujourd'hui, M. Boïeldieu vient d'arriver. Il est à l'orchestre, à sa place habituelle.

Boïeldieu rougit comme un homme tombé dans son propre piège. Il s'empêtre dans une phrase des plus entortillées, puis va chercher une carte qu'il paye.

— Comment! lui dit la dame stupéfaite, vous souffrez que l'on vous prenne pour un imposteur? Il faut démasquer ce voleur de nom!

— Pourquoi dérangerais-je ce pauvre diable? Il aime sans doute beaucoup le théâtre, il y vient tous les soirs, et, moi, je n'y viens jamais.

BOILEAU

Il y a dans la comédie du *Misanthrope* un trait que Molière copia d'après nature, et ce trait, ce fut Boileau qui le lui fournit. Molière voulait le détourner de l'acharnement qu'il faisait paraître dans ses satires contre Chapelain; il lui disait que ce poëte était en grande considération dans le monde, qu'il était particulièrement aimé de Colbert, et que ces railleries outrées pourraient lui attirer la disgrâce du ministre et même du roi.

— Que m'importe! s'écria brusquement Boileau. Mais, à moins que le roi ne m'ordonne expressément de trouver bons les vers de Chapelain, je soutiendrai toujours qu'un homme, après avoir fait *la Pucelle*, mérite d'être pendu.

Molière se mit à rire de cette saillie, et l'employa ensuite fort à propos dans la dernière scène du deuxième acte de son *Misanthrope* :

> Hors qu'un commandement exprès du roi me vienne
> De trouver bons les vers dont on se met en peine,
> Je soutiendrai, morbleu ! toujours qu'il sont mauvais,
> Et qu'un homme est pendable après les avoir faits.

BOISGONTIER (MADEMOISELLE)

Mademoiselle Boisgontier, qui amusa longtemps de sa verve joyeuse, le public des Variétés, fumait quelque chose comme cinq sous de *caporal* par jour. On a fait sur elle cette épitaphe anticipée :

« Il lui sera beaucoup pardonné, car elle a beaucoup fumé. »

BONNE NOUVELLE

Un des acteurs qui joua dans *les Amants déguisés*, de l'abbé Aunillon, fut si mal accueilli du public, qu'il prit son métier en dégoût, et quitta le théâtre. Quelques jours après, il alla à Versailles ; et de jeunes seigneurs lui demandèrent :

— Quelles bonnes nouvelles de Paris ?

— Je n'en sais aucune, répondit-il ; mais je vous apprendrai que j'ai quitté la Comédie.

— Eh bien, lui répliqua-t-on, n'est-ce pas là une bonne nouvelle ?

BONNEVAL

On a conservé le trait de Bonneval qui, dans l'*Avare*, dissimula, avec un sang-froid si ingénieux, le manque de mémoire de mademoiselle Doligny. A la scène VII du troisième acte, Cléante témoigne sa surprise du choix que son père a fait de Marianne ; Harpagon se récrie contre ce compliment, et Marianne répond à son tour. Comme mademoiselle Doligny, qui jouait le rôle de Marianne, ne disait rien, et que personne ne songeait à l'aider :

— Elle ne répond rien, elle a raison, reprit sur-le-champ Bonneval, à sot compliment point de réponse.

BORDIER

On jouait une pièce nouvelle aux Variétés. Bordier, remplissant le rôle d'un valet qui fait le seigneur, était à table ; entendant un coup de sifflet perçant qui partait du fond de la salle :

— Mon ami, dit-il au maître d'hôtel, va donc fermer la porte, le vent siffle.

BOUFFÉ

Après les journées de juillet, on représentait au théâtre des Nouveautés un impromptu patriotique de MM. Ferdinand de Villeneuve et Masson.

Bouffé, dans le rôle d'un manœuvre, le père Gâcheux, y faisait beaucoup rire ; c'est dans cette pièce que se trouve ce joli dialogue :

— Dis donc, Mitoufflet, je me suis assis dans le trône !
— Vrai?... Y est-on bien ?
— Oh ! si tu savais comme on s'enfonce là dedans !

BOURGOIN (MADEMOISELLE)

Dans un dîner que donnait mademoiselle Bourgoin, le prince Paul de Wurtemberg, brouillé avec son frère régnant, s'élevait contre les tendances despotiques des souverains.

— Ils ne font point assez de concessions à l'esprit du temps, disait-il ; si j'étais roi, je donnerais beaucoup plus de liberté.

— Oh ! mon Dieu, répondit mademoiselle Bourgoin, vous dites cela à cause de votre position ; mais vous feriez comme les autres, si vous étiez chef d'emploi.

*

Pendant une répétition, les acteurs parlaient finance.

— Pour nous autres hommes, dit Talma, les appointements sont tout ; tandis que vous, mesdames, vous avez d'autres avantages.

— Ah ! mon ami, s'écria vivement mademoiselle Bourgoin, pas tant que tu crois, va. Il y a bien des non-valeurs !

*

Mademoiselle Bourgoin écrivait lettre sur lettre à Talma pour le prier de jouer Achille quand elle jouait Iphigénie. On assure qu'elle tourna la tête d'Hamlet et de Manlius. Plus tard, lorsqu'elle fut brouillée avec Achille, à l'occasion de sa liaison avec le ministre Chaptal, on fit courir cette épigramme :

> On trouve, à ce qu'on dit, du talent à Talma,
> J'en ai bien plus que lui depuis que Chaptal m'a...
> Donné ces diamants, parure sans pareille,
> Qui me fait plus briller que les vers de Corneille.

BOURSIER

A la première représentation de *la Question d'argent*, un boursier se trouvait à l'orchestre, au milieu des journalistes.
— Comment êtes-vous ici? lui demanda-t-on.
— Question d'argent, répondit-il : j'ai payé ma stalle quatre-vingts francs.

BOUTIN ET LAURENT

Deux artistes de l'Ambigu, Boutin et Laurent, s'habillaient dans la même loge et ne possédaient, pour *se faire leurs têtes*, qu'une glace démesurément longue, mais excessivement étroite, ce qui les gênait quand tous deux jouaient dans la même pièce.
— Il me vient une idée, dit Laurent : si, au lieu de laisser notre miroir placé en long, nous le mettions en large?
— Impossible! répondit Boutin. Tu ne comprends donc pas que, sitôt que notre glace sera en travers... nous ne nous verrons qu'en travers aussi.
— Tu as raison, reprit Laurent.
Et la glace resta à sa place.

BOYARD

On donnait la première représentation d'une pièce dans laquelle l'actrice chargée du rôle de la femme d'un général avait déployé un luxe éblouissant de dentelles et de soieries.
— Voilà, disait un jeune homme à son ami, premier commis dans une riche maison de nouveautés, des étoffes qui sortent de nos magasins.

— Oui, répondit celui-ci, et dire que c'est moi qui les ai données!

Ce dialogue avait lieu dans une des stalles d'orchestre du côté gauche. Un observateur, qui avait entendu cette confidence, s'étant par hasard transporté au côté droit, entendit cet autre dialogue :

— Mademoiselle N*** est somptueusement parée : cette toilette a dû lui coûter cher.

— A elle non, mais à moi oui, répond un boyard ; elle m'a coûté un prix fou.

LES BOYARDS DE MADEMOISELLE TH...

C'était un soir ; mademoiselle Th..., entourée de trois riches, mais très-riches boyards, se prit à pousser trois longs soupirs.

— Qu'avez-vous à soupirer? dirent-ils en chœur.

— Je suis bien malheureuse! répondit-elle.

— Que vous manque-t-il?

— Il me manque trois choses pour être heureuse : des diamants, un lit en bois de rose et un loto.

Les trois boyards sourirent, causèrent encore quelques instants avec la spirituelle ingénue, et s'esquivèrent l'un après l'autre, non sans lui avoir serré la main d'une façon significative.

Le lendemain, au lever du jour, trois laquais dorés sur toutes les coutures se présentaient chez la jolie actrice; c'étaient trois laquais des trois boyards qui apportaient... trois lotos.

BRILLANT (MADEMOISELLE)

Mademoiselle Brillant signala son séjour à l'Opéra-Comique par une espièglerie cruelle.

Les principaux passages de *la Chercheuse d'esprit* avaient été parodiés par un jeune homme qui, pour donner plus de piquant à ses couplets, les avait assaisonnés de sarcasmes contre toutes les actrices qui jouaient dans la pièce. Il les déchira outrageusement et elles résolurent de se venger. Mademoiselle Brillant prit la direction du complot. Dès le lendemain, tout étant bien arrêté, elle alla s'asseoir à côté du coupable, qui faisait le joli cœur à l'amphithéâtre. Elle entra en conversation de la façon la plus gracieuse, et, après avoir parlé des couplets avec les éloges les plus vifs :

— Vous ne m'avez pas ménagée, ajouta-t-elle; mais je suis bonne princesse, et je ne saurais me fâcher quand les choses sont dites avec autant de finesse et d'esprit. Il y a quelques-unes de mes compagnes qui font les bégueules; je veux les désoler en leur chantant moi-même vos couplets publiquement. Il m'en manque quelques-uns; faites-moi l'amitié de venir les écrire dans ma loge.

Le jeune homme donna dans le panneau, et, aussitôt qu'il fut entré, toutes les actrices qui l'attendaient, armées de verges, se jetèrent sur lui et l'étrillèrent jusqu'au sang. L'officier de police, accouru aux cris du patient, eut beaucoup de peine à faire cesser l'exécution, et plus encore à s'empêcher de rire.

BRISEBARRE

M. Brisebarre avait commis un vaudeville intitulé *les Aventures de Mayeux*. Entendant, des coulisses, le tapage qui accueillait ses couplets, il s'écria :

— Je m'y attendais. C'est une cabale montée : il y a dans la salle au moins douze bossus qui se sont donné rendez-vous pour siffler.

Il y avait des bossus dans la salle est une des formules employées pour signifier qu'une pièce est tombée.

BRIZARD

Brizard, artiste plein de talent, tint brillamment l'emploi des premiers rôles marqués, des pères nobles, à côté de Lekain, Préville, mademoiselle Contat, etc. Il se fit remarquer surtout dans une création du *Roi Lear*.

Comme sa grande spécialité était de jouer les rôles de roi, Louis XV, qui était très-bienveillant pour les artistes, l'appelait toujours *Mon cher camarade*, chaque fois que la Comédie française allait jouer à la cour.

Brizard, amoureux d'une femme charmante, tenait à se marier à l'église, et il décida, à force d'instances, le curé de Saint-Thomas-d'Aquin à lui donner la bénédiction nuptiale.

M. de Beaumont, archevêque de Paris, apprend le fait, et destitue immédiatement le curé, en lui donnant l'ordre d'aller s'enfermer dans le séminaire de Vannes.

Le pauvre curé vient conter sa mésaventure à Brizard, qui, désolé, mais assez timide de son naturel, n'osait aller réclamer en sa faveur. L'artiste confie sa situation à Préville, qui, lui, ne doutait de rien, et qui, après avoir remonté le moral de son camarade, lui persuade que, dans les choses d'Église, il vaut mieux s'adresser à Dieu qu'à ses saints. Brizard serait éconduit par les ministres, il vaut donc mieux s'adresser au roi en personne.

Quand la Comédie française jouait à Versailles, le spectacle terminé, les artistes se rangeaient dans un petit couloir qui conduisait à l'appartement du roi, et celui-ci, passant devant eux, leur adressait quelques paroles bienveillantes. Brizard, qui s'était promis de profiter de la première occasion, au lieu de la saisir, empêché par sa timidité, hésitait, quand Préville s'avance et dit :

— Notre roi me charge de demander à Sa Majesté Louis XV la permission de prendre la parole en sa présence.

— Qui, Brizard? fit Louis XV. Mais qu'il parle !

Forcé dans ses retranchements, Brizard finit par exposer le cas où il se trouvait, en suppliant le roi de venir en aide au pauvre curé.

— M. de Beaumont a eu parfaitement raison ! s'écrie Louis XV d'une voix qu'il cherche à rendre sévère ; il a bien fait de destituer le curé, car il n'y a que les évêques qui marient les rois.

Tout le monde, étonné, regardait le roi sans trop comprendre, quand il reprit en souriant :

— Vous direz donc, *mon cher camarade*, au curé de Saint-Thomas-d'Aquin, qu'il est évêque de Vannes.

(*Gazette de Paris.*)

BROHAN (AUGUSTINE)

Un soupirant, aussi bête que laid, fatiguait Augustine Brohan d'épîtres de toute sorte, en prose ou en vers.

Il se hasarda, un jour, à lui dire :

— Mademoiselle, vous avez dû lire dans mes yeux...

— Impossible ! répondit-elle, j'ai la vue trop mauvaise.

*

Mademoiselle J*** invitait à ses soirées les habitués du salon de mademoiselle Brohan, son ennemie intime. Elle tenait à posséder le même monde, mais elle était très-piquée de ne le posséder qu'après la spirituelle soubrette. Pour se venger, elle fit poser au-dessus de la porte de son salon l'enseigne suivante :

A LA DESCENTE DU CAFÉ DES AVEUGLES.

Mademoiselle Brohan ne riposta pas par une autre enseigne, elle se contenta de dire :

— C'est égal, ma bonne amie J*** voudrait bien avoir mes mauvais yeux... pour ne pas voir ses dents !

*

Mademoiselle Judith et madame Allan dialoguaient dans le foyer.

— Je parie, dit Augustine, qu'elles échangent une dent contre moi.

*

Avisant Provost qui discutait avec un autre sociétaire :

— De quoi s'agit-il? demanda-t-elle brusquement.

— Nous nous disputons à propos de la création du monde, répondirent-ils.

— Je ne peux pas vous éclairer là-dessus. Je n'y étais pas. Adressez-vous à madame Allan.

*

Elle avait parodié ainsi la devise des Rohan :

> Mars ne puis,
> Plessis ne daigne,
> Brohan suis.

*

On parlait d'une dame chez laquelle on disait un mal affreux de tout le monde.

— Mon Dieu ! s'écria Augustine Brohan, on y dîne si mal ! on y mourrait de faim si l'on ne mangeait pas un peu son prochain.

BRUEYS

Brueys avait la vue si basse, que ses lunettes lui étaient indispensables pour tout, même pour manger.

Louis XIV, qui l'aimait, lui demandant comment il se trouvait de ses yeux :

— Sire, répondit Brueys, Sidobre, mon neveu, dit que je vois un peu mieux.

*

Il disait que Baron et la Champmêlé avaient fait passer plus de mauvaises pièces que tous les faux monnayeurs du royaume.

BRUEYS ET PALAPRAT

Palaprat avait d'abord fait la comédie du *Grondeur* en un acte ; Brueys, son associé, la mit en trois.

— Jarnidious ! dit Palaprat, j'avais donné à ce coquin une jolie petite montre d'Angleterre ; il en a fait un tournebroche.

BRUNET

Pendant l'Empire, on mettait tous les calembours politiques sur le compte de Brunet.

On disait :

— Est-il vrai que Brunet a été arrêté pour avoir dit dans la pièce du *Sourd*, au papa Doliban : « Vous ne savez pas, papa Doliban? avant de songer à épouser votre fille, je pensais à me faire nommer tribun... —Pourquoi cela? — C'est que j'aurais épousé une tribune, et nous aurions fait des petits tribunaux. »

Une autre fois, Brunet avait été, prétendait-on, mandé à la police pour avoir dit, à propos de la descente en Angleterre que Bonaparte voulait tenter : « Bah ! nos soldats passeront la Manche aisément, » et chanté tout bas : « Les canards l'ont bien passée, etc. »

Or, le bon Brunet n'a jamais couché en prison de sa vie... Quand on était quinze jours sans répandre le bruit qu'il avait été conduit à la Préfecture, il disait en riant :

— Vous ne pourriez pas m'apprendre si j'ai été arrêté hier au soir ?...

*

Une pièce de MM. Scribe et Dupin, intitulée *le Combat des Montagnes*, fut, sous la Restauration, la cause d'un grand scandale. Dans ce vaudeville, qui passait en revue tous les ridicules du jour, on avait introduit un jeune commis marchand, sous le nom de M. Calicot, lequel portait éperons et moustaches ; car alors un grand nombre de pacifiques bourgeois se laissaient pousser d'affreuses moustaches, et faisaient sonner sur le pavé, avec un épouvantable fracas, les talons de leurs bottes éperonnées.

Comme la paix était faite, chacun voulait passer pour un ancien militaire; tout le monde voulait avoir été gelé à Moscou... Une centaine de commis marchands se crurent offensés dans le personnage de M. Calicot; une cabale fut montée contre la pièce nouvelle, qui, le dimanche suivant, croula au milieu des huées et des sifflets. On menaça même Brunet de lui faire un mauvais parti, s'il remettait l'ouvrage sur l'affiche.

L'autorité, ne voulant pas céder, ordonna que les représentations fussent continuées.

M. Scribe improvisa un prologue très-piquant, *le Café des Variétés*, dans lequel Vernet remplissait le rôle d'un bossu d'une manière originale.

Les couplets et l'acteur allèrent aux nues, et la seule compensation que les pauvres cabaleurs reçurent, c'est que, grâce au prologue, la pièce, qui n'aurait peut-être eu que quelques représentations, fut jouée pendant deux mois consécutifs. Et le nom de Calicot devint proverbial.

Tout Paris chanta ce couplet à l'adresse des commis marchands :

> Ah! croyez-moi, déposez sans regrets
> Ces fers bruyants, ces appareils de guerre,
> Et des amours, sous vos pas indiscrets,
> N'effrayez plus les cohortes légères.
> Si des beautés dont vous causez les pleurs,
>   Nulle à vos yeux ne se dérobe,
>   Contentez-vous, heureux vainqueurs...
>   De déchirer leurs tendres cœurs ;
>   Mais ne déchirez pas leur robe.

*

Cadet Roussel beau-père, imitation burlesque de la comédie des *Deux Gendres*, était une des farces les plus amusantes qui se soient vues au théâtre pour la franchise et la gaieté du dialogue. Brunet y était d'un naturel et d'une bonhomie à faire pouffer de rire... quand il adressait des reproches à ses deux filles sur l'abandon dans lequel elles le laissaient, et qu'il leur disait avec le pathétique de Cadet Roussel :

« Quand vous alliez à la Gaieté, à l'amphithéâtre des quatrièmes, pour voir M. Marty dans *l'Illustre aveugle*, et que vous me laissiez seul dans ma chambre, et sans chandelle encore... c'était moi qui l'étais, l'illustre aveugle !... »

Et puis quelle admirable moralité termine la pièce ! « Ne donnons jamais rien à nos enfants, si nous voulons qu'ils aient pour nous une reconnaissance égale à nos bienfaits ! »

*

La folie intitulée *Cadet Roussel Esturgeon* fut jouée par Potier, Brunet, Lefèvre, et l'excellente Élomire, si bonne, si vraie dans *le Départ pour Saint-Malo*. La pièce amusa beaucoup les hauts personnages. Dans cette parade, on prenait Cadet Roussel-Brunet dans un filet, et le bailli-Potier, l'interrogeant, lui adressait gravement les questions suivantes :

— Comment vous nomme-t-on ?
— Cadet Roussel.
— N'avez-vous pas été merlan ?
— Oui, monsieur le bailli, à la fontaine des Innocents.
— Où vous a-t-on pris tout à l'heure ?
— Dans l'eau.

— Dans quoi étiez-vous?
— Dans un filet.
— Dans quoi trouve-t-on ordinairement les poissons?
— Dans l'eau.
— Avec quoi les prend-on?
— Avec un filet.
— Vous avouez donc avoir été merlan à la fontaine des Innocents? On vient de vous pêcher dans la mer, vous étiez dans un filet. Au nom de la loi, je vous arrête comme poisson.

Et Brunet répondait avec une naïveté admirable :
— C'est vrai, je suis dans mon tort.

Et le bailli remettait gravement l'Esturgeon entre les mains de la maréchaussée.

*

Brunet disait en se comparant à Potier :
— Il joue *le sot*, et moi, je joue *la bête*.

BULOZ

M. Buloz, commissaire royal près le Théâtre-Français, avait refusé une pièce de M. Soumet, intitulée *Monseigneur se marie*, pièce que le comité était décidé à recevoir. On dit à l'auteur, lorsqu'il vint s'informer de son sort :
— M. Buloz ne veut pas que... monseigneur se marie.

CABOTIN

Deux acteurs comiques, MM. L*** et T***, avaient échangé de

nombreuses gourmades dans la loge où ils s'habillaient en commun. Le directeur, prévenu par le second régisseur, les fit venir dans son cabinet et leur tint à peu près ce langage :

— J'en ai appris de belles sur votre compte ! il paraît que vous vous êtes flanqué des coups de poing ?

Pas de réponse.

— Mes amis, cela ne peut pas se terminer comme cela ; quatre de vos camarades sont avertis, et, demain matin, vous aurez à vous donner un coup de sabre.

— Plus souvent! dirent d'une même voix M. L*** et M. T***, je ne me bats pas avec un *cabotin!*

CALEMBOUR D'ACTRICE

Quand la duchesse de Nemours accoucha du comte d'*Eu*, mademoiselle X*** disait, au foyer de la Comédie française, qu'elle ne tarderait pas à mettre au monde le comte *Trois*.

CAMERANI

Cendrillon commençait à ne plus attirer la foule. Cette pièce en était, du reste, à sa centième représentation. Le régisseur de l'Opéra-Comique, Camerani, regardant le monde courir pour voir s'enlever le ballon de Garnerin, s'écriait d'un air piteux :

— Ces fissous Parisiens, qui vont voir ce moussu dans son panier à salade, et qui laissent là notre Saint-Aubin, oune sarmante petite fille, zolie coume oune anze ! l'erqué ? Parce qu'elle a zoué cent fois la même sose ! C'est-y oune raison ?

CAMPISTRON

Après la chute d'*Alcide ou le Triomphe d'Hercule*, de Campistron, on fit ce quatrain :

> A force de forger on devient forgeron ;
> Il n'en est pas ainsi du pauvre Campistron :
> Au lieu d'avancer il recule,
> Voyez *Hercule*.

CARON... L'HOMME A LA BARQUE

Sophie Arnould, malgré son timbre affaibli, s'avisa de chanter un air d'*Iphigénie*. Tout à coup, une voix s'éleva, interrompit ses chants par des sons lugubres, et fit entendre ces paroles, qu'une divinité infernale adresse à Alceste dans le dernier acte de l'opéra de ce nom :

> Caron t'appelle, entends sa voix.

Sophie Arnould perdit connaissance, et, à dater de ce moment, dès qu'elle paraissait en public, des gens charitables ne manquaient pas de fredonner l'air d'Alceste.

Elle reçut encore cette autre leçon, non moins brutale.

Jouant *Iphigénie*, elle disait à Achille :

> Vous brûlez que je sois partie.

Le parterre lui appliqua ce vers et se mit à battre des mains.

CAROUBY

Un comparse du grand théâtre de Marseille figurait les jambes de derrière d'un des chameaux de *la Caravane du Caire*. Il remarqua que son nom n'était pas mentionné sur l'affiche, et déclara au chanteur Darboville qu'il ne jouerait pas.

— Allons, dit celui-ci, tu ne voudrais pas faire manquer la représentation.

— Je n'ai qu'une parole.

— Bah! sois de bonne composition, remplis ton rôle de bonne grâce, et, si tu t'en tires bien, je te promets d'obtenir pour toi de figurer désormais les pattes de devant.

CARTON (MADEMOISELLE)

A une des représentations des *Paladins*, Rameau disait à une actrice :

— Allez plus vite, mademoiselle, allez plus vite encore...

— Mais, dit l'actrice, on n'entendra plus les paroles...

— Eh! qu'importe, pourvu qu'on entende ma musique!

Cet opéra n'eut aucun succès, et, comme, au bout de quelques jours, on cessait de le jouer, Rameau prétendit qu'on n'avait pas eu le temps d'en goûter la musique, et se servit de ce dicton :

— La poire n'est pas mûre.

A quoi mademoiselle Carton répondit :

— Cela ne l'a pourtant pas empêchée de tomber.

CERRITO (FANNY)

C'était à Saint-Pétersbourg, à une représentation de *la Fille de marbre*.

Une corde mal attachée à un décor était tombée sur la tête de Fanny Cerrito et l'avait légèrement blessée. Le général Bwoff, qui exerçait une grande influence sur les théâtres impériaux, va la visiter le lendemain de l'accident. Ce général appartenait alors au parti des mécontents ; l'empereur avait oublié, le jour de son couronnement, de lui envoyer le grand cordon.

— Eh bien, ma charmante, nous avons donc été blessée par une vilaine corde ?

— C'est de votre faute, général, car vous répondez de la négligence des machinistes.

— Bah ! bah ! avouez-le, vous faites beaucoup de bruit pour rien.

— Comment ! si un cordon qui ne vous arrive pas vous fait tant de mal, pourquoi voulez-vous qu'une corde qui m'arrive ne m'en fasse pas ?

C'EST VOTRE FILS

C'était à Lyon. On jouait *l'Avare*. Au moment où Harpagon débite son monologue du vol de sa cassette, un spectateur, emporté par les émotions convulsives de l'acteur, se leva sur une banquette et cria :

— Ne vous tourmentez pas tant, c'est votre fils qui vous a volé votre cassette.

Cette naïveté entraîna le rire de tout l'auditoire, et l'acteur, après avoir remercié le donneur d'avis, rentra dans son jeu.

CHAMPCENETZ

Une demoiselle Dufay débutait à l'Opéra-Comique (alors Favart) ; elle avait choisi le rôle de Lucette, dans l'opéra de *la*

Fausse Magie, pour le morceau de chant qui commence le second acte :

Comme un éclair la fausse espérance...

ce qui avait fait donner à cet air le nom de *l'éclair.* Champcenetz était à la porte du balcon, appuyé contre une colonne; il écoutait en bâillant, lorsque M. de Narbonne, qui s'intéressait à ce début, arrive tout essoufflé et dit à Champcenetz :

— Mademoiselle Dufay a-t-elle chanté *comme un éclair?*...
— Non, mon cher, comme une dinde, répondit le brutal.

*

Dugazon, pérorant au milieu d'un groupe de grands seigneurs, disait avec une suprême impertinence :

— Nous autres, qui ne pouvons souffrir ni le peuple ni la canaille...
— Hum ! nous ! nous ! s'écria Champcenetz intervenant.
— Que trouvez-vous là d'extraordinaire ? demanda Dugazon.
— C'est un pluriel qui me semble singulier.

CHAMPMÊLÉ

La Champmêlé demandait à Racine d'où il avait tiré *Athalie.*
— De l'Ancien Testament, répondit-il.
— De l'Ancien Testament ? répliqua l'actrice. Eh ! mais n'avais-je pas ouï dire qu'il y en avait un Nouveau ?

*

Lorsque la Champmêlé eut sacrifié Racine au comte de Clermont-Tonnerre, on fit le quatrain suivant :

> A la plus tendre amour elle fut destinée,
> Qui prit longtemps racine dans son cœur ;
> Mais, par un insigne malheur,
> Le tonnerre est venu qui l'a déracinée.

CHANGEMENT DE TON

Un mauvais acteur, jouant Omar dans *Mahomet*, disait si pitoyablement ces deux vers :

> Mahomet marche en maître et l'olive à la main ;
> La trêve est publiée, et le voici lui-même...

que Voltaire s'écria :

— Oui, oui, Mahomet arrive ; c'est comme si vous disiez : « Rangez-vous, voilà la vache. »

CHAPELLE

— Que pensez-vous de *Bérénice ?* demandait-on à Chapelle.
— Marion pleure, Marion crie, Marion veut qu'on la marie.

CHAPELLE (du vaudeville)

Un jour, l'arlequin Laporte dit à Chapelle, le Cassandre par excellence, qu'on avait inventé des diligences en gomme élastique, qui s'élargissaient à volonté suivant le nombre des voyageurs. Chapelle n'en douta point et alla se faire rire au nez en se rendant à l'administration pour arrêter une place dans une de ces voitures.

*

Un de ses créanciers, et il en avait beaucoup, lui demandait son remboursement... Chapelle lui répondit :
— Vous ne savez donc pas, mon cher, la nouvelle?
— Non.
— Eh bien, j'ai fait banqueroute.
— Est-ce possible?
— Oui, foi d'homme d'honneur!

CHASSÉ

Un chanteur, nommé Chassé, ne jouissait pas d'une belle réputation. Il se présente aux Italiens. On lui refuse la porte.
— Mais, dit-il, je suis Chassé de l'Opéra.
— Eh bien, lui répond-on en poussant la porte sur lui, vous serez aussi chassé des Italiens.

CHAT DE MADAME VESTRIS

Le talent de mademoiselle Raucourt éveilla bien des jalousies, bien des inimitiés. Un jour que, dans ses débuts, elle attaquait avec chaleur le monologue d'Émilie (de *Cinna*), un chat miaula d'une façon si particulière, que tout le monde se mit à rire.
— Je parie, dit un plaisant, que c'est le chat de madame Vestris.

CHAVANGES

Le baron de Chavanges, plus habile à manier l'épée que la plume, dit M. Jouslin de Lasalle dans ses très-intéressants *Souvenirs dramatiques*, tenait cependant à se faire auteur, et voici le moyen qu'il employa. Un matin, il va trouver Maurice Alhoy, lui fait part de son projet et lui demande le sujet d'un vaudeville, lui disant que, peu habitué à la versification, il se chargeait d'écrire la pièce, et que lui, Maurice, en ferait les couplets. Ce dernier lui raconte une anecdote arrivée à deux étudiants et, tout en causant, lui fait un scénario. Chavanges, enchanté, quitte Maurice et vient me trouver.

— Il faut, mon cher, me dit-il, que vous me rendiez un service. Je tiens beaucoup à faire une pièce, mais j'ai peu l'habitude d'écrire pour le théâtre; cependant, j'ai fait quelques couplets en ma vie, et, si vous le voulez, vous vous chargerez de la prose, et moi des couplets.

Là-dessus, il me fait connaître le scénario et le titre de l'ouvrage, *l'Avocat et le Médecin*. Je fis avec plaisir ce qu'il me demandait, et, tous les matins, il venait chez moi, prenait les scènes écrites qu'il portait chez Maurice Alhoy, et me les rapportait le lendemain avec des mots et des couplets fort piquants et bien tournés. La pièce achevée, je la lis à Merle, à qui Maurice en avait déjà parlé. En sortant de son cabinet, nous rencontrons précisément ce dernier.

— Eh bien, mon cher, je vous fais mon compliment, lui dit Merle, Jouslin vient de me lire *l'Avocat et le Médecin*; c'est fort gentil.

— Mais Maurice n'y est pour rien, dis-je assez surpris; j'ai fait la pièce avec Chavanges.

— J'allais justement vous en dire autant, me répond Maurice.

— Comment! c'est donc vous qui avez fait les couplets?

— Oui, et vous la prose?

— Assurément.

— Et Chavanges les courses, ajouta Merle : c'est ainsi que cela se fait souvent.

Voilà comment Chavanges fut auteur.

CHEF-D'OEUVRE TRAGIQUE

Un jeune auteur dramatique anglais offrait une tragédie en cinq actes à un directeur.

— Ma tragédie, dit-il, est un chef-d'œuvre, et je réponds qu'elle aura le plus brillant succès ; car j'ai cherché à travailler dans le goût de ma nation ; et ma pièce est si tragique, que tous mes acteurs meurent au troisième acte.

— Et quels sont donc les acteurs des deux derniers actes ? lui demanda le directeur.

— Les ombres de ceux que j'ai tués au troisième.

CHÊNE ET ROSEAU

Le bon la Fontaine n'a pas composé de fable qu'Odry préférât à celle qui a pour titre le Chêne et le Roseau ; cependant, il lui semblait qu'un peuplier aurait mieux convenu qu'un chêne, pour être exposé à toute la violence des vents.

— Car, enfin, dit-il, toute la morale de cet apologue se borne à ceci :

Au fort de la tempête, il faut un peuplier (un peu plier).

CHERUBINI

Cherubini venait de se tirer d'une maladie grave. Parmi les visiteurs qui le complimentaient sur son heureuse convalescence, se trouvait l'auteur de la Juive. Le quinteux vieillard, qui ne voyait toujours dans ce maestro que son ancien élève, le recevait avec un laisser aller de mauvaise humeur.

— Ze te dis que je souis mal, très-mal.

— Mais, monsieur Cherubini, je vous proteste que vous êtes frais comme une rose.

— Oui, comme une rose de quatre-vingt-quatre ans. Ze te dis que ze m'en vas. Ze me sens peut-être!... *Ze m'en vas, mon ami; ze n'ai plus que dix ans à vivre!*

*

Il approuvait quelquefois, blâmait plus souvent, et se taisait d'ordinaire. On venait d'exécuter au Conservatoire une de ses ouvertures; on lui demanda ce qu'il pensait de l'exécution :

— Puisque ze n'ai rien dit, répondit-il, c'est que ze souis content.

CHERUBINI ET BERLIOZ

Les allures cavalières de M. Berlioz révoltaient Cherubini. Quelques jours avant sa mort, on lui lisait un article de ce dernier, et, comme on lui demandait son avis à ce sujet, il se contenta de répondre :

— Ze voudrais bien savoir ce que le papier blanc a fait à Berlioz.

CHOEUR INCOMPRIS

Une dame de la halle assistait à un spectacle gratis à l'Opéra. Entendant un chœur :

— Voyez-vous, les canailles, se mit-elle à dire, parce que c'est nous, ils chantent tous ensemble pour avoir plus tôt fini.

CHRISTINE DE SUÈDE

Lorsque Christine de Suède fit, à Inspruck, abjuration publique de la religion luthérienne, on donna la comédie dans l'après-dînée.

— Messieurs, dit-elle à ceux qui avaient assisté à cette cérémonie, il est bien juste que vous me donniez la comédie après que je vous ai donné la farce.

CHUTE DE LA PIÈCE ET CULBUTE DE L'AUTEUR

Piron, qui venait d'être outrageusement sifflé, fit un faux pas en sortant du spectacle. Quelqu'un s'empressa de le soutenir. Au lieu de remercier cet homme secourable, le pauvre auteur, tout entier à son infortune littéraire, lui dit sèchement :

— Parbleu! monsieur, c'est ma pièce qu'il fallait soutenir et non pas moi.

CICÉRON ET ROSCIUS

Cicéron disait de Roscius :

— Il joue si bien, qu'il ne devrait jamais quitter la scène ; il est si honnête, qu'il n'aurait jamais dû y monter.

CINQ PORTIERS TUÉS

Guéret, dans son *Parnasse réformé*, fait parler ainsi Lasserre au sujet d'une de ses tragédies :

— On sait que mon *Thomas Morus* s'est acquis une réputation que toutes les autres comédies du temps n'avaient jamais eue. M. le cardinal de Richelieu a pleuré à toutes les représentations qu'il a vues de cette pièce. Il lui a donné des témoignages publics de son estime; et toute la cour ne lui a pas été moins favorable que Son Éminence. Le Palais-Royal était trop petit pour contenir ceux que la curiosité attirait à cette tragédie. On y suait au mois de décembre; et l'on tua quatre portiers, de compte fait, la première fois qu'elle fut jouée. Voilà ce qu'on appelle de bonnes pièces; M. Corneille n'a point de preuves si puissantes de l'excellence des siennes; et je lui céderai volontiers le pas, quand il aura fait tuer cinq portiers en un seul jour.

CINTIO

Saint-Évremont critiquait les pièces italiennes au point de vue de la vraisemblance.

— S'il y en avait davantage, répondit l'acteur Cintio, on verrait de bons comédiens mourir de faim avec de bonnes comédies.

CIRQUE (UNE INJUSTICE AU)

C'était pendant les représentations de *Za ze zi zo zu*, un des grands succès de féerie du boulevard.

Un jour, un vieux comparse se présente chez le régisseur du Cirque.

— Monsieur, je viens vous dire de me remplacer.

— Pourquoi donc, mon ami? seriez-vous malade?

— Non, monsieur, je cesse mon service.

— Et pourquoi?

— On m'a fait une injustice.

— Vraiment?

— Oui, monsieur, une injustice scandaleuse, un passe-droit honteux envers un homme qui a toujours fait son devoir.

— Mais que s'est-il passé ?
— Monsieur, j'ai vingt-cinq ans de service.
— Oui, oui ; après ?
— Eh bien, monsieur... le croiriez-vous, monsieur? dans la scène des Dominos... vous savez bien, monsieur, la scène des Dominos... à qui croyez-vous qu'on ait donné le Double-Six ? A moi, n'est-ce pas ?... Non, monsieur ! Moi, j'ai le Double-Blanc !... Et le Double-Six, on le donne... — à un Autrichien, à un blanc-bec qui n'a pas six ans de Cirque !

CLAIRON (MADEMOISELLE)

Le caractère de mademoiselle Clairon était altier et violent. Elle se permit de jeter un rôle au visage de le Mierre. Elle maltraita Sauvigny, au point qu'il crut devoir sortir du théâtre pour éviter de lui répondre trop durement, et elle lui cria de la porte avec sa dignité ordinaire :

— Allez, monsieur, si vous avez du talent, vous nous reviendrez.

CLAQUE

Un directeur se plaignait de ce que la claque ne pouvait plus *sauver* une seule pièce. Le chef des romains lui répondit :

— Tenez, monsieur, tant que vous aurez dans votre salle ces canailles de *payants*, il n'y aura rien à faire.

CLARINETTE DE BEAUVALLET

Beauvallet, jouant avec madame Dorval, à l'Odéon, dans *le Camp des croisés*, lui adressa une singulière question.

Godefroid de Bouillon interpellait Léa, la fille de Jéricho, qui lui répondait devant l'arabe Ismaël-Beauvallet :

> Noble Franc, je ne sais ni ma loi ni la tienne.
> Lorsque mon père dort, je sais étendre auprès
> Son Coran, ses parfums et son breuvage frais ;
> Je sais les eaux des puits, et le coursier superbe
> Hennit quand je rapporte une main pleine d'herbe ;
> Je sais conduire un porc, et tisser nos habits
> Des laines qu'on retranche aux agneaux des brebis ;
> Je sais ce qu'une fille apprend, je sais encore
> Les prières du soir et celles de l'aurore.
> J'ignore tout le reste, et jusques à ce jour,
> Noble Franc, j'étais femme et j'ignorais l'amour.

Beauvallet, entr'ouvrant son burnous aux longs plis, dit à demi-voix, après cette tirade, à Léa, qui savait tant de choses :

— Savez-vous jouer de la clarinette ?

Et il lui laissa voir un de ces instruments, suspendu à son côté en guise de yatagan.

Madame Dorval manqua suffoquer de rire.

COLARDEAU

Colardeau, quelques jours avant sa mort, reçut la visite de Barthe, qui vint lui lire sa comédie de *l'Égoïste ou l'Homme personnel*. Colardeau, accablé de douleur, n'eut pas même la force de demander qu'on lui fît grâce de la lecture du drame. Quand elle fut achevée, sommé par l'auteur provençal de dire ce qu'il en pensait :

— Mon ami, vous avez oublié un bon trait d'égoïste.

— Lequel ?

— C'est un auteur forçant un homme qui se meurt à entendre la lecture d'une pièce de sa façon.

COLLÉGE DES QUATRE-NATIONS

Une ingénue du Palais-Royal parlait du soin qu'elle prendrait de faire élever convenablement ses enfants, le cas échéant. Elle déclarait qu'elle les ferait instruire chez elle et ne les perdrait jamais de vue. Quelqu'un répliqua :

— Vous auriez grand tort, mademoiselle : ils seraient bien mieux au collége des Quatre-Nations.

COLOMBE (MADEMOISELLE)

Mademoiselle Colombe voulait envoyer son portrait à Dugazon, qui l'avait touchée au cœur. La jolie actrice va trouver Fragonard, qu'on lui avait indiqué comme un grand peintre.

— Monsieur, dit-elle, je vous en prie, rendez fidèlement mes traits.

— Mais, mademoiselle, je ne peins que l'histoire...

— Eh bien, monsieur, commençons toujours ; quelque autre fera le reste.

COMME LA COLONNE

Mademoiselle X***, du théâtre du Palais-Royal, avait pour protecteur un vieux général qui ne pouvait parler, sans pleurer, de tout ce qui touchait à l'Empire.

— T'aime-t-il bien du moins, ton vieux général ? lui disait, un jour, une de ses amies.

— Comme la colonne, répondit mademoiselle X***.

COMPLIMENT

L'opéra de Marmontel intitulé *la Guirlande* fut très-mal accueilli; un jour qu'on le donnait, l'auteur eut occasion de prendre un fiacre pour faire une course. Son chemin était de passer devant le cul-de-sac de l'Opéra; mais, craignant l'embarras, il dit au cocher d'éviter le Palais-Royal.

— Ne craignez rien, monsieur, reprit le rustre; il n'y aura pas de tumulte, on donne aujourd'hui *la Guirlande*.

CONDÉ ET LÉRIDA

Condé, assistant à une pièce qu'il prônait et qu'attaquait une cabale acharnée, finit par s'impatienter du tumulte, et, désignant aux gardes un des plus bruyants, il leur dit :

— Prenez-moi cet homme-là !...

Le spectateur se retourna fièrement vers Condé, qui venait de lever le siége de Lérida.

— Je m'appelle Lérida, dit-il, on ne me prend point.

CONGÉ

On donnait l'*Andronic* de Campistron, pour le début d'un acteur qui arrivait de Bruxelles. Cet acteur déplut souverainement; et, quand il vint à réciter ce vers,

Mais pour ma fuite, ami, quel parti dois-je prendre?

un plaisant s'empressa de répondre :

L'ami, prenez la poste, et retournez en Flandre.

CONSEIL AMICAL

Une dame, qui n'était que jolie, se plaignait à Sophie Arnould d'être obsédée par la foule de ses amants.

— Eh! ma chère, lui dit celle-ci, il vous est si facile de les éloigner; vous n'avez qu'à parler.

LA CONSIDÉRATION

La Considération, jolie comédie de M. Camille Doucet, allait être mise à l'étude :

« Permettez-moi, lui écrivit un de ses amis, de vous féliciter d'avance du succès de *la Considération*, avec laquelle j'ai l'honneur d'être... »

CONTAT (MADEMOISELLE)

Coupigny, qui traita d'ingrate mademoiselle Mars parce qu'elle l'avait *oublié* dans son testament, lui qui dînait toujours chez elle, Coupigny affichait des chemises quelque peu fanées, sur lesquelles il faisait miroiter une épingle de prix.

— Mon cher, lui dit mademoiselle Contat, permettez-moi de vous donner un conseil...

— Donnez, belle dame, je le recevrai avec reconnaissance.

— Eh bien, vendez donc une de vos belles épingles pour avoir de quoi faire blanchir vos chemises.

CONTI (LE PRINCE DE)

Le prince de Conti disait de la tragédie de *Caton*, de l'abbé Abeille, qu'il prisait fort :

— Si le Caton d'Utique ressuscitait, il ne serait pas plus Caton que le Caton d'Abeille.

COQ-A-L'ANE

Un jeune acteur se présente à un directeur de province qui lui demande dans quoi il veut débuter.
— Dans *le Philosophe sans le savoir*.
— Je ne le souffrirai pas, monsieur...
— C'est pourtant une excellente comédie...
— Je ne dis pas non ; je consens à ce que vous commenciez par *le Philosophe*, mais non sans le savoir.

COQUETTE CHATIÉE

Un jeune homme placé au spectacle derrière une vieille coquette, examinait ses épaules. Elle s'en aperçut et lui dit :
— Que faites-vous donc là ?
— Madame, répondit-il, je regarde ce qui se passe.

CORIOLAN

Coriolan, joué au profit des pauvres, donna lieu à cette épigramme :

8 mars 1784.

Pour les pauvres, la Comédie
Donne une pauvre tragédie :
C'est bien le cas, en vérité,
De l'applaudir par charité.

On dit encore :

— Il n'y a qu'un bon acte dans cette pièce, l'acte de charité.

Et encore :

— Les Comédiens sont avares, ils donnent leurs mauvaises pièces aux pauvres.

Cette dernière malice, attribuée à Rulhière et à Chamfort, provoqua ce coup de pied de Laharpe :

> Vous connaissez Chamfort, ce maigre et bel esprit,
> Et ce pesant Rulhière à face rebondie;
> Tous deux sont pleins de jalousie,
> Mais l'un en meurt et l'autre en vit.

CORNEILLE

On sait que Boileau distinguait deux sortes de galimatias : le galimatias simple et le galimatias double; il appelait galimatias simple, celui où l'auteur entendait ce qu'il voulait dire, mais où les autres n'entendaient rien ; et galimatias double, celui où l'auteur ne s'entendait pas plus lui-même qu'il n'était entendu des lecteurs. Il citait, pour exemple de ce dernier genre de galimatias, ces quatre vers de la tragédie de *Tite et Bérénice* de Corneille :

> Faut-il mourir, madame, et si proche du terme,
> Votre illustre inconstance est-elle encor si ferme,
> Que les restes d'un feu que j'avois cru si fort
> Puissent dans quatre jours se promettre ma mort?

Baron devait faire le rôle de Domitien dans cette tragédie ; et comme il étudiait son rôle, l'obscurité de ces vers l'embarrassant, il alla consulter Molière. Molière, après les avoir lus, lui dit qu'il ne les comprenait pas non plus.

— Mais attendez, ajouta-t-il, M. Corneille doit venir souper avec nous aujourd'hui, vous le prierez de vous les expliquer. Dès que Corneille arriva, le jeune Baron alla lui sauter au cou, comme il faisait ordinairement, et lui demanda ensuite les éclaircissements dont il avait besoin. Corneille, lut et relut ses vers; puis, se creusant la tête en vain :

— Je ne les entends pas trop bien non plus, dit-il, mais récitez-les toujours; tel qui ne les entendra pas les admirera.

*

Il parlait peu, et, quand on lui reprochait de ne pas prendre part à la conversation, de rester à l'écart comme un homme incapable de tenir le dé :

— Je n'en suis pas moins Pierre Corneille, disait-il.

CORPS DE BALLET

Un habitué de la Bourse et de l'Opéra, fameux par ses prodigalités, faisait dire aux dames du corps de ballet :

— C'est singulier, plus on le plume, mieux il vole.

CORRECTIONS DE *ZAIRE*

Zaïre fut d'abord reçue du public avec les applaudissements qu'elle méritait; mais la critique ne fut pas muette, et le poëte, toujours inquiet, fatiguait les acteurs de ses corrections. L'acteur Dufresne était devenu inexorable, inaccessible même; sa porte ne s'ouvrait plus à Voltaire.

Celui-ci ne glissait ses changements que par la serrure; Dufresne ne les lisait point; mais, un jour qu'il donnait un grand dîner à ses amis, arrive un pâté de perdrix, de la part de quelqu'un qui ne se nommait pas. Le pâté fut servi aux acclamations des convives, et ouvert avec curiosité : qu'on se figure leur surprise, à la vue de douze perdrix, tenant dans leur bec autant de billets qui renfermaient tous les vers à retrancher ou à substituer dans le rôle de Dufresne. Pour le coup, les corrections furent accueillies du comédien.

COUCI-COUCI

Dans l'*Adélaïde Duguesclin* de Voltaire, telle qu'elle fut donnée d'abord, il y avait un personnage qui demandait à Coucy :

Es-tu content, Coucy ?

A quoi tout le parterre se hâta de répondre : « Couci-couci. »

COUP DE BEC

Une prude disait devant une de nos spirituelles actrices, avec un ton qui visait à la personnalité :
— Moi, je tiens à ma réputation.
— Mon Dieu, ma chère, répliqua l'actrice, vous vous attachez toujours à des petitesses.

CRÉBILLON

On demandait à Crébillon, dont la plupart des tragédies étaient attribuées à un chartreux, quel était son meilleur ouvrage :
— Je ne sais, répondit-il, quel est le meilleur ; mais je suis sûr, ajouta-t-il en montrant son fils, que voilà le plus mauvais.
— C'est, répliqua celui-ci, qu'il n'est pas du chartreux.

Cette anecdote est racontée aussi de la manière suivante :

Crébillon disait, en présence de son fils, qu'il ne se repentait que d'avoir fait deux choses, savoir : la tragédie de *Catilina* et son fils.

— Que cela ne vous inquiète point, lui répliqua l'auteur du *Sofa*, on ne vous attribue ni l'un ni l'autre.

*

Un jeune homme lui présentait une pièce de vers. Le papier échappa des mains du censeur et vola dans le feu ; l'auteur courut pour la ramasser.

— Laissez, dit Crébillon, cette pièce suit sa vocation.

CRÉBILLON VOUÉ A L'ENFER

Après la représentation d'*Atrée*, on demandait à Crébillon pourquoi il avait adopté le genre terrible.

— Je n'avais point à choisir, répondit-il ; Corneille avait pris le ciel, Racine la terre ; il ne me restait plus que l'enfer ; je m'y suis jeté à corps perdu.

DAMES DE CHOEURS

Pendant la représentation de la *Révolte au Sérail*, six dames de chœur chargées de rôles guerriers donnèrent leur démission, parce qu'on voulait leur imposer *silence* (*six lances*).

DAMOREAU (madame)

A l'époque où la furie de l'agiotage avait gagné tout le monde, voire même les comédiens, une célèbre cantatrice était restée sur ce chapitre d'une ignorance primitive :

— Ma chère, disait madame C*** à madame Damoreau, ne faites-vous donc rien avec les chemins de fer? Allons, faites comme moi... prenez du Gouin...

— Qu'est-ce que cela, *du Gouin*?... Est-ce une bête ?

DANCHET

Danchet déclamait très-bien. Il lisait, un jour, une de ses tragédies aux comédiens. Ponteuil, charmé, l'interrompit pour lui dire :

— Ah! monsieur, que ne vous faites-vous comédien ?

Danchet, le regardant avec dédain, lui répond par ces deux vers de Nicomède :

> Le maître qui prit soin d'instruire ma jeunesse,
> Ne m'a jamais appris à faire une bassesse.

Et il poursuivit sa lecture.

DANCOURT

Le père de la Rue, sermonnant son ancien disciple sur ce qu'il avait embrassé la profession de comédien :

— Ma foi, mon père, lui dit Dancourt en se cabrant, je ne vois point que vous deviez tant blâmer l'état que j'ai pris. Je suis comédien du roi, vous êtes comédien du pape ; il n'y a pas tant de différence de votre état au mien.

DANCOURT ET SA FILLE

Lorsque Dancourt donnait une comédie nouvelle, il avait pour coutume, si elle ne réussissait pas, d'aller souper, pour se consoler, chez le traiteur Chéret, en compagnie d'autres amis. Un matin, après la répétition des *Agioteurs*, il s'avisa de demander à sa petite fille, qui n'avait pas dix ans, ce qu'elle pensait de la pièce :

— Oh ! mon gros papa, répondit-elle, vous pourrez aller, ce soir, souper chez Chéret.

DANGER DU SUBJONCTIF

C'était la veille de la première représentation des *Doigts de fée*. M. Scribe, l'inexorable puriste que chacun sait, surveillait la répétition générale.

Tout allait au mieux, c'est-à-dire le plus médiocrement possible, lorsque le savant académicien aperçoit qu'un figurant, chargé d'un rôle de *vieux domestique*, avait l'air beaucoup trop jeune. Il s'avance aussitôt vers lui, et poliment :

— Il faudrait, mon ami, que vous vous grimassiez davantage.

— Malhonnête, reprit l'artiste en fermant les poings, grimacier vous-même !

DANGEVILLE (MADEMOISELLE)

Mademoiselle Dangeville était douée de cette présence d'esprit qui fait saisir en scène l'à-propos des circonstances imprévues. Elle en donna une preuve lors de la première représentation des *Mécontents*, comédie en trois actes, avec un prologue, un divertissement et un vaudeville. Elle y jouait le rôle de Léonore, et chantait à la fin de la pièce le couplet suivant :

AU PARTERRE.

Nous travaillons de notre mieux
A vous divertir par nos jeux.
Si nous obtenons vos suffrages,
Chaque jour pour tous les ouvrages
Nous en demanderons autant :
   Et voilà comme
   L'homme
N'est jamais content.

On lui cria *bis*. Elle répéta le couplet ; et, comme on criait encore *bis* au moment où elle se retirait, elle se retourna du côté du public, et chanta seulement le refrain :

   Et voilà comme
   L'homme
N'est jamais content.

Cette saillie fut vivement applaudie.

DANSEUSE QUI A DE L'ORDRE

Mademoiselle X***, danseuse émérite, qui avait gagné de bonnes rentes

A montrer aux quinquets, le soir, de maigres choses,

et qui était d'une avarice sordide, mourait d'une maladie de poitrine. Les médecins l'avaient condamnée : elle connaissait leur verdict et se montrait résignée ; ce qui ne l'empêchait pas d'avoir l'œil aux dépenses de sa maison. Voyant le jour qui commençait à poindre :

— Joseph, dit-elle, éteignez donc cette bougie ; voilà comme on me ruine.

DATUS

Le comédien Datus, dans une satire qu'il chanta à la fin d'une atellane, dit en grec :

— Adieu, mon père ! adieu, ma mère !

C'était devant Néron, qui avait empoisonné son père et fait noyer sa mère. En chantant la première phrase, il représentait par ses gestes une personne qui boit, et, en chantant la seconde, il imitait une personne qui se débat dans l'eau et qui enfonce ; puis, en ajoutant à la fin : « Pluton vous conduit à la mort, » il regarda les sénateurs que ce prince avait menacés d'exterminer, et les désigna du geste. Le courage romain s'était réfugié sur le théâtre.

DAUBERVAL

Avant que mademoiselle Clairon eût établi le costume au Théâtre-Français, on ne connaissait, pour le théâtre tragique, qu'un seul habit qu'on appelait l'habit à la romaine, et avec lequel on jouait les pièces grecques, romaines, espagnoles, etc. Lekain fut le premier à se soustraire à ce costume, et fit faire un habit grec pour jouer Oreste d'*Andromaque*.

Dauberval arrive dans la loge de Lekain, au moment où le

tailleur de la Comédie apportait l'habit d'Oreste. La nouveauté de cet habit frappa Dauberval, qui demanda ce que c'était.

— Cela s'appelle un habit à la grecque, dit Lekain.

— Ah! qu'il est beau! reprend Dauberval; le premier habit à la romaine dont j'aurai besoin, je le ferai faire à la grecque.

DÉDOMMAGEMENT

On devisait, au foyer du Théâtre-Français, de M. Mario Uchard. On parlait de la chance prodigieuse qu'il avait eue, n'ayant pas de précédents littéraires, de faire recevoir et jouer presque sur l'heure une pièce en quatre actes.

— Pourquoi s'étonner de cela? répliqua en souriant un des sociétaires. La Comédie française lui devait ce dédommagement.

DÉJAZET (MADEMOISELLE)

— Déjazet! en voilà une que je voudrais voir morte! s'écriait, dans un foyer de théâtre, une actrice de la Comédie française qu'avait criblée de traits Sophie Arnould II et dont les plaies saignaient encore.

— Qu'à cela ne tienne! répliqua celle-ci entrant en tapinois; soufflez-moi dessus et qu'on n'en parle plus.

*

Jouant au théâtre de Berlin, Déjazet assistait, après le spectacle, à un souper auquel l'amphitryon avait invité un grand nombre de ses amis. On comptait sur un feu roulant de mots spirituels. Déjazet était étincelante de verve, mais sa verve tombait à plat; les convives semblaient gelés. Enfin, elle décocha une de ses plus vives saillies et toujours avec le même insuccès. On se regardait et on la regardait bouche béante.

— Messieurs les Allemands, s'écria-t-elle un peu piquée, c'est de l'esprit, cotisez-vous pour le comprendre.

*

— Vous regardez ces deux rides que j'ai au coin des joues, disait un soir mademoiselle Déjazet, et vous croyez que c'est la vieillesse. Eh bien, non, *c'est d'avoir trop ri.*

DELRIEU

Artaxerxe tirait à sa fin. Delrieu, placé près d'un ami, à l'extrémité des premières loges de quatre, jetait des regards furibonds sur sa femme, qui se trouvait au balcon de droite et qui ne cessait de battre des mains. La toile baissée, elle vient à lui en disant :

— Mais qu'as-tu? Tu ne voyais donc pas comme j'applaudissais?

— Malheureuse! répondit-il toujours furieux, tu avais tes gants!

DEMANDE INDISCRÈTE

Le vieux Crébillon étant attaqué d'une maladie sérieuse, dans le temps qu'il travaillait à sa tragédie de *Catilina*, Hermant, son médecin, le pria de lui faire cadeau des deux premiers actes, qui étaient achevés. Crébillon ne lui répondit que par ce vers si connu de son *Rhadamiste* :

Ah! doit-on hériter de ceux qu'on assassine?

DEMI-DEUIL

La chute d'une décoration, qui n'avait heureusement blessé personne, fit si grand peur, un jour, à mademoiselle F***, actrice de Vaudeville, qu'elle rentra dans la coulisse en s'écriant :

— Je suis à demi morte de frayeur.

— Bon ! lui dit Arnal en la déposant sur un siége, je vais prendre le demi-deuil.

DEMOUSTIER

Demoustier, caché à la troisième galerie, assistait à la représentation de ses *Trois Fils*.

— Ah ! comme c'est mauvais ! disait à chaque instant un jeune homme placé à côté de lui ; c'est détestable. Ah ! que je suis fâché de n'avoir pas un clef forée ! Comme je sifflerais !

— Monsieur, lui répond Demoustier, je puis vous rendre ce service ; en voici une.

— Grand merci.

Et le jeune homme de s'escrimer avec une ardeur fort peu divertissante pour son voisin.

La pièce finie, un ami de l'auteur vient le joindre.

— Ah ! mon cher Demoustier, que je suis fâché de la rigueur avec laquelle on a traité la pièce.

— Quoi ! monsieur, dit le jeune homme à la clef, vous êtes Demoustier ? Ah ! que d'excuses ! que je suis confus !

— Vous êtes trop bon : faites-moi l'amitié d'accepter demain à déjeuner chez moi.

— J'irai pour réparer mes torts.

Le lendemain, le siffleur arrive, reçoit un accueil qui l'encourage à revenir; la confiance s'établit, et il finit par avouer à Demoustier qu'il a fait une comédie sur laquelle il serait charmé d'avoir son avis. Demoustier témoigne le désir de l'entendre; le jeune homme lit, et, quand il a terminé :

— Eh bien, qu'en pensez-vous, mon cher?

— Monsieur, répond Demoustier en souriant, ne pourriez-vous pas me prêter une clef forée?

DÉMOPHON

A la première représentation de *Démophon* (tragédie lyrique de Marmontel) un loustic dit :

— Si des mots font une tragédie, *Démophon* en est une.

DÉPUTÉ

C'était sous le règne de Louis-Philippe.

Un nouveau directeur de théâtre avise dans une loge un de ses anciens camarades qui était devenu député; le directeur, tout fier de sa nouvelle position, la vantait au député qui lui répondit :

— Oui, vous êtes devenu *quelque chose* et moi *quelqu'un*.

DÉSENCHANTEMENT

Un auteur dramatique, aussi bègue que Bridoison, venait de lire aux Variétés un vaudeville.

Le directeur N. R........, lui serrant les mains avec enthousiasme :

— Bravo! voilà qui est original, une pièce dont tous les personnages bégayent...

9.

— Mais ce... ce... ne... sont pas... pas... les... per... per... sonnages... qui bé... bé...gayent... c'est... moi !

— Bah! alors, je ne peux pas vous jouer. C'est ce bégayement général qui me séduisait.

DESESSARTS

Desessarts jouait les rôles de financier à la Comédie française et était si gros, qu'on l'appelait l'éléphant. Son camarade Dugazon s'était fait une joyeuse tâche de le mystifier ; on en jugera par l'anecdote qui suit, rapportée dans tous les Mémoires du temps.

Lorsque l'éléphant de la ménagerie du roi mourut, Dugazon alla prier Desessarts de venir chez le ministre, pour y jouer un proverbe avec lui. Desessarts y consentit et s'informa du costume qu'il devait prendre.

— Mets-toi en grand deuil, lui dit Dugazon ; tu représenteras un héritier.

Voilà Desessarts qui endosse un habit noir complet, avec des crêpes, des pleureuses, etc. On entre chez le ministre, qui avait grande compagnie.

— Monseigneur, lui dit Dugazon, la Comédie française a été on ne peut plus affligée de la mort du bel éléphant qui faisait l'ornement de la ménagerie du roi, et je viens, au nom de mon théâtre, vous demander pour notre camarade la survivance de l'éléphant.

Qu'on se figure les éclats de rire des auditeurs, et l'embarras du pauvre Desessarts ! Il sort furieux et provoque Dugazon en duel. Arrivé au bois de Boulogne, les deux adversaires se mettent en garde.

— Mon camarade, lui dit Dugazon, j'ai de vives appréhensions : je crains de te tuer. Tu me présentes une surface énorme ; j'ai trop d'avantages, laissez-moi égaliser la partie.

Et, tirant de son gousset un morceau de blanc d'Espagne, il trace un rond sur l'énorme ventre de Desessarts.

— Écoute-moi, ajoute-t-il, tout ce qui sera hors du rond ne comptera pas.

Ce duel bouffon fut terminé par un déjeuner copieux.

*

Lorsqu'il jouait à la Haye, Dugazon, ayant été surpris à la chasse sur les terres du stathouder, répondit majestueusement au garde qui lui demandait de quel droit il chassait en ce lieu :

De quel droit dites-vous ?.....
Du droit qu'un esprit vaste et ferme en ses desseins
A sur l'esprit grossier des vulgaires humains.

Une pareille réponse, faite sur un pareil ton, imposa tellement à cet homme, qu'il se retira en disant :

— Ah ! c'est autre chose ; excusez, monsieur, je ne savais pas cela.

DESPOTES FEMELLES

On se plaignait très-vivement de ce que certaines actrices de la Comédie française brouillaient tout, et commandaient en despotes.

— Si vous voulez que les hommes dirigent, s'écria quelqu'un, nommez les femmes directrices ; tant que vous aurez des directeurs mâles, les femmes dirigeront.

DESTOUCHES

Le Curieux impertinent de Destouches donna lieu à cette épigramme :

> On représente maintenant
> *Le Curieux impertinent;*
> Pour moi, j'ai vu la pièce, et j'ose en être arbitre :
> Voici ce que j'en crois de mieux :
> Pour la voir une fois, on n'est que curieux :
> Mais qui la verra deux, en portera le titre.

*

Après avoir donné la comédie du *Philosophe marié,* Destouches donna celle de *l'Envieux.* La première avait été fort bien accueillie du public; la seconde n'eut pas le même succès. L'épigramme suivante courut dans la salle :

> L'Envieux et le Philosophe
> Ne sont pas faits de même étoffe;
> Ils diffèrent entre eux de plus de la moitié.
> Ah ! pour l'auteur quelle folie !
> Son Philosophe a fait envie,
> Et son Envieux fait pitié.

DÉVOTE

Une actrice scandalisait ses camarades par l'exagération de ses jupes et par l'éclat de ses diamants qui la rendait aussi éblouissante qu'un soleil.

— Quel luxe! ma chère, lui dit une de ses amies intimes. Je te croyais devenue dévote.

— Eh bien, quel mal trouves-tu à cela? Dieu lui-même a dit : *Fiat luxe.*

DIDEROT

Diderot a dit de *l'Inconstant* de Collin d'Harleville :

— C'est une pelure d'oignon brodée en paillettes d'or et d'argent.

DIGNE FERMETÉ DE GARRICK

Le chevalier de Fielding, principal juge de paix à Londres, était un tartufe aussi inique que peu réservé dans ses mœurs. Il proposait, un jour, au célèbre Garrick la suppression de l'opéra des *Gueux,* sous le prétexte frivole que cette pièce blessait les mœurs. Garrick refusa de souscrire à sa demande.

— Je sais bien, monsieur, dit Fielding, que vous balancez toujours entre le bien public et votre intérêt.

— Je voudrais, répliqua Garrick, pouvoir en dire autant du sage magistrat qui me parle, et qui, lui, ne balance jamais.

DIRECTEUR CONFONDU

Un directeur reprochait à une jeune actrice de faire toujours manquer les répétitions, en arrivant trop tard.

— Vous n'avez, lui dit-elle, qu'à me donner une montre à répétition.

DIRECTEUR QUI AIME A RIRE

Une voix de ténor avait été découverte dans un atelier. Le directeur de l'Opéra fit venir l'ouvrier et s'engagea à lui faire une pension qui le mit à même d'apprendre la musique et de vivre, en attendant l'heure de ses débuts. La question de nourriture amena le dialogue suivant :

— Ce n'est pas tout, dit le directeur, il s'agit des repas ; je ne veux point vous donner moi-même de quoi manger, vous pourriez bien le boire. Trouvez-moi un restaurateur, je traiterai directement avec lui.

Le lendemain arrivait un cabaretier de Montmartre.

— Combien me prendrez-vous par repas ? demanda le directeur.

— Quarante sous.

— Ce n'est pas cher. Accordé. Mais j'y mets une condition : c'est que notre pensionnaire ne mangera du lapin que deux fois par semaine.

— Mais c'est impossible, monsieur ! comment voulez-vous que je m'en retire ? répondit d'un air dolent le cabaretier.

— Eh bien, je vous donnerai cinquante sous ; j'aime mieux faire un sacrifice. Je ne veux pas que, plus tard, par une économie mal entendue, il reste à mon ténor des chats dans la gorge.

DIRECTEUR QUI SOUPIRE

Un directeur nouvellement installé était comblé d'éloges par un jeune auteur dramatique, qui avait en poche une pièce dont il cherchait le placement.

— Depuis que vous êtes là, disait-il, on a loué le choix des

acteurs, le bon goût des décors... enfin, que n'a-t-on pas loué?
— Les loges, répondit le directeur en soupirant.

DIRECTEUR SUBTIL

On demandait au directeur du théâtre de Versailles de laisser entrer tous les pages du roi, de la reine et des jeunes princes. Il objecta que beaucoup de pages font un volume.

DISCOURS RENTRÉ

Les comédiens italiens donnèrent une parodie de *Tancrède*, qui n'eut pas de succès. Elle était précédée primitivement d'une petite allocution qui était aussi une charge du discours que débita Lekain avant la première représentation de la tragédie de Voltaire. Cette allocution fut supprimée, et peut-être aurait-elle amusé un public qui ne demandait qu'à rire. La voici :

« Messieurs,

» Nous nous croyons obligés de vous dire que l'auteur de la parodie de *Tancrède* est bien loin d'ici; et peut-être serait-il à désirer que sa pièce fût restée avec lui. Il nous a chargés, messieurs, de vous prévenir qu'elle est en rimes croisées, parce que vous ne vous en apercevriez peut-être pas. Il est bon aussi de vous avertir qu'elle est en vers, parce que, dans plusieurs endroits, vous pourriez croire qu'elle est en prose. L'auteur, ainsi que son modèle, s'est permis le changement de décorations, afin de pouvoir au moins ressembler aux grands hommes par leurs défauts. »

DOGNON

Dognon, qui donna la parodie de *Roméo et Juliette,* sous le titre de *Rault, Méot et Juliet,* tous trois restaurateurs, s'attira bien des railleries.

On a fait contre Dognon ce couplet :

Air : de *la Boulangère.*
Tu fais un ouvrage, dit-on,
Pour répondre aux injures ;
Crois-moi, renonce à l'Hélicon,
Garde les épluchures,
Dognon,
Garde les épluchures.

Autre guitare :

Pour te venger d'un avorton
Qui te met dans la crotte,
Il faudrait sans plus de façon
Lui porter une botte,
Dognon,
Lui porter une botte.

DONIZETTI

Donizetti répondait à ceux qui lui parlaient de sa manière vaporeuse :

— C'est ce que cela doit être : de la fumée.

DORMEUR ÉVEILLÉ

Épigramme gasconne décochée contre l'auteur inconnu du *Dormeur éveillé*, opéra représenté en 1784 :

> On n'est plus vrai, ni plus habile,
> Selon moi, que ce jeune auteur :
> Il nous annonçait un dormeur,
> Et, sandis ! il en a fait mille.

DORVAL (madame)

On jouait *les Deux Forçats* à la porte Saint-Martin. Au troisième acte, un journaliste qui se trouvait dans les coulisses, voyant madame Dorval se frotter les yeux avec force, lui demanda si elle n'y avait point mal.

— Non, répondit-elle.

Et elle ajouta en montrant la scène :

— C'est que je vais pleurer.

*

On se rappelle la dernière scène d'*Antony* :

LE COLONEL
Infâme !... Que vois-je ?... Adèle... morte !...

ANTONY
Oui ! morte ! Elle me résistait, je l'ai assassinée !

Un soir, dans une représentation à bénéfice, qui avait lieu

dans la petite salle du théâtre du Palais-Royal, la fameuse phrase finale venait de se prononcer.

Madame Dorval était morte, son cadavre était affaissé dans son fauteuil.

Bocage l'œil en feu, le poignard à la main, tout fumant du sang de la victime, venait de la frapper et restait dans une attitude héroïque. La toile ne baissait pas, le machiniste était au cabaret.

L'attitude était gênante. L'attente se prolongeait. Cela menaçait de tourner au ridicule. Le public allait se fâcher lorsque madame Dorval se redressa soudain et s'écria :

— Je lui résistais, il m'a assassinée !

Puis prenant par la main Bocage et son mari outragé, elle salua le public et se retira sur ce dénoûment inattendu.

DOUVRY

Les abonnés du théâtre de Toulouse voulaient se débarrasser d'un directeur qu'ils avaient pris en grippe pour un motif que nous ignorons. Ne pouvant l'atteindre lui-même, ils le châtiaient sur le dos des malheureux acteurs. Quarante gaillards, armés de sifflets, étaient les instruments de cette formidable rancune. On leur donnait un franc par représentation, plus un billet de parterre, et on leur payait la goutte dans les entr'actes.

Un soir, deux débutants, Douvry et Vial, causaient avant d'aller au feu. Le premier riait du bel accueil qu'il allait recevoir. Le second était très-ému.

Douvry, comme il s'y attendait, chanta au milieu des sifflets ; le morceau terminé, il salua poliment le public, et, s'adressant à Vial qui faisait son entrée, il lui dit tout haut :

— Ces messieurs viennent de me *faire payer la goutte*; à ton tour maintenant.

Vial eut le même sort.
Le mot de Douvry n'a pas été perdu.

DOYEN

Doyen, jouant dans *les Vêpres Siciliennes*, criait, sans quitter la scène :

— Ma femme, apporte le chaudron ; voici l'heure de sonner les Vêpres.

DRAGÉES DE M. DE ROTHSCHILD

On s'entretenait de la conversion de Rachel, et l'on prétendait que son père ne consentirait au baptême que dans le cas où M. de Rothschild voudrait bien être le parrain et payer les dragées.

DUCIS MÉCONNU

A la première représentation du *Roi Léar*, de Ducis, une prude, entendant cet hémistiche :

J'ai besoin d'être père !

s'écria :
— Fi ! que c'est vilain !

DUCLOS (MADEMOISELLE)

On disait à mademoiselle Duclos :
— Je parie, mademoiselle, que vous ne savez pas votre *Credo*.

— Ah! ah! répondit-elle, je ne sais pas mon *Credo!* je vais vous le réciter : *Pater noster, qui...* Aidez-moi, je ne me souviens plus du reste.

*

Ariane était le triomphe de Dancourt. Le parterre demandait souvent cette tragédie.

Un jour qu'il se préparait à en annoncer une autre, il fut prévenu par la majeure partie des spectateurs qui lui crièrent : *Ariane!* Quoique cet acteur fût habitué à porter la parole au nom de la Société, il resta pendant quelques instants dans un embarras visible ; mademoiselle Duclos était enceinte, il ne savait si son état lui permettrait de jouer ; il savait encore moins comment l'annoncer au public d'une manière décente. Enfin, lorsque le tumulte fut apaisé, il s'avança comme pour parler plus confidentiellement au public; après quelques excuses d'usage, il assura qu'une maladie de mademoiselle Duclos ne permettait pas qu'elle jouât, et, par un geste significatif, il désigna le siège du mal. A l'instant même, mademoiselle Duclos, qui l'observait, s'élança rapidement de la coulisse, appliqua un soufflet sur la joue de l'orateur, et, se tournant avec feu du côté du parterre, lui dit :

— Messieurs, à demain *Ariane!*

*

A la première représentation d'*Inès* de Lamothe, l'apparition subite des enfants excita de grands éclats de rire; mademoiselle Duclos, qui faisait Inès, en fût indignée :

— Ris donc, sot parterre! s'écria-t-elle au plus bel endroit de la pièce.

DUFRESNY

Dufresny fit à peu près en même temps que Regnard une comédie intitulée *le Joueur*. Tous deux s'accusèrent réciproquement de plagiat, ce qui donna lieu à l'épigramme suivante :

Un jour Regnard et de Rivière,
En cherchant un sujet que l'on n'eût point traité,
Trouvèrent qu'un joueur serait un caractère
Qui plairait par sa nouveauté.
Regnard le fit en vers, et de Rivière en prose.
Ainsi, pour dire au vrai la chose,
Chacun vola son compagnon ;
Mais quiconque aujourd'hui voit l'un et l'autre ouvrage,
Dit que Regnard eut l'avantage
D'avoir été le bon larron.

*

Le Sage conte le singulier mariage de Dufresny, dans le dixième chapitre du *Diable boiteux*. Il s'agit de places à donner aux petites maisons.

« J'y veux envoyer aussi, dit le Diable, un vieux garçon de bonne famille, lequel n'a pas plus tôt un ducat qu'il le dépense, et qui, ne pouvant se passer d'espèces, est capable de tout faire pour en avoir. Il y a quinze jours que sa blanchisseuse, à qui il devait trente pistoles, vint les lui demander, en disant qu'elle en avait besoin pour se marier à un valet de chambre qui la recherchait.

» — Tu as donc d'autre argent, lui dit-il ; car où diable est le valet de chambre qui voudra devenir ton mari pour trente pistoles?

» — Hé! mais, répondit-elle, j'ai encore, outre cela, deux cents ducats.

» — Deux cents ducats! répliqua-t-il avec émotion; malepeste! tu n'as qu'à me les donner, à moi; je t'épouse, et nous voilà quitte à quitte.

» Et la blanchisseuse est devenue sa femme. »

*

Dufresny avait lu à Lamothe et à Saurin une de ses comédies qu'ils louèrent scandaleusement et qui tomba de même. Fâché d'avoir été la dupe du jugement de ces messieurs, il dit au comte d'A*** :

— Je ne veux plus lire mes pièces à des gens d'esprit. Désormais je n'en ferai lecture qu'à des gens qui seraient bien embarrassés de rendre raison du plaisir ou de l'ennui qu'on peut y prendre. Oui, j'aimerais mieux lire la comédie que j'ai en répétition et qui doit être jouée bientôt, à de bonnes personnes, à des imbéciles même, qu'à de beaux esprits. Tenez, monsieur le comte, voulez-vous que je vous la lise?

DUGAZON

Dugazon avait commencé par doubler Préville. Un jour qu'il le remplaçait dans le rôle de Brid'oison, le public, qui s'attendait à voir Préville, siffla vigoureusement sa doublure.

— J'en... en... entends bien, dit Dugazon comme s'il eût continué son rôle.

On siffla plus fort :

— Je vous dis que j'en... en... entends bien, répéta-t-il.

Pour le coup, ce fut un déchaînement de sifflets.

— Eh bien, est-ce que vous... ous... croyez que je n'en... en... entends pas?

Cet imperturbable sang-froid finit par désarmer les mécontents.

*

Dugazon chantait, dans un repas, des couplets de sa façon. On demanda l'auteur :

— Le voici, dit-il en montrant son cœur : à boire à l'auteur!
— Mais le cœur ne boit pas, lui dit-on.
— A d'autres! reprend l'auteur; moi, j'ai le cœur sur les lèvres.

*

Lorsque Talma voulut profiter du décret sur la liberté des théâtres pour quitter la scène du faubourg Saint-Germain, il y eut de grands débats. Dugazon et Naudet se provoquèrent, et un duel eut lieu entre eux.

On attaqua Talma sur l'engagement qu'il avait contracté avec la Comédie française; on voulut lui intenter un procès, et l'on commença par mettre arrêt sur ses costumes qui, selon l'usage, étaient renfermés dans la loge où il s'habillait.

Une assemblée avait été convoquée pour discuter les intérêts respectifs. Les avocats des deux parties, les huissiers, étaient sous le péristyle, où l'on disputait déjà par avance. Pendant tout ce tumulte, Dugazon monte au théâtre; il y trouve les comparses qui attendaient le capitaine des gardes qui devait les exercer; mais le capitaine des gardes avait bien autre chose à faire : il était en bas à écouter ce qui allait se décider. Dugazon ne perd pas de temps; il emmène huit figurants auxquels il montrera, dit-il, ce qu'ils ont à faire; il les conduit au magasin des costumes, qui est désert, les fait habiller en licteurs, leur fait prendre quatre de ces grandes corbeilles qui servent à transporter les habits ; puis il monte à la loge de Talma, dont il s'était procuré les clefs, dépose les cuirasses, les armes, les casques dans les corbeilles qu'il drape avec des manteaux et des toges, s'affuble lui-même du costume d'Achille, la visière basse, le bouclier et la lance au poing, fait prendre les corbeilles par ses gardes, descend et passe gravement à travers ce monde rassemblé qui, tout ébahi et ne sachant ce que cela veut dire, le laisse gagner la porte.

Il était déjà sur la place, avant qu'ils fussent revenus de leur surprise, et informés du mot de cette énigme en action. Enfin, ils arrivent au théâtre du Palais-Royal, où Dugazon fait déposer les dépouilles opimes. Le duc d'Orléans, informé de ce bruit qui ne ressemble en rien à une émeute, puisque tout le monde rit, veut voir Dugazon, qui lui conte ses exploits de la manière la plus comique. Le lendemain, Paris retentissait de cette folie. Le théâtre du faubourg Saint-Germain n'osa pas donner suite à une aussi burlesque comédie, dans la crainte du ridicule. On ne pouvait accuser Talma de complicité, car il ne sut l'équipée de Dugazon qu'après coup.

DU LUC (LE COMTE)

Le comte de Lauraguais demandait à cet impitoyable railleur, son avis sur sa tragédie *la Colère d'Achille*.

— Convenez, lui disait-il, que j'ai bien suivi Homère dans mon caractère d'Achille ; je l'a ait bien colère.

— Oui, vraiment, reprit M. du Luc, vous l'avez fait colère comme un dindon.

DUMAS (ALEXANDRE)

— Mon cher Porcher, disait un jour Alexandre Dumas à l'entrepreneur principal des succès dramatiques de Paris, je viens t'emprunter cinq cents francs.
— Je te les prêterais volontiers, mon cher Dumas; mais il ne me reste en ce moment que deux louis.
— Donne-m'en toujours un, ce sera pour payer ma voiture.
— Le voici.
— Eh bien donc, je reviendrai vers quatre heures.
— C'est cela... Ah! dis donc, Dumas, ma femme t'a fait préparer un bocal de cornichons; veux-tu l'emporter?
— Oui, certainement; donne-le-moi.
— Non, non, la bonne va te le descendre.
— Soit.
La bonne le descendit en effet, et le remit à Alexandre Dumas, quand celui-ci eut repris place dans son véhicule; voulant alors récompenser la servante de la peine qu'elle venait de prendre, il fouilla dans son gousset, et, n'y trouvant que le louis qu'il venait d'emprunter, il le lui donna.

*

Dumas avait un petit chien, petit chien charmant, mais malpropre.
Aussi son maître, pour lui apprendre la civilité canine, perdait-il un temps précieux à lui mettre le nez dans ses incongruités, afin de lui faire sentir sa faute.
Une nuit, Dumas travaillait. — Le chien va gratter à la porte

et demande à sortir : le maître ne bouge pas. Le chien tire son maître par sa robe de chambre : même jeu.

Alors... force à l'infortuné toutou d'obéir aux lois impérieuses de la nature.

Seulement, une fois la chose faite et révélée par son parfum, le maître se lève et va sévir...

Le pauvre petit chien a compris, et, d'un air calme et résigné, il s'exécute lui-même et se met bravement le nez où on le lui mettait d'ordinaire.

*

Un personnage à figure dolente se présente chez l'auteur de *Monte-Cristo.*

— Monsieur Dumas, dit-il, je sais que vous êtes une sorte de grand aumônier de France ; cela m'encourage à venir vous adresser une prière.

— Parlez, monsieur. De quoi s'agit-il ?

— Je suis un ancien huissier, monsieur Dumas. Un de mes amis, ancien praticien comme moi, est mort hier dans le plus grand dénûment. On n'a pas de quoi lui faire des obsèques. Je viens donc vous demander quinze francs pour aider à le faire enterrer.

Ici, M. Alexandre Dumas ouvre un tiroir, y prend de l'argent et dit :

— Vous me demandez quinze francs pour faire enterrer un huissier ; tenez, en voilà trente : faites-en enterrer deux.

*

Une bonne plaisanterie a couru dans les ateliers de peintres et de sculpteurs, voire même dans les foyers de théâtre.

Cette *scie* consiste à dire que, pour ne pas trop se fatiguer la main à écrire un demi-volume de *copie* par jour, Alexandre Dumas père avait un *bras à ressort*, qu'il s'était fait faire par un forgeron de Bruxelles.

Plus de deux cents visiteurs ont demandé au fécond écrivain à contempler ce chef-d'œuvre de mécanique.

Par bonheur, Alexandre Dumas, qui a le caractère bien fait, fut le premier à rire de cette histoire.

Un jour quelqu'un qui était allé le voir, l'entendit dire à Rusconi :

— J'ai un roman à faire pour demain matin, avant déjeuner; va-t'en faire raccommoder mon *bras à ressort* chez le serrurier du coin.

*

M. Alexandre Dumas disait un jour à son fils :

— Voyons, Alexandre, il faut devenir raisonnable, il faut te ranger, prendre une femme.

— La femme de qui, mon père? interrompit l'auteur du *Demi-Monde*.

*

Un bottier tombe un beau matin à Monte-Cristo pour réclamer le payement d'une note s'élevant à cent écus.

— Je n'ai pas d'argent aujourd'hui, répond M. Dumas.

— Pas d'argent, réplique le bottier, c'est bientôt dit ; mais je perds mon temps à courir.

— C'est juste, dit M. Dumas ; aussi, pour vous payer de votre course, voici dix francs; il est bien entendu que ces dix francs restent en dehors des cent écus que je vous dois.

Le bottier se retire enchanté et revient trois jours après.

M. Dumas lui donne encore dix francs pour l'indemniser de sa course et de son temps perdu.

Deux jours plus tard, le bottier reparaît et reçoit encore dix francs.

Au bout de trois mois, M. Alexandre Dumas avait payé ses trois cents francs au bottier, mais il lui devait encore cent écus.

*

Alexandre Dumas père faisait répéter *la Tour Saint-Jacques;* il serinait le metteur en scène. On objecta des instructions tout opposées données par le directeur du Cirque.

— Eh! votre M. Billion, s'écria-t-il, votre M. Billion n'est qu'un imbécile!...

— Monsieur Dumas, fit M. Billion ahuri, il me semble que...

— Eh! mon cher, reprit solennellement l'auteur de *la Tour de Nesle* et autres tours, il me semble que, lorsqu'un homme comme moi dit à un homme comme vous : « Vous êtes un imbécile... » vous devez le croire sur parole !... que diable !

*

Un jeune homme se présente chez Alexandre Dumas père, qui ne le connaissait pas et à qui il venait demander une lettre de recommandation.

— Une lettre de recommandation, répondit-il, on n'y fera pas attention. Je vais prendre un cabriolet, et j'enlèverai votre affaire d'emblée.

Le jeune homme, touché d'un tel empressement et pris d'un remords de conscience, croit devoir lui confesser qu'il l'a attaqué dans les journaux.

— Qu'est-ce que cela me fait? répliqua Dumas. Je ne lis que les articles où l'on dit du bien de moi.

Il court chez le ministre, et sa requête obtient un plein succès.

— Ah! monsieur Dumas, s'écrie le jeune homme, vous me sauvez la vie, et j'ai passé trois ans à éreinter tous vos drames!

— La belle affaire! le bon Dieu n'a jamais fait qu'un seul drame, et il y a six mille ans qu'on l'éreinte.

*

— Avouez-le, disait-on à Alexandre Dumas, vous êtes pour quelque chose dans *la Dame aux Camélias*.

— Je crois bien, répondit-il, j'ai fait l'auteur.

*

On donnait aux Français une pièce de Regnard. Alexandre Dumas père conversait avec madame Sand, et si haut, dans une loge, que quelqu'un de la galerie se leva pour réclamer le silence.

— Monsieur, riposta l'auteur d'*Antony*, on n'écoute pas les drôles qui estropient les vers d'un poëte comique, quand on peut, en se rapprochant, avoir le bonheur d'entendre dialoguer madame George Sand et M. Alexandre Dumas.

*

A propos de *la Tour Saint-Jacques*, on reprochait à Alexandre Dumas père certain passage inexact.

— Ceci n'est pas de l'histoire, lui disait-on.

— Pas de l'histoire! répondit-il; c'est un peu fort : j'ai copié, mot pour mot, dans Michelet, et voilà la page.

Toute la page avait passé, en effet, du livre de M. Michelet dans le drame de MM. Dumas et Montépin.

La pièce tombée, Alexandre Dumas disait lui-même en sortant :

— Je ne croyais pas Montépin capable de faire aussi mauvais que ça.

*

A l'époque de son procès avec Maquet touchant la propriété de certaines œuvres, Alexandre Dumas avait été invité à un très-grand dîner donné en son honneur, et, à ce dîner, il avait été si brillant, si abondant, si amusant, si étonnant, qu'au dessert tout le monde criait bravo, comme à une représentation de *Mademoiselle de Belle-Isle*.

— Quel esprit ! quelle verve ! quelle gaieté ! ne cessait-on de répéter à la ronde.

— Vous trouvez, messieurs ? dit l'auteur d'*Antony*. Mais vous croyez peut-être que c'est moi, Alexandre Dumas, qui viens de vous parler ? Eh bien, pas du tout... c'est Maquet !

DUMAS FILS (ALEXANDRE)

Lors de ses débuts dans la carrière dramatique, M. Dumas eut souvent besoin de recourir à la bourse de M. et madame Porcher.

Une fois, il demandait un modeste emprunt de cent francs, et on lui répondait d'attendre quelques jours ; après quoi, il était probable qu'on serait en mesure de lui rendre ce service. Pour fléchir madame Porcher, il lui écrivit, dit-on, la lettre suivante :

« Attendre quelques jours, madame ! mais c'est comme si vous disiez à un homme à qui l'on va couper le cou de danser un rigodon ou de faire un calembour! mais, dans quelques jours, je serai riche à millions! je toucherai cinq cents francs! Si je m'adresse à vous, si je vous ennuie de moi, c'est que je suis dans une misère à rendre des points à Job, le plus grand malheureux de l'antiquité. Si vous ne m'envoyez pas ces cent francs par le porteur de la présente, je dépense mes derniers sous à faire l'acquisition d'une clarinette et d'un caniche, et je vais jouer de l'une ou de l'autre devant votre porte en m'écrivant sur le ventre : « Faites l'aumône à un homme de lettres abandonné de madame Porcher. » —Voulez-vous que j'aille vous demander ces cent francs sur la tête? que je crie : « Vive la République ! » ou que j'épouse mademoiselle Moralès? Aimez-vous mieux que j'aille à l'Odéon, que je trouve du talent à Cochardy, ou que je porte des chapeaux gibus? Ce que vous m'ordonnerez, je le ferai, si vous m'envoyez ces cent francs. Envoyez-les moi plutôt dix fois qu'une !

» Mille et mille sentiments dévoués.

» P.-S. Cela m'est égal que les cent francs soient en argent, en or ou en billets de banque; ainsi ne vous gênez pas. »

*

L'auteur de la *Dame aux Camélias* a des convives habituels qui ne lui font guère défaut.

X***, l'un d'eux, avait un jour laissé sa place vide.

— Eh bien, tu n'es pas venu hier? lui dit le lendemain M. Dumas fils.

— Je dînais en ville... chez M. X***... C'est singulier, le dîner était exquis... et cependant, je ne m'en suis pas bien trouvé...

— Je comprends, répondit l'amphitryon, tu ne te sentais pas dans ton assiette ordinaire!...

*

Un jour, sur la table, paraît un rosbif monumental.

— Louise, dit M. Dumas fils à son cordon bleu, votre rosbif est très-beau ; combien coûte-t-il ?

— Quatorze francs.

— Très-bien ; mais ne m'en servez plus de ce prix-là. Le filet qui coûte quatorze francs n'est bon que chez les autres.

*

Le cabinet de travail de M. Dumas fils est des plus simples. Le seul objet de luxe qu'on y remarque, c'est une glace de Venise, au beau milieu de laquelle sont collées les lignes suivantes :

« Au mois de décembre dernier, j'ai abandonné mes droits d'auteur de la *Dame aux Camélias* à mademoiselle F*** et à M. L***, dans une représentation à leur bénéfice. M. L*** et mademoiselle F*** n'ayant pas daigné me remercier, ni même m'envoyer une carte, je me tiens quitte envers eux, et j'écris ceci afin de ne jamais oublier l'engagement que j'ai pris de ne céder désormais mes droits d'auteur à personne.

» ALEXANDRE DUMAS. »

Chaque fois qu'un acteur ou une actrice, vient demander à M. Dumas fils l'abandon de ses droits d'auteur, M. Dumas fils, pour toute réponse, montre du doigt l'impitoyable avis au lecteur.

*

Avant de jouer *la Dame aux Camélias*, madame Doche consulta M. Dumas fils sur les costumes qu'elle devait adopter dans ce rôle ; elle lui disait :

— Vous comprenez mon embarras ; moi, je ne sais pas comment s'habillent ces femmes-là.

— Mon Dieu ! répondit M. Dumas fils, ne vous donnez pas tant de souci ; habillez-vous comme vous vous habillez d'habitude.

DUMESNIL (MADEMOISELLE)

Dans le rôle de *Cléopâtre* (tragédie de Marmontel), au cinquième acte, lorsque, après toutes ses imprécations et prête à expirer dans sa rage, elle dit :

Je maudirais les dieux, s'ils me rendaient le jour...

mademoiselle Dumesnil se sentit frappée d'un grand coup de poing dans le dos par un vieux militaire, qui était à l'un des balcons du théâtre.

— Va, chienne, à tous les diables ! s'écria le butor trompé par l'illusion.

Le spectacle terminé, mademoiselle Dumesnil alla remercier l'homme au coup de poing.

— Je me souviendrai longtemps d'un pareil triomphe, lui dit-elle : j'en ai, du reste, des marques qui ne s'effaceront pas de sitôt.

DUMONT

Dans le temps que *Mérope* parut sur le théâtre, un Dumont,

personnage peu connu mais bel esprit, sortant de la première représentation de cette pièce, entra au café Procope en s'écriant :

— En vérité, Voltaire est le roi des poëtes !

Le vieil abbé Pellegrin, se leva aussitôt, et, d'un air piqué, dit brusquement :

— Eh ! qui suis-je donc moi ?

— Vous ? reprit Dumont. Vous en êtes le doyen.

DUPLESSY (MADEMOISELLE)

On avait repris au Vaudeville *la Chercheuse d'esprit,* cette charmante comédie de l'abbé de Voisenon que plusieurs pensionnaires de M. Louis Boyer considéraient comme un contemporain.

— C'est drôle, disait l'un d'eux pendant une répétition, de qui est donc ça ? On ne voit jamais l'auteur.

— Encore quelqu'un probablement à qui notre directeur aura refusé ses entrées repartit en souriant mademoiselle Duplessy.

DUPRÉ, MAITRE DE BALLET

On a dit de Dupré :

> Ah ! je vois Dupré qui s'avance :
> Comme il développe ses bras !
> Que de grâces dans tous ses pas !
> C'est ma foi, le dieu de la danse.

Il est l'auteur du mot :
— Que de choses dans un menuet !

DUTHÉ (MADEMOISELLE)

Mademoiselle Duthé ayant perdu une de ses conquêtes et cette aventure ayant fait du bruit, un homme qui alla la voir la trouva jouant de la harpe, et lui dit avec surprise :

— Eh ! mon Dieu ! je m'attendais à vous trouver dans la désolation.

— Ah ! dit-elle d'un ton pathétique, c'était hier qu'il fallait me voir.

DUVERGER

Sous le premier empire, Duverger, ayant la direction du théâtre de Lille, était tourmenté par des abonnés qui lui demandaient sans cesse de leur donner Elleviou en représentation.

Dans une ville de province, les abonnés, c'est une sorte de troisième pouvoir ; encore passent-ils quelquefois, en matière de théâtre, avant les autorités officielles et avant le directeur.

Ce troisième pouvoir, composé de gens très-exigeants et pas toujours connaisseurs, rendait le directeur très-malheureux par ses réclamations continuelles et sur les artistes et sur le répertoire. Si ces réclamations n'étaient pas écoutées, ils sifflaient, criaient, faisaient venir le régisseur en scène pour lui demander souvent quelque niaiserie, l'engagement, par exemple, de tel ou tel artiste en renom, mais qu'ils savaient retenu dans une autre ville par un engagement. On a vu quelquefois les abonnés s'oublier jusqu'à casser les banquettes. J'ai vu, à Toulouse, de jeunes membres du troisième pouvoir qui, arrêtés après s'être livrés à cet exercice peu autorisé, ont été terminer leur nuit au violon.

Le lendemain, ils ont été réclamés par leurs papas. C'étaient le maire de la ville, le commissaire central et le receveur de l'enregistrement.

Depuis longtemps, Duverger *allongeait la courroie;* mais, menacé en dernier ressort de la scène des banquettes brisées, il prend bravement son parti, à la suite d'une soirée fort orageuse. Il n'y a pas de place au courrier, il n'y a pas de place à la diligence.

Duverger monte sur une voiture de marée fraîche, denrée qui, à cette époque-là, était transportée en poste à Paris chaque nuit.

C'est que rien n'arrêtait Duverger, qui allait toujours à son but quand même, sans se préoccuper jamais d'un obstacle.

Théaulon m'a dit qu'il lui avait servi de type pour dessiner son rôle du solliciteur, si admirablement créé par Potier.

Duverger laissait son fiacre dans une petite rue voisine du ministère, et dans son fiacre il laissait chapeau, parapluie et galoches. Puis il tirait de sa poche plume et papiers, et, la plume à l'oreille, les papiers distribués sous son bras et dans sa main, il traversait d'un air effaré tous les couloirs du ministère, et passait comme une flèche devant l'huissier de service, en disant :

— A la signature du ministre !

Grâce à ce stratagème, il venait tomber à côté du fauteuil de M. de Rémusat.

Ce dernier prenait souvent assez bien la chose, quand il le voyait ainsi arrivé jusqu'à lui, malgré la plus sévère consigne, et il accordait.

Cette fois, après avoir passé une nuit *empoissonnée,* Duverger arrive à Paris, où il ne restait jamais que vingt-quatre heures.

Fatigué par le travail incessant que l'empereur lui donnait, le ministre de l'intérieur s'était enfermé aux environs de Paris, dans sa campagne, avec les ordres les plus sévères, enjoignant, bien entendu, de ne laisser pénétrer qui que ce fût jusqu'à lui; parents, amis, protégés, il n'avait excepté personne.

Duverger tente cependant l'aventure. Il échoue, et, sur son insistance, il est rudement éconduit.

Il met à fond son bissac, il emploie toutes les ruses, rien ne réussit; il est refusé comme directeur de théâtre, refusé comme maire de l'endroit, refusé comme fermier, refusé comme garde champêtre.

Il avait corrompu ce fonctionnaire rustique, en lui empruntant son chapeau et sa plaque.

Mais, à la longue, Duverger n'a jamais fait une vaine tentative.

A bout d'expédients, il avise un jardinier, et avec un napoléon il apprend de lui que M. de Rémusat, chaque jour après son déjeuner, allait, avec un livre, passer quelques moments dans un fourré, au bout du parc.

Glisser la pièce d'or dans la main du jardinier était chose facile; l'homme promet dès lors de mettre une échelle contre le mur du parc, près de l'endroit indiqué.

L'escalade a lieu.

Au moment où M. de Rémusat savourait une tasse de café, il aperçut le directeur du théâtre de Lille qui semblait descendre d'une *gloire*, comme au troisième acte d'une féerie, et que la branche complaisante d'un gros arbre venait déposer à ses pieds.

A ce spectacle, le ministre de l'intérieur rit, et, désarmé, il accorda le congé d'Elleviou.

(*Gazette de Paris.*)

ÉCONOMIE BIEN ENTENDUE

Un directeur de théâtre, fort économe, lisant, sur la note des menues avances faites par la portière du théâtre, ces mots: *Mou, chat,* 10 *centimes,* s'enquit de la signification de ce logogriphe.

— Monsieur, lui fut-il répondu, il s'agit de mou qu'on achète pour la nourriture du chat.

— Et à quoi est-il bon, ce chat?

— Mais, monsieur, à manger les souris, qui, sans lui, ravageraient le matériel.

— Du moment qu'il mange les souris, il n'a pas besoin qu'on le nourrisse, répondit le directeur économe; désormais, supprimez le mou!

ÉCONOMIE DOMESTIQUE DE ROSAMBEAU

Quand feu Rosambeau, ex-acteur du théâtre de l'Odéon, n'avait pas de quoi donner à souper à ses enfants, voici quel procédé il employait pour les décider à se coucher sans manger.

— Ceux qui voudront ne pas souper ce soir auront un sou, leur disait-il.

Chacun des mioches acceptait. Oui; mais, le lendemain matin, ils avaient une faim énorme; alors leur père s'écriait:

— Que ceux qui veulent déjeuner donnent un sou.

De cette façon, il rentrait dans ses débours és et avait économisé un repas.

Pauvre Rosambeau! pauvres enfants!

ELLEVIOU

Lors du mariage de Napoléon et de Marie-Louise, les deux cours se réunirent dans la ville de Lille, où de grandes fêtes devaient avoir lieu. Naturellement, les comédiens et les chanteurs ordinaires de l'empereur y avaient été appelés.

A son arrivée, Elleviou vit qu'on avait affiché *Richard Cœur-de-Lion*, suivi du petit opéra d'*Adolphe et Clara*. Sans plus attendre, il écrit à l'administration qu'il veut bien jouer les deux pièces, en commençant par *Adolphe et Clara*, mais non autrement. D'ordinaire, après le rôle fatigant de Blondel dans *Richard*, il ne pouvait plus rien jouer, disait-il.

On en réfère à M. de Brigode, le chambellan de service. Ce dignitaire, furieux, vient trouver Elleviou, et lui dit que c'est *par ordre*, et qu'il n'a qu'à s'exécuter.

L'Empereur, qui devait aller à la soirée de la préfecture, voulait voir *Richard Cœur-de-Lion*, où l'on chante un chœur qui commence ainsi : *Célébrons ce bon ménage*. C'était de circonstance, et le chambellan de service comptait qu'on saisirait l'à-propos.

Quand le chambellan a parlé, Elleviou se lève et lui répond froidement :

— Monsieur le chambellan, ma voix ne reçoit pas d'ordres.

Et il passa dans une pièce voisine.

Au théâtre, le directeur, les artistes, qui connaissent Elleviou de longue date, déclarent qu'il ne jouera pas. Voilà M. de Brigode sur les épines et regrettant presque de s'être laissé emporter.

Le spectacle commence. Napoléon, Marie-Louise et toute la cour prennent place avant le deuxième acte de *Richard Cœur-de-Lion*. Au duo, *Une fièvre brûlante*, l'empereur donne le signal des applaudissements, et, pendant toute la pièce, Elleviou obtient personnellement un immense succès.

Très-flatté dans son amour-propre d'artiste, Elleviou, qui savait aussi que l'affiche n'avait pas été changée, en rentrant dans sa loge, fit appeler le régisseur et lui dit :

— Priez M. de Brigode de vouloir bien venir dans ma loge.

Ce dernier s'y transporte, et, à son entrée, Elleviou lui dit avec beaucoup de dignité :

— Monsieur le chambellan, je consens à jouer *Adolphe et Clara*.

Puis il se retourne, et procède à son changement de costume.

(*Gazette de Paris.*)

*

Elleviou épousa une femme charmante, que sa famille avait sacrifiée au culte du veau d'or. Cette jeune femme, douée d'instincts très-artistiques, avait été mariée à un banquier de Lyon; elle divorça pour épouser Elleviou, et ce mariage fut très-heureux.

Sœur d'un officier du génie d'un grand mérite, M. Jars, elle dut à une circonstance, assez fâcheuse au début, le plaisir de recevoir Elleviou chez elle. M. Jars fit quelques pièces de théâtre qui n'eurent pas grand succès et dont les titres m'échappent. Dans l'une d'elles, Elleviou jouait un rôle, et, malgré son talent, il ne put sauver l'ouvrage. En entendant les sifflets, l'auteur qui, par instinct, cherche toujours à se tromper lui-même, s'écria :

— Le malheureux ! il ne sait donc pas son rôle !

Elleviou, à qui l'on répéta le mot, va trouver M. Jars, au foyer, et lui dit, avec beaucoup de formes :

— Croyez, monsieur, que je sais mon rôle d'une manière imperturbable, et que c'est bien votre prose qu'on a sifflée.

En homme bien élevé, M. Jars reconnut son tort, et de ce moment data une liaison dont on sait les conséquences.

(*Gazette de Paris.*)

EMMA

A la première représentation d'*Emma*, opéra de Marsollier, musique de Fay, un plaisant s'écria :

— Malgré les défauts de la musique... ah ! c'est par...fait !

EMPIS

M. Empis s'attira cette boutade :

> On reprend Campistron
> Depuis qu'Empis trône.

ENCORE UN TIRE-BOUCHON !

Dans le courant de 1825, Vernet jouait un rôle d'ouvrier serrurier. Pour représenter ce type au naturel, il employait une longue heure à sa toilette, et souvent même le rideau allait se lever, que le coiffeur n'avait pas fini de friser ses cheveux en petits tire-bouchons qui tombaient sur ses tempes et sur son front.

— Eh bien, est-ce fait, Vernet ? criait Auguste.

— Encore un tire-bouchon, répondait l'acteur.

— Diable ! en voilà pour cinq minutes. Le public va se fâcher.

Depuis lors, dans tous les théâtres, à chaque entr'acte trop prolongé, le régisseur murmure infailliblement : « Encore un tire-bouchon. »

LES *ENFANTS D'ÉDOUARD*

Mademoiselle X***, la plus jolie ingénue du Théâtre-Français, refusait de jouer dans *les Enfants d'Édouard*, où elle remplissait le rôle d'un des jeunes princes, et, pour prouver qu'il n'y avait pas mauvaise volonté de sa part, offrait de jouer dans *Britannicus*.

— Pourquoi ne pas vouloir paraître dans *les Enfants d'Édouard ?* demanda M. Empis.

— Parce que...
— Parce que... quoi ?
— Mon Dieu ! monsieur, regardez ma taille.

M. Empis leva les yeux, puis les baissa, comme eût fait Moëssard : il était édifié.

ENFANTS DE L'ACTEUR RÉGNIER

Le jeune Henri, faisant semblant d'avoir bu du vin pur :
— Je suis Henribotte.

La jeune Henriette :
— Et moi Henriettebotte.

ESTHER (MADEMOISELLE)

Mademoiselle Esther demandait 6,000 francs au directeur des Variétés. Il lui en offrit 600.
— Vous me prenez pour une autre ! s'écria-t-elle avec dignité.
— Mais non, je prendrai une autre pour vous.

EURIPIDE

On jouait une des pièces d'Euripide ; quelques spectateurs s'avisèrent de demander la suppression de plusieurs vers qu'ils jugeaient inutiles. Euripide leur répondit :
— Je ne compose pas mes ouvrages afin d'apprendre de vous, mais afin que vous appreniez de moi.

EXEMPT MAL ÉLEVÉ

Recevant l'ordre de se rendre au For-l'Évêque, mademoiselle Clairon, toujours constante dans sa dignité théâtrale, traita l'exempt avec la hauteur de Viriate parlant à Perpenna : elle lui déclara qu'elle était prête à se rendre aux ordres du roi ; que tout en elle était à la disposition de Sa Majesté ; que ses biens, sa personne, sa vie en dépendaient ; mais que son honneur était intact, et que le roi lui-même n'y pouvait rien.

— Vous avez raison, mademoiselle, répondit l'exempt, très-peu ému de tout cet étalage ; là où il n'y a rien le roi perd ses droits.

EX-PAIRESSE

Madame de***, femme d'un ex-pair de France et habituée fanatique de l'Ambigu-Comique, était allée, par hasard, aux Italiens. Elle se crut obligée de se montrer passionnée pour la musique. Après un morceau chanté par Tamburini, elle se mit à crier :
— Bravi ! bravi !
— C'est bravo qu'il faut dire, fit observer sa voisine.
— Ma foi, tant pis, répondit-elle, je n'aime pas le veau.

F*** (MADEMOISELLE)

On parle beaucoup de l'esprit d'Augustine Brohan. On parle peu, et l'on a tort, de l'esprit de mademoiselle F***, sa camarade de planches. Elle est malicieuse comme un page qu'elle était... l'ex-Chérubin. Citons un de ses traits. — Étant aux eaux de Spa, une femme en guenilles vint la trouver et implorer son bon cœur. Elle n'avait pas ouvert la bouche, que mademoiselle F*** avait ouvert sa bourse.

— Oh! merci, mademoiselle! s'écria la pauvresse; mais..., ajouta-t-elle timidement.

— Mais?

— J'aurais encore une grâce à vous demander.

— Parlez.

— Il y a ici un Allemand d'une immense fortune, le baron Z... vous ne le connaissez peut-être pas ; mais il vous connaît sans aucun doute, lui, et je suis sûre qu'un mot de vous en faveur d'une famille nombreuse, plongée dans la plus profonde des misères...

— J'écrirai ce mot, pauvre mère.

Et celle-ci s'éloigna après s'être emparée d'une des mains de mademoiselle F***, qu'elle baigna de ses larmes.

Chérubin se mit aussitôt à l'œuvre et se tortura l'intelligence pour trouver les formules les plus respectueuses, dignes enfin d'un baron d'au delà du Rhin. Cette besogne faite, mademoiselle F*** relut sa lettre parsemée de *je prends la liberté de, j'ose espérer que, pardonnez-moi l'extrême liberté que,* etc., et, la chose lui paraissant de la dernière pesanteur, elle ajouta ce post-scriptum :

— C'est bête comme tout, ce que je vous dis là-haut. Si ça vous ennuie, comme j'aime à le croire, répondez-moi *zut* en allemand... mais n'oubliez pas ma pauvre famille.

LES *FABLES DE LA FONTAINE*

Les Fables de la Fontaine furent données, en 1842, aux Variétés, comme pendant aux *Chansons de Béranger*, qui avaient amené la foule au Palais-Royal pendant trois mois consécutifs. Ce vaudeville avait les mêmes pères que l'autre. L'auteur des dessins des *Animaux peints par eux-mêmes*, Granville dessina pour cette pochade plusieurs travestissements originaux. — Serres devait être changé en éléphant ; Hyacinthe en oie ; Adrien en aigle ; madame Bressant en chatte ; madame Boisgontier en pie ; Esther en perruche ; Alice Ozy en colibri. Et le public fut prié de ne pas les trouver si *bêtes*.

FABRE D'ÉGLANTINE

Fabre d'Églantine était dans une ville du Languedoc où il jouait les rôles de Molé et de Larive, assez médiocrement, dit-on ; il rêvait déjà poésie. Mademoiselle Lesage était attachée au même théâtre que Fabre ; elle chantait les *prima donna* ; elle avait une fort belle voix. Fabre en devint éperdument amoureux ; il ne lui déplut pas, elle lui permit même de demander sa main ; mais la famille ne fut pas du même avis ; on la lui refusa très-nettement. Ils étaient surveillés avec une telle vigilance, qu'ils ne pouvaient se dire un mot, encore moins s'écrire.

Fabre, dont l'esprit avait beaucoup d'invention (il l'a bien prouvé dans son *Intrigue épistolaire*), se creusait cependant en vain la tête pour trouver quelque expédient ; il n'en vit pas de plus sûr que d'enlever sa belle et d'aller se marier à Avignon : on serait bien alors forcé de ratifier le mariage ; c'était la seule réparation qu'on pût exiger, et il était plus que disposé à s'y conformer ; mais cela ne pouvait guère se faire sans le consentement de la demoiselle, et comment l'obtenir ? comment s'entendre sans se parler ? Fabre était extrêmement lié avec le chef d'orchestre, auquel il faisait des paroles pour sa musique, et qui l'aidait de ses conseils dans ses amours.

— Ne pourrais-je pas, lui dit-il, entreprendre de jouer l'opéra ? J'aurais au moins l'occasion de lui parler pendant les ritournelles.

— Mais, lui répondait l'autre, tu n'es pas musicien, et tu ne saurais pas tirer parti de ton peu de voix.

— Tu me donnerais des leçons.

— L'administration s'opposerait à tes projets ; il n'y aurait que pour un bénéfice d'acteur que cela serait possible.

— Eh bien, je prierai le premier chanteur de me laisser jouer le rôle du Magnifique dans sa représentation ; il est mon ami, il appréciera mon motif et y consentira.

— Es-tu fou? le rôle du Magnifique! et *le quart d'heure*, qui en est l'écueil?

— C'est justement sur *le quart d'heure* que je compte pour expliquer à ma Clémentine mon projet; la rose, tombant d'un côté convenu, sera le signal de son consentement.

— Fort bien, si tout cela pouvait se faire en parlant, mais en chantant !

— Tu verras, tu verras, l'amour rend capable de tout.

— Mais l'amour ne fait pas chanter ceux qui n'ont pas de voix !

Fabre court chercher la partition, et le voilà essayant son *quart d'heure*. On baissa le ton, cela n'allait pas trop mal ; d'ailleurs, il se fiait sur le dialogue, qui est assez important : un comédien médiocre dit mieux qu'un chanteur habile. Le jour arrivé, il redoubla de courage. Ses costumes étaient superbes. Comme il était fort aimé des jeunes gens, ils l'applaudirent. Quand vint le fameux *quart d'heure*, il trouva moyen, pendant la première ritournelle, d'instruire la jeune personne de la moitié de son projet, et, pendant la seconde, de lui dire le reste. On peut penser avec quelle expression il chanta :

Tombez, tombez, rose charmante !

C'était au point que le chef d'orchestre tremblait qu'il n'en perdît ton et mesure.

Tout fut convenu entre Fabre et mademoiselle Lesage ; il l'enleva, et ils partirent sur-le-champ pour Avignon, qui était alors un autre Gretna-Green, grâce au nonce du pape, lequel abaissait toutes les barrières. Ils écrivirent de là pour obtenir leur pardon : la famille ne pouvait plus refuser. Cela fit un tel bruit dans la ville, qu'on voulut les revoir dans l'opéra, point de départ de leur bonheur, et on leur jeta ces vers précieux sur la scène :

>Le Magnifique à l'amour te dispose,
>De son bonheur il doit s'enorgueillir.
>Heureux qui fait tomber la rose !
>Plus heureux qui sait la cueillir !

FACTIONNAIRES

Un vieux grenadier qui était en faction sur un théâtre de province, pendant qu'on représentait *la Partie de Chasse de Henri IV*, s'écria avec humeur, au moment où les acteurs chantaient et buvaient à la santé du Béarnais :

— Eh ! morbleu ! vous autres, et la santé de Louis XV, quand est-ce donc que vous y boirez ?

*

On jouait *Rodogune* dans une ville de garnison, et l'on était arrivé à l'endroit où Antiochus, désespéré de la mort de son frère, veut savoir qui, de sa mère ou de sa femme, l'a fait assassiner, et dit en parlant de la main coupable :

>Madame, est-ce la vôtre ou celle de ma mère ?...
>Est-ce vous, etc. ?

Un grenadier de faction dans les coulisses et qui suivait la pièce avec le plus vif intérêt, s'efforçait, pendant toute la durée de cette scène, de faire entendre au jeune prince que c'était Cléopâtre qui avait fait le coup : il s'épuisait en clignements d'yeux, en signes de tête et de mains. Il y mettait une telle chaleur, que des spectateurs qui s'en aperçurent ne purent, quelque dramatique que fût la situation, retenir leurs éclats de rire.

LA FACULTÉ

Le docteur Malouin, vrai médecin de la tête aux pieds, et dont madame de Graffigny disait plaisamment que Molière, en travaillant à ses rôles de Diafoirus et de Purgon, l'avait vu en esprit, comme les prophètes le Messie ; ce bon docteur Malouin disait à Grimm, pour le guérir de son incrédulité, que les vrais grands hommes avaient toujours respecté les médecins et leur science.

— Témoin Molière ! s'écria Grimm.

— Voyez aussi comme il est mort, reprit le docteur.

FAIRE DE LA TAPISSERIE

Mademoiselle R*** venait de passer du Gymnase aux Français. On l'invitait à une soirée, en présence de sa mère.

— J'accepte, dit celle-ci, que l'on n'avait pas priée. Je sais bien qu'on m'invite *pour faire de la tapisserie*, mais puisqu'on y *mange*, j'irai.

FAITE D'UN RUSSE

Un jeune Russe, fraîchement débarqué à Paris, reçoit d'une fort gentille actrice du boulevard Montmartre une lettre commençant ainsi : « O *toit* que j'adore... » Peu familiarisé avec notre langue, et complétement dérouté par cette orthographe, il se fit traduire l'épître par son secrétaire. Celui-ci, ne voulant pas avouer l'ignorance de l'actrice (car l'affaire avait été négociée par lui), interpréta ainsi le barbarisme :

— Elle veut dire, monsieur le comte, que vous êtes son *faîte*.

FAITES DES PERRUQUES

Vers l'année 1760, le perruquier André, ayant envoyé à Voltaire sa tragédie du *Tremblement de terre de Lisbonne*, reçut cette unique réponse : « Monsieur André, faites des perruques; monsieur André, faites des perruques; monsieur André, faites des perruques, des perruques, toujours des perruques et jamais que des perruques. »

De là cette épigramme :

> Jeannot Toupet, pauvre d'esprit,
> Atteint de la métromanie,
> Quitte le peigne, écrit, écrit,
> Accouche d'une tragédie,
> Court chez Voltaire, a la folie
> D'oser le prendre pour censeur.
> Mais le vieillard, d'un air moqueur,
> A Jeannot découvre sa nuque,
> « Allez, dit-il, monsieur l'auteur,
> Allez me faire une perruque. »

FANIER (MADEMOISELLE)

Mademoiselle Fanier, se trouvant arrêtée au second acte de *la Métromanie* (deuxième scène), où elle jouait Lisette, après :

> Et je prétends si bien représenter l'idole...

ajouta ce vers, d'autant plus en situation qu'elle figurait, en effet, une soubrette étudiant un rôle destiné à être joué sur un théâtre de société :

> Mais j'aurai plus tôt fait de regarder mon rôle.

Elle le tira alors tout naturellement de sa poche, tel qu'elle l'avait déjà montré dès la première scène, où elle disait :

> Témoin ce rôle encor qu'il faut que j'étudie.

Ainsi elle eut le temps de se remettre et de rafraîchir ses souvenirs, sans que le public se doutât de rien.

FAVART

Dans un grand dîner, Crébillon fils s'amusait aux dépens de Favart. Il en vint jusqu'à s'écrier en riant :

— Oh! le pauvre homme est aujourd'hui si bête, qu'on prétendrait en vain tirer quelque chose de lui.

A ces mots Favart, surexcité, se lève, et adresse ce couplet impromptu à son adversaire :

> Tu dis que je suis bête,
> Mon ami Crébillon.
> Le mot n'est pas honnête,
> Mais ce n'est sans raison ;
> Il faut que je sois bête,.....
> Car toujours j'applaudis
> A ce que tu me dis.

FAVART (madame)

Madame Favart fut la première qui observa le costume, et qui osa sacrifier les agréments de la figure à la vérité des caractères. Avant elle, les actrices qui représentaient des soubrettes, des paysannes, paraissaient avec de grands paniers, la tête surchargée de diamants, et gantées jusqu'au coude. Dans *les Amours de Bastien et Bastienne*, elle mit un habit de serge, une chevelure plate, une simple croix d'or, et des sabots. Cette nouveauté déplut aux esprits pointus du parterre. Mais l'abbé de Voisenon les fit taire, en disant :

— Messieurs, ces sabots donneront des souliers aux comédiens.

FECHTER

Les Filles de marbre étaient en répétition. Félix voulait à toute force mourir au cinquième acte, à la place de Fechter. On lui objecte en vain que la situation s'y oppose ; Félix n'en démord pas.

— Comment faire? murmure un des auteurs.

— Rien de plus facile, répond Fechter ; Félix mourra du chagrin que j'ai !

FÉLIX PÈRE

M. Félix père se montait d'une humeur tantôt facétieuse, tantôt morose, comme sa fille Rachel. C'est à lui qu'on doit cette parodie d'un vers de Cinna :

Ou laissez-moi *Périer*, ou laissez-moi *Régnier*.

FEMME SAUVAGE

Sur les tréteaux extérieurs d'une baraque de saltimbanques se dressait une femme qualifiée de sauvage et qui, la tête couverte de plumes, le visage boisé d'une superbe barbe noire, mangeait des étoupes enflammées pendant l'annonce du pître. Elle devait se faire broyer des cailloux sur le ventre, et, à l'aide des dents, soulever des kilos *de la plus belle espèce.*

Tandis que le pître faisait l'énumération de toutes les merveilles que renfermait la baraque et dont on pouvait se réjouir la vue moyennant le modique prix de dix centimes, la femme sauvage servait de point de mire à un paysan.

— Jeannette! s'écrie-t-il tout à coup.

Et la femme sauvage de tressaillir et d'ouvrir de grands yeux.

— Plus de doute! c'est elle! reprend le paysan.

Et, grimpant sur les tréteaux, il arrache la magnifique barbe qu'admiraient les badauds, et applique, sur les deux joues, de solides soufflets.

Comme on se récriait :

— N'est-il pas permis, dit-il, de corriger une épouse qui s'est laissée enlever par un pareil chenapan?

Il montrait le pître.

— Cela prouve, dit un Prud'homme, qu'elle est beaucoup moins sauvage qu'elle n'en avait l'air.

FEU WAFFLARD

Wafflard a laissé plusieurs pièces spirituelles, entre autres *le Voyage à Dieppe,* resté au répertoire. Un farceur entra, pendant dix ans, au Théâtre-Français en disant au contrôle :

— Feu Wafflard.

FIAMMINA

Lorsque M. Mario Uchard présenta aux Français sa *Fiammina*, Madeleine Brohan était en Russie.

— Si Madeleine était ici, dit un des sociétaires, elle ne recevrait son mari qu'*à corrections*.

FIORENTINO

M. Fiorentino écrivait, il y a deux ans :

« Oui, mademoiselle Déjazet, pourvu qu'on l'accompagne très-doucement, dit encore le couplet mieux que personne, avec toutes sortes d'intentions délicates et de sous-entendus malicieux. Mais l'impression qui résulte de tout ceci n'est point joyeuse. Le directeur et le caissier peuvent être joyeux si la recette est bonne ; mais le public éprouve un sentiment d'admiration mêlée de tristesse, comme à la vue des dernières feuilles qui se détachent d'un arbre tout plein de doux souvenirs, par un dernier soir d'automne, au coucher du soleil. On fait, malgré soi, un retour sur le passé, et l'on ne peut s'empêcher de songer avec une mélancolie profonde qu'à cet âge auguste où l'aïeule est entourée dans sa famille de tendresse et de respects, une des plus charmantes actrices du commencement de ce siècle est encore forcée de se travestir en homme, de mettre du fard sur ses joues, une perruque sur ses cheveux blancs, pour amuser les petits-fils comme elle a diverti les grands-pères et fredonner, d'une voix qui s'éteint, des refrains égrillards. »

Le même critique écrit aujourd'hui :

« Passons, je vous prie, au Théâtre-Déjazet. *Tout Paris*... Vous riez? la formule est banale; elle est, de plus, invraisemblable. Vous vous demandez comment tout Paris peut tenir dans une si petite salle? Eh bien, je vous jure que tout Paris y était. La curiosité fait des miracles. On se gêne, on s'amincit, on renonce pour un soir aux crinolines et aux ballons; mais on veut voir et entendre, et applaudir à toute force cette incroyable comédienne qui en est encore à ses *premières armes*, quand tout ce qui brillait, ou chantait, ou soupirait autour d'elle et à ses pieds a rendu les armes depuis bien longtemps. On a parlé de privilége! Mais le plus rare, le plus grand des priviléges, c'est cette jeunesse toujours renaissante, cet esprit, cette verve, ce talent si fin, cette voix si juste, ces grâces, ce sourire éternel, tous ces dons précieux qu'aucun ministre ne peut donner. Voilà le vrai privilége du Théâtre-Déjazet. »

FLORE (MADEMOISELLE)

Quand on lui disait :
— Mon Dieu, Flore, que vous nous avez fait rire hier !
Elle répondait :
— J'aurais voulu être dans la salle.

*

On a souvent entendu dire à feu mademoiselle Flore, des Variétés, alors sexagénaire et reléguée parmi les piétons :
— J'ai eu une belle voiture, moi aussi, un cocher qui ne se grisait pas trop, un chasseur à épaulettes d'or qui n'était qu'à moitié impoli; mais je n'ai pas su garder le foin, l'avoine et la cire à moustaches de toutes ces bêtes-là, et je vais en omnibus !

(*Gazette de Paris.*)

FONTENELLE

Dans les premiers temps de Corneille, la licence théâtrale était portée fort loin; et la comédie de *Clitandre* en est la preuve. Caliste y vient trouver Rosidor au lit. Il est vrai qu'ils doivent être bientôt mariés.

— D'accord, dit Fontenelle, mais un honnête spectateur n'avait pas besoin de les voir préluder au mariage.

Corneille, qui sentit que cette scène était déplacée, l'a retranchée dans la seconde édition de ses œuvres.

*

Le plus grand honneur qui puisse arriver à une pièce de théâtre, c'est de faire des proverbes, disait Fontenelle.

*

Fontenelle était à l'Opéra, il avait cent ans ; un Anglais entre dans sa loge, et dit :

— Je suis venu exprès de Londres pour voir l'auteur de *Thétis et Pélée.*

— Monsieur, reprend Fontenelle, je vous en ai donné le temps.

FOOTE ET LE COMTE DE CUMBERLAND

Un jour que Foote amusait le foyer de l'Opéra d'une foule de saillies plus piquantes les unes que les autres, le duc de Cumberland, qu'il avait fait beaucoup rire, s'approche de lui en disant :

— Eh bien, Foote, vous voyez que je me plais toujours à avaler vos bonnes choses ?

— Si cela est, reprit le comédien, je puis jurer que Votre Altesse a un excellent estomac, car je ne lui en ai jamais vu rendre aucune.

FORT POUR SON AGE

Un jeune lion offrant à déjeuner à mademoiselle X*** des Variétés, on servit du beurre qui n'était point frais; le garçon affirmait qu'il était du matin même.

— En ce cas, dit-elle, il est bien fort pour son âge.

FRICASSÉE D'ENFANTS

Mademoiselle Raucourt ressuscita la *Médée* de Longepierre par la puissance de son talent. Madame de ***, qui était très-mécontente de ses fils, s'écria, au moment où l'épouse de Jason se dispose à tuer ses enfants :

— Je voudrais bien, pour me venger de mes ingrats, que cette fricassée fût pour nous deux !

FROMENT (CHARLES)

Charles Froment et un de ses amis sifflaient un jour, à tout rompre, un exécrable mélodrame; on les conduit chez le commissaire de police.

— Pourquoi voulez-vous faire tomber cette pièce? demande le commissaire à Froment ?

— La faire tomber! nous n'y songions guère, dit Froment; nous ne voulions que l'égayer.

Depuis ce jour, dans l'argot théâtral, égayer et siffler, c'est tout un.

FURETIÈRE

Un des amis de Boyer lui demandant des nouvelles de la tragédie de *Clotilde*, qui ne fut jouée qu'un vendredi et un dimanche, Boyer fit une réponse que Furetière a rimée dans cette épigramme :

> Quand les pièces représentées
> De Boyer sont peu fréquentées,
> Chagrin qu'il est d'y voir peu d'assistants,
> Voici comme il tourne la chose :
> Vendredi, la pluie en est cause,
> Et le dimanche, le beau temps.

GABRIELLI

Les chanteurs et chanteuses ont commencé les premiers à coter fort haut leur talent. Vers 1770, la Gabrielli demandait cinq mille ducats d'honoraires à l'impératrice Catherine II. Et, comme celle-ci se récriait, disant :

— Je ne paye sur ce pied-là aucun de mes feld-maréchaux.

— Eh bien, répliqua-t-elle, Votre Majesté n'a qu'à faire chanter ses feld-maréchaux.

GALIANI

Galiani se trouvant au spectacle de la cour, on lui demanda son avis sur la voix de Sophie Arnould :

— C'est, dit l'abbé, le plus bel asthme que j'aie entendu.

*

Lorsque l'Opéra français, après l'incendie de la salle du Palais-Royal, fut transféré dans le palais des Tuileries, qu'on avait préparé pour cet effet, on reprochait à cette salle d'être prodigieusement sourde.

— Qu'elle est heureuse! s'écria l'abbé Galiani.

GALLIEN

L'empereur Gallien ménagea un jour aux spectateurs de l'amphithéâtre une surprise des plus plaisantes. Un lapidaire avait vendu à l'impératrice des pierreries qu'on reconnut pour fausses. Il fit arrêter le fourbe et le condamna aux lions; mais il ne fit lâcher contre lui qu'un chapon. Et, comme chacun s'étonnait et cherchait le sens de cette énigme, il fit dire par un héraut :

— Cet homme a voulu tromper ; il est attrapé à son tour.

GARAT

On connaît toute l'originalité de Garat, et combien il était toujours artiste. Un jour qu'on lui rappelait ses soirées de musique à la cour, quelqu'un lui dit :

— N'avez-vous pas chanté tel morceau avec la reine?...

— Ah! oui, répondit-il d'un air attendri, pauvre princesse!... Comme elle chantait faux !

*

Cambacérès donnait une fête à laquelle concouraient un grand nombre d'artistes. Vers la fin, il pria Garat de chanter. Garat, piqué de cette invitation tardive :

— Impossible, citoyen consul, répondit-il en tirant sa montre ; il est minuit : ma voix est couchée.

*

Garat, chantant aux concerts Feydeau, s'interrompit tout à coup pour interpeller une dame qui prenait une glace :

— Je n'ai pas l'habitude, lui dit-il, de chanter avec accompagnement de cuiller.

GARE AU MANCHE

Le poëte Roy passait pour avoir reçu plus d'une fois des coups de bâton pour ses vers satiriques. On lui demandait, à l'Opéra, s'il ne donnerait pas quelque ouvrage nouveau.

— Vraiment, oui, dit-il ; je travaille à un ballet (c'était l'*Année galante*).

Une voix s'écria derrière lui :

— Un balai, monsieur ! prenez garde au manche !

LES GARENNES DE NIMES

— Eh ! bonjour, amie ! disait mademoiselle A*** à l'une de ses camarades du Palais-Royal ; d'où arrives-tu ?

— De Nîmes, où je jouais les amoureuses.

— De Nîmes ! tu as donc vu les *Garennes* ?

— Oui, chère ; et c'est là qu'on a vu jadis se battre de fameux lapins.

GARRICK

On engageait Garrick à se mettre sur les rangs pour être député d'un bourg ou d'un comté.

— J'aime mieux, dit-il, jouer un grand rôle sur le théâtre, que le rôle d'un sot au Parlement.

*

Garrick ayant prêté, un jour, à un camarade qui n'était guère de parole, dix guinées pour quinze jours, celui-ci les lui rendit très-exactement à l'époque fixée, à son grand étonnement. Quelque temps après, le même individu redemande la même somme :

— Je ne te prêterai rien, lui dit Garrick ; on ne m'attrape pas deux fois.

*

Une anglaise, femme d'esprit, rendant compte de l'impression produite sur elle par Garrick et par son émule Barry, dans le rôle de Roméo, disait :

— Garrick paraissait si animé, si plein de feu, que, si j'avais été Juliette, j'aurais cru qu'il allait sauter dans ma chambre ; Barry avait un accent si tendre et si persuasif, que moi, Juliette, j'aurais sauté dans le jardin.

GAUSSIN (MADEMOISELLE)

Helvétius, dans sa jeunesse, était « beau comme l'amour. » Un soir qu'il était assis dans le foyer et se tenait fort tranquille, quoique auprès de mademoiselle Gaussin, un célèbre financier vint dire à l'oreille de cette actrice, assez haut pour qu'Helvétius l'entendît :

— Mademoiselle, vous serait-il agréable d'accepter six cents louis en échange d'un doux regard ?

— Monsieur, répondit-elle assez haut pour être entendue aussi, et en montrant Helvétius, je vous en donnerai deux cents si vous voulez venir demain chez moi avec cette figure-là.

GEOFFROY (L'ABBÉ)

Quelqu'un s'étant avisé, dans une épigramme, de loger le disciple de Fréron rue *Geoffroy-l'Asnier*, le journaliste riposta par cette boutade :

> Oui, je suis un *ânier* sans doute,
> Et je le prouve à coups de fouet
> Que j'applique à chaque baudet
> Que je rencontre sur ma route.

*

A sa mort, on composa ce quatrain dialogué :

> — Nous venons de perdre Geoffroy.
> — Il est mort ? — Ce soir on l'inhume.
> — De quel mal ? — Je ne sais. — Je le devine, moi :
> L'imprudent, par mégarde, aura sucé sa plume.

GLUCK

Gluck, passant dans la rue Saint-Honoré, cassa un carreau de boutique de la valeur de trente sous. Le marchand, n'ayant pas à lui rendre la monnaie du petit écu que lui présentait le musicien, voulut sortir pour aller la chercher :

— C'est inutile, lui dit Gluck ; je vais compléter la somme.

Et il cassa un autre carreau.

GOUFFÉ (Armand)

Fichet, acteur du Vaudeville, se refusant à jouer un rôle dans une pièce d'Armand Gouffé, ce dernier fit cette chanson :

> Un marchand de colifichet,
> Un jour qu'on affichait Fichet,
> Dit, voyant Fichet sur l'affiche :
> Quoi ! toujours afficher Fichet !
> Du public l'affiche se fiche,
> Moi, je me fiche de Fichet !

> Au marchand de colifichet,
> Alors, d'un ton poli, Fichet
> Dit : « De vos cris, Fichet se fiche ;
> Car il faut bien, foi de Fichet,
> Lorsque Fichet est sur l'affiche,
> Avaler l'affiche et Fichet. »

> Le marchand de colifichet,
> Fichant l'affiche sur Fichet,
> Chiffonna Fichet et l'affiche,
> Et dit : « Fi donc ! fichu Fichet !
> Fiche-moi le camp de l'affiche,
> Car tu n'es frais qu'au lit, Fichet. »

GOUTTE D'EAU

Madame Debarme jouait Juliette. Au cinquième acte, couchée

sur son tombeau, elle avait tout à fait l'attitude d'une morte. Malheureusement, il pleuvait à seaux, et le théâtre était mal couvert; la pluie suintait à travers les ardoises, une goutte d'eau vint juste frapper le nez de Juliette.

Juliette secoua la tête, et fit une grimace.

Seconde goutte d'eau, seconde grimace.

Le mari, qui jouait Roméo, dit à demi-voix à sa femme :

— Ne remue donc pas !

Mais elle redoutait cette maudite goutte d'eau qui, tombant d'une grande hauteur, lui donnait une chiquenaude assez forte. Elle leva les yeux en l'air et, la voyant arriver, elle détourna la tête et la reçut dans l'œil.

Les spectateurs, qui d'abord n'y avaient pas fait attention, portèrent leurs yeux au plafond, et, voyant tomber l'eau, s'en amusèrent.

L'un disait :

— Voilà la goutte !

L'autre :

— Gare l'eau !

Un troisième :

— Il pleut, il pleut, bergère !

Un quatrième se leva et dit à la pauvre Juliette :

— Madame, voulez-vous accepter mon parapluie

La tragédie finit de la façon la plus bouffonne.

GRANIER DE CASSAGNAC

M. Granier de Cassagnac dépeçant Racine :

« Nous aurions beau multiplier les citations et les remarques, il nous serait impossible de rapporter les mille détails incorrects, mous, lâches, pâteux; les vers guindés, plats, inutiles qui donnent, en général, au style d'*Athalie* un air malade, bouffi et malsain... »

GRASSINI

— Pourquoi, demandait l'empereur Napoléon à la célèbre Grassini, pourquoi n'allez-vous jamais à mon Académie impériale de musique? Décidez-vous, faites un effort, ne fût-ce que par curiosité.

— Sire, répondit en souriant la chanteuse, je crains qu'il ne m'en reste quelque chose.

GRASSOT

Grassot entre dans un café avec une mine de croque-mort.

— Je viens, dit-il, d'apprendre une nouvelle bien embêtante : Got a *dévissé son billard*.

Et une foule d'exclamations de l'accueillir.

— Allons donc!... Got est mort?

— Est-il possible !

— Moi qui l'ai vu encore hier jouer *Figaro!*

— Ce pauvre Got!... Qui est-ce qui t'a dit ça?

— J'ai appris, ajoute Grassot, la triste nouvelle au Bouillon-Duval, rue Montesquieu... J'y ai vu... de mes yeux vu... sur une table de marbre noir... Je n'ose achever... Hélas! il y avait dessus : *Six gigots!...*

*

— Monsieur Grassot voudrait-il accepter, d'un inconnu qui l'admire, un petit verre de vieille, un cognac doux? demandait à l'éditeur du fameux punch un de ces braves bourgeois qui tiennent à passer pour amis des arts.

Grassot hume le petit verre.

— Eh bien, comment le trouvez-vous? fait le bourgeois en question. N'est-ce pas un vrai velours?...

— Oui, répondit Grassot avec une grimace significative, mais du velours... épinglé!

*

Grassot venait d'être mis à l'amende de cinq francs pour avoir invectivé son régisseur. Or, désirant se venger gratuitement, il se mit à crier en interpellant le même personnage :

— Dis donc, hé! Kalekaire, combien que ça me coûtera si je l'appelle *mufle?*

*

Un jour, Grassot était triste.

— Que je m'embête d'être au monde! s'écria-t-il. Je m'amusais bien plus auparavant.

*

GRASSOT, LUGUET ET GIL PÉREZ

Grassot, Luguet et Gil Pérez voyageaient ensemble; certain soir, il arrivèrent dans une auberge où il n'y avait plus qu'un lit. On y pouvait bien coucher deux; mais trois, pas moyen. Ils tirèrent au sort, et le lit échut à Gil Pérez et à Luguet; quant à Grassot, l'hôtesse lui offrit de partager celui d'un nègre qui occupait l'appartement voisin.

— Ça me va; allons-y! fit Grassot. — Seulement, chère

hôtesse, réveillez-moi à quatre heures du matin; je dois partir à quatre et demie.

L'hôtesse le lui promit; il se coucha et s'endormit bientôt.

Gil Pérez et Luguet veillaient pour lui faire une farce qu'ils avaient mitonnée à son insu.

Ils pénétrèrent dans sa chambre et le barbouillèrent en noir pendant qu'il dormait. A quatre heures précises, quand il fut réveillé par l'aubergiste, il se leva, alluma la bougie et se plaça devant la glace, dans laquelle aussitôt il s'aperçut de sa noirceur.

— Que cette hôtesse est bête! s'écria-t-il alors, elle a réveillé le nègre au lieu de moi.

Et il alla tranquillement se recoucher.

GRAVE MÉPRISE

Il y avait représentation à bénéfice à l'Opéra. Avant le commencement du spectacle, une actrice d'un autre théâtre vient regarder la salle à travers la lucarne du rideau. Un habitué des coulisses s'approche d'elle et lui débite une forte galanterie. Celle-ci, sans se retourner, lui dit sèchement :

— Vous vous trompez, monsieur, je ne suis pas de l'Opéra.

GUÉRARI (LA COMTESSE)

On compte à Turin deux théâtres français : le Théâtre-Scribe et le Théâtre d'Angennes. Ils se font tout naturellement la guerre. Le premier ayant engagé M. et madame Lagrange, le second, piqué d'émulation, jeta un œil de convoitise sur madame Luther : la comtesse Guérari, qui le dirige, fit jouer le télégraphe pour demander ses conditions à cette actrice pour cinquante représentations :

— Quinze mille francs, répondit-elle.

Un assez joli denier : trois cents francs par soirée.

— J'accepte, riposta la comtesse; il faut *Luther* pour vaincre.

GUIGNOL

Guignol, à la demande de Charles Nodier, était venu à l'Arsenal, pour lui apprendre à faire Polichinelle. L'auteur de *Trilby* avait la passion des marionnettes et voulait amuser lui-même ses petits-enfants. Il ignorait l'usage de la *pratique*, cet instrument à l'aide duquel on obtient la voix de Polichinelle, et qui est formé de deux pièces de fer-blanc que traverse une languette de ruban de fil.

— Tenez, lui dit Guignol, puisque vous n'avez pas de pratique, voici la mienne.

Nodier la prend et la met bravement dans sa bouche; mais le tout était de s'en servir. Il avait peur de s'étrangler : à chaque mouvement de langue, la pratique menaçait de glisser dans le gosier.

— Ne craignez rien ! s'écria Guignol; quand vous l'avaleriez, cela ne vous ferait aucun mal. J'ai déjà avalé celle que vous avez là plus de dix fois.

GUILLARD

Clairval, ancien barbier, fut plus d'une fois tourmenté par les importuns ressouvenirs de sa première profession. On connaît les deux vers, fort injustes du reste, que Guillard inscrivit au bas de son portrait, pour se venger du refus d'un opéra-comique, qu'il attribuait à son influence :

> Cet acteur minaudier et ce chanteur sans voix
> Écorche les auteurs qu'il rasait autrefois.

GUIMARD (MADEMOISELLE)

Mademoiselle Guimard dépensait énormément en aumônes. En hiver, ses gens avaient ordre de ne jamais refuser la porte à un mendiant.

— On vous volera, lui dit un gentilhomme de sa suite.

— C'est possible, répondit-elle, et je m'y résigne ; mais, voyez-vous, monsieur le duc, quand je deviendrai vieille, j'irai peut-être aussi frapper aux portes des Terpsichores de ce temps-là, qui sait ? Je leur donne l'exemple afin d'en profiter plus tard.

HABENECK

Lorsque l'ex-tonnelier Poultier fit ses débuts à l'Opéra, Habeneck répondit à M. Léon Pillet, qui le questionnait du regard sur l'avenir de son nouveau pensionnaire :

— C'est une voix venue par la bonde et qui s'en ira par le fausset.

HAREL

— La lecture des pièces doit vous prendre un temps énorme, disait M. Jouslin de Lasalle à Harel, alors que celui-ci était directeur de l'Odéon.

— Moi! je n'en lis jamais, répondit-il : toutes les pièces qui m'arrivent, je les mets dans un sac, je remue, je tire, et le manuscrit qui me tombe sous la main est le bon. J'ai toujours réussi.

*

On disait à Harel :
— Vous éreintez mademoiselle George en la faisant jouer tous les soirs...
— Bah! bah! répondit-il, peut-on être meilleur prince que je le suis? Je lui laisse un jour par semaine, le dimanche... pour mettre des sangsues.

*

Un grand drame biblique, intitulé *la Reine de Saba*, et engendré par Gérard de Nerval, était présenté par Alexandre Dumas au directeur de la Porte-Saint-Martin.
Le plan examiné, Harel secoue la tête.
— Est-ce que vous ne jouerez pas ça? demande Alexandre Dumas.
— Non, répond Harel.
— Pourquoi donc?
— Parce que le seul tableau du boudoir de la reine de Saba coûterait tout le boulevard Saint-Martin, et que ça me conduirait au boulevard de l'Hôpital.

*

Harel racontait qu'un pauvre figurant, qui jouait depuis dix ans les domestiques, les Romains, les voleurs et le murmure du peuple, lui demandait, pour prix de ses services, de dire quelques mots et de passer enfin dans les rangs des artistes.

— J'y consens, répondit Harel; mais, comme mon budget est très-lourd, je ne puis vous admettre comme artiste qu'à la condition que vos appointements ne seront pas augmentés...

Délire du figurant.

— Allez, mon ami, ajoute Harel d'un air digne, à partir d'aujourd'hui, vous faites partie de ma troupe; seulement, au lieu d'être payé le 3 du mois, vous ne toucherez vos appointements que le 18!...

*

Harel trouva moyen d'emprunter 5,000 francs à un huissier qui venait lui faire sommation d'avoir à payer une lettre de change de pareille somme.

*

Harel vint un matin trouver Casimir Périer, ministre de l'intérieur; et voici ses propres paroles :

— Monsieur le ministre, il s'agit de sauver mon théâtre et l'honneur de mon nom : j'ai besoin de dix mille francs.

Casimir Périer avait déjà sauvé plus d'une fois le théâtre d'Harel.

— Je ne peux, cette fois, lui dit-il, vous tirer d'affaire.

— Il ne me reste donc plus qu'à me couper la gorge!

— Allons, monsieur Harel, finissez cette comédie.

— C'est de la tragédie, réplique Harel.

Un barbier rasait le ministre; Harel saisit le rasoir de ses mains : le ministre et le barbier, effrayés, arrêtent le bras d'Harel, et le théâtre de la Porte-Saint-Martin fut encore une fois sauvé.

*

Harel disait à M. Jouslin de Lasalle, directeur du Théâtre-Français, à propos de Bocage, qu'il s'agissait d'engager :

— Lorsque Lockroy ne veut pas jouer, je lui raisonne pièce, et il joue. Lorsque c'est le tour de Frédérick Lemaître, je vais le voir, je lui parle de sa femme, de ses enfants, je lui glisse un billet de cinq cents francs dans la main, et il joue. Mais, pour faire jouer Bocage quand il ne le veut pas, il faudrait changer le gouvernement, et je ne le peux pas, moi.

*

Toujours en quête d'argent, Harel était soigneusement consigné à toutes les portes du ministère de l'intérieur.

Il essaya de profiter de l'attentat Fieschi.

Il arrive la figure bouleversée, et, comme on le repoussait encore :

— Eh quoi ! dit-il au secrétaire particulier, vous voulez m'empêcher de sauver la France ? Je vous dis que j'ai des révélations à faire au ministre ! on ne sait rien du complot, et, moi, j'en tiens tous les fils ! Mais je ne puis rien confier qu'au ministre...

— Il ne peut vous recevoir.

— Alors, tant pis pour lui ! Qu'il assume toute la responsabilité d'un tel refus ! Je publierai partout qu'il n'a pas voulu des renseignements que je lui apportais.

Le secrétaire, atterré, l'introduit dans le cabinet, d'où M. Thiers avait entendu ses menaces et le motif de sa visite.

Harel, voyant le ministre seul, poussa le verrou.

Puis, sans se déconcerter :

— Je ne sais pas, dit-il, le plus petit mot de l'affaire Fieschi, tout ceci n'est qu'un prétexte... Sauvez-moi du désespoir ! Il me faut de l'argent, aujourd'hui même ! Je ne sors pas d'ici sans votre signature.

Et, en effet, il ne sortit pas sans un bon sur la caisse Gérin.

HARLAY (ACHILLE DE)

Les Comédiens français, ayant quelque grâce à demander au premier président de Harlay, députèrent un d'entre eux pour parler au nom de tous. Il se présenta à M. de Harlay, et lui dit qu'il venait de la part de sa compagnie, pour le supplier de lui accorder telle chose.

— J'en parlerai à ma troupe, répondit M. de Harlay ; et nous verrons ce qui se pourra faire.

*

Dancourt avait été chargé, par ses confrères, de porter aux administrateurs des hôpitaux le quart des pauvres. En s'acquittant de cette commission, il fit aux administrateurs un discours pathétique. L'archevêque de Paris et le président de Harlay étaient à la tête du bureau. Dancourt s'efforça de prouver que les comédiens, par les secours qu'ils procuraient aux hôpitaux, méritaient d'être relevés de l'excommunication. Son éloquence ne fut pas heureuse.

— Dancourt, riposta de Harlay, nous avons des oreilles pour vous entendre, des mains pour recevoir les aumônes que vous faites aux pauvres ; mais nous n'avons pas de langue pour vous répondre.

HÉLOISE ET ANNA THILLON

On se demandait au foyer de l'Opéra pourquoi M. Auber faisait chanter madame Anna Thillon dans *le Duc d'Olonne ;* mademoiselle Héloïse répondit :
— Parce qu'il aime l'*écho-Thillon*.

HEUZEY

Heuzey, comique grime des Folies-Dramatiques est fort comme l'était le père d'Alexandre Dumas père. Mouriez voulant lui imposer une intonation, il l'empoigna, et, le tenant suspendu au-dessus de l'orchestre des musiciens :
— Je dirai la phrase comme je voudrai, s'écria-t-il, ou je vous lâche !

HOFFMAN

— On prétend que je suis méchante, disait une actrice en se promenant sur le théâtre avec Hoffman ; est-ce vrai, mon ami ?
— C'est une injustice, répondit le critique : tu es bonne depuis la toile de fond jusqu'à la rampe.

HOMME DÉGOUTÉ

Un brave homme, à la représentation d'*Atrée et Thyeste*, de Crébillon, s'écria :
— Eh ! fais-en ce que tu voudras ! mange-le tout cru, si ça te plaît... pourvu que je ne sois pas de ton festin.

HOMME JUSTE POUR MOLIÈRE

On réclamait l'auteur après une première représentation. Il paraît et on l'applaudit.

On joue ensuite une pièce de Molière, et, le rideau baissé, quelqu'un crie du parterre :

— Pourquoi ne l'appelle-t-on pas celui-là ? Il a cependant plus d'esprit que l'autre.

HOUDON

Houdon entrait toujours aux Français, dont le vestibule était orné de la belle statue de Voltaire, en disant :

— Le père de Voltaire.

Un soir, c'était en 1828, l'année même de sa mort, un contrôleur nouveau hasarda une remarque sur l'invraisemblance de cette paternité !

HOUSSAYE (ARSÈNE)

M. Arsène Houssaye, apercevant un bouquet à *Chloris* dans le corsage d'une comédienne :

— Hum ! fit-il, voilà un billet sous seing privé.

HULER (CHARLES)

Huler, célèbre comédien anglais, avait été mis en apprentissage chez un libraire; à force de lire des pièces de théâtre, il prit goût pour la scène; il apprenait des rôles et les répétait, le soir, dans la boutique. Mais ces jeux allaient toujours à la ruine de quelques chaises qu'il mettait à la place des personnages. Un soir qu'il répétait le rôle d'Alexandre, il avait choisi une grande chaise pour représenter Clytus; lorsqu'il en fut à l'endroit où le jeune roi tue le vieux général, il frappa un coup si violent, avec un bâton qui lui servait de javeline, que la pauvre chaise tomba en pièces avec fracas. Le libraire, sa femme et ses domestiques accoururent épouvantés.

Huler leur dit avec un grand sang-froid :

— Ne vous effrayez pas; ce n'est qu'Alexandre qui vient de tuer Clytus.

HYACINTHE

Hyacinthe, qui a autant d'esprit que de nez, prenait langue avec un quidam dont la joue avait reçu un revers de main des plus sonores. Il insistait, avec malice, sur le désagrément de semblables caresses. L'autre cherchait à déguiser le soufflet en coup de poing.

— Ma foi, dit Hyacinthe, soufflet ou coup de poing, moi qui n'y suis pas fait, ça m'ennuierait, et, si j'avais cent mille livres de rente, je ne les mangerais pas à ça.

*

A la première représentation du *Voyage autour d'une marmite*, au Palais-Royal, Hyacinthe, entrant en scène avec mademoiselle Madeleine, posa le pied à faux et déchira sa robe, qui était démesurée pour une cuisinière.

— Maladroit! fit-elle.

— Dame, répondit Hyacinthe, je te l'avais bien dit ce matin à la répétition.

HYACINTHE ET GIL PÉREZ

Hyacinthe sort d'une boutique de fruitier — en donnant le bras à un incommensurable melon. Au détour d'une rue, Gil Pérez passe près de lui, sans que son chapeau sourcille.

Hyacinthe l'appelle.

— Hé ! Gil Pérez ! tu ne me demandes donc pas des nouvelles de ma santé ?

— Mais, répond Gil Pérez en continuant sa route, tu te portes trop bien pour ça !

INNOCENTE

— Quel est donc ce monsieur avec qui je vous ai rencontrée hier? demandait paternellement un directeur de l'Opéra à une jeune danseuse.

— C'est un monsieur bien riche, qui a des maisons, des terres, et tout cela est très-bien hypothéqué.

JE M'EN VAIS

Dans l'*Éponine*, de Chabanon, l'exposition du sujet n'a lieu, à proprement parler, qu'au troisième acte, et les deux premiers languissent sans but déterminé. A la fin du second :

— Je m'en vais, dit froidement un spectateur, puisque décidément ils ne veulent pas commencer.

JE SUIS DU THÉATRE

Une véritable ingénue du Vaudeville rencontre une figurante du même théâtre, tenant par la main une jolie petite fille.
— Est-ce que cette enfant est à vous? lui demanda-t-elle.
— Oui, mademoiselle.
— Mais je croyais que vous n'étiez pas mariée?
— Non, mademoiselle, mais je suis du théâtre.

JOHNSON (samuel)

Sheridan était très-lié avec le docteur Brooke, qui l'admirait et qui vantait partout *le Comte d'Essex*, une nouvelle tragédie de l'auteur de *Gustave Vasa*. On le pria, dans une réunion, d'en dire quelques vers, et il déclama une tirade dans laquelle il est question d'hommes libres, et qui se termine ainsi :

Qui veut les gouverner doit lui-même être libre.

— Excellente logique ! s'écria le satirique Samuel Johnson.
Et il ajouta :

Qui conduit des bœufs gras doit être gras lui-même.

JOUY (de)

L'auteur du libretto de *Guillaume Tell* se trouvait à un dîner d'amis ; l'un des convives, levant son verre et se tournant du côté du vieillard, s'écria avec l'accent du fanatisme :
— A monsieur de Jouy, qui a surpassé Voltaire !

Un second, trouvant le compliment excessif :

— A monsieur de Jouy, qui a égalé Voltaire !

Quelque peu piqué de cette *chute*, le vieil académicien dit d'un accent ému :

— Merci, mon ami, merci de votre rude franchise !

*

M. de Jouy a eu pour collaborateur Armand Marrast dans la fabrication du libretto de *Guillaume Tell*.

JUSTIFICATION DE PIRON

Étant à la représentation des *Chimères*, opéra-comique de sa composition, Piron se trouve à côté d'un homme qui ne cessait de se récrier contre cette farce, en disant :

— Que cela est mauvais ! que cela est pitoyable ! Qui est-ce qui peut faire des sottises pareilles ?

— C'est moi, monsieur, répondit Piron ; mais ne criez pas si haut, parce qu'il y a beaucoup d'honnêtes gens qui trouvent cela assez bon pour eux.

KARR (LES VERS CASSÉS D'ALPHONSE)

« C'est une singulière chose que les vers au théâtre. Un pauvre auteur se fatigue à aligner ses phrases en douze syllabes finissant par la même consonnance. Quand son ouvrage est fini, le travail, le but des efforts des acteurs, est de dissimuler le travail de l'auteur, de couper les vers de façon à ce qu'on n'entende plus les rimes ni la mesure. En un mot, je ne puis, en conscience, me priver de ce mauvais jeu de mots, qui me vient de lui-même : le poëte ne fait des vers que pour que les acteurs les cassent. »

LACOUR (MADEMOISELLE)

Le duc de la Vallière, voyant à l'Opéra la petite Lacour sans diamants, s'approche d'elle et la questionne brusquement à ce propos.

— Hélas ! dit-elle, les diamants sont la croix de Saint-Louis de notre état.

Sur ce mot, il devint amoureux fou d'elle. Elle le subjuguait par les mêmes moyens qui réussirent à madame Dubarry près de Louis XV. Elle lui ôtait son cordon bleu, le mettait à terre, et lui disait :

— Mets-toi à genoux là-dessus, vieille ducaille !

LAFON

A la mort de Talma, Lafon, ce tragédien gascon, prit tous les rôles du grand acteur. Jamais Lafon ni ses amis ne prononçaient le nom de Talma; pour désigner Talma, ils disaient *l'autre.*

Lafon, dans *Cinna,* jouait Cinna, lorsque Talma jouait Auguste. Talma disparu, la première fois que Lafon joua Auguste ses amis, accourant dans sa loge :

— Comme vous avez enfoncé l'autre ! lui dirent-ils.

— Et cependant, dit Lafon, l'autre avait sur moi un grand avantage; il avait un Cinna, et, moi, je n'en ai pas.

LA FONTAINE ENDORMI

A la première représentation de son ballet d'*Astrée*, la Fontaine quitta la salle après le premier acte et s'en alla au café Marion, où il s'endormit dans un coin. Pendant qu'il ronflait, quelqu'un qui le connaissait entra et fut si surpris de le voir là, qu'il ne put s'empêcher de s'écrier :

— Comment ! M. de la Fontaine, ici ? Ne devrait-il pas être à la représentation de son *Astrée* ?

Le dormeur, se réveillant en sursaut et bâillant :

— J'en reviens, répondit-il ; j'ai essuyé le premier acte, qui m'a tant ennuyé, que je n'ai pas voulu entendre les autres. J'admire la patience des Parisiens.

LAISSEZ-LE FAIRE

Un acteur, qui débutait au Théâtre-Français par le rôle de Mithridate et qui n'était point dépourvu de talent, était affligé d'un extérieur peu héroïque. Dans la scène où Monime dit à Mithridate :

Seigneur, vous changez de visage...

on cria à l'actrice :

— Laissez-le faire.

L'AIT DE BEAUMARCHAIS

La cinquantième représentation du *Mariage de Figaro* fut donnée au profit des pauvres mères nourrices ; Beaumarchais fit des couplets nouveaux à cette intention dans le vaudeville final. Sur quoi il courut une épigramme qui se terminait par ces mauvais vers :

> Il paye du lait aux enfants
> Et donne du poison aux mères.

LAMBERT (MADAME DE)

L'auteur d'une tragédie vint lui lire sa pièce. En premier lieu paraissait une princesse qui disait :

> De l'Arabie enfin en ces lieux arrivée...

Madame de Lambert interrompit l'auteur par cet impromptu :

> Princesse, asseyez-vous ; vous êtes fatiguée.

LANGE (MADEMOISELLE)

Un jeune Bruxellois s'était épris de mademoiselle Lange, de la Comédie française, et voulait l'épouser. Le père, riche carrossier, accourt à Paris pour rompre ce beau projet. Il tombe chez mademoiselle Lange sans crier gare, y rencontre sa camarade mademoiselle Candeille, et en devient amoureux fou.

M. Simons père épousa mademoiselle Candeille, et les deux mariages se firent le même jour.

LARIVE

A la mort de Lekain, Larive fut choisi pour lui succéder dans les grands rôles. On le critiqua à outrance ; on le lapida de lazzis de la force de celui-ci :

— Lekain, en passant le fleuve du Styx, n'a pas laissé son esprit à *la rive*.

LASOZELIÈRE

On répétait *le Florentin*, de la Fontaine, dans lequel Lasozelière devait remplir le rôle d'Harpagème. On sait que le dénoûment de cette comédie se fait par une cage de fer à ressorts. Lasozelière, qui ne se méfiait de rien, et qui répétait toujours avec beaucoup de soin, se mit dans la cage; à peine y était-il entré, qu'à un signal convenu, quelqu'un pousse le ressort, et voilà Lasozelière pris au traquenard. Une fois prisonnier, tous les comédiens et comédiennes défilèrent devant lui en riant et en lui rendant les mauvais compliments dont il n'avait cessé de les gratifier; plus il criait, plus ses camarades riaient. La duègne lui disait :

— Lasozelière, tu commences à manquer de mémoire, mon ami; il faut prendre garde à cela.

Le grime le prévenait charitablement qu'il avait été détestable dans Bartholo; le comique lui reprochait de ne pas savoir s'habiller; la soubrette, en l'agaçant, lui chantait :

Ah ! le bel oiseau vraiment !...

Et la jeune première, riant comme une folle, lui répétait à travers les barreaux de sa cage :

— Baisez petit fils !... mignon !...

Lasozelière, furieux, criait, jurait, s'agitait dans sa cage de fer. — Enfin, ce chapelet burlesque égrené, on lui rendit la liberté.

LAURENT-JAN

Laurent-Jan, qui a de l'esprit contre tout, et qui, n'ayant rien à garder, a plus de mérite qu'un autre à être dans le camp des conservateurs, disait de la *Charlotte Corday* de M. Ponsard :

— C'est la révolution française racontée par Théramène.

Pour être juste, ajoutons qu'Alfred de Musset disait que le quatrième acte de *Charlotte Corday* était ce qu'il avait jamais vu de plus solidement écrit au théâtre.

LA VICTOIRE (L'ABBÉ DE)

Le jour de la première représentation de sa comédie des *Apparences trompeuses*, l'abbé de Bois-Robert était aux Minimes de la place Royale, où il entendait la messe, à genoux sur un prie-Dieu fort propre, se faisant autant remarquer par sa bonne mine, que par un bréviaire en grand format, ouvert devant lui. Quelqu'un demanda à l'abbé de la Victoire quel était cet abbé.

— C'est l'abbé Mondory, qui doit prêcher cette après-midi à l'hôtel de Bourgogne, répondit le confrère de Bois-Robert.

Quelques jours après, le même abbé, rencontrant Bois-Robert, qui revenait de la comédie à pied, lui demanda où était son carrosse.

— On me l'a saisi et enlevé, dit Bois-Robert, pendant que j'étais à la comédie.

— Quoi ! à la porte de votre cathédrale ? L'affront n'est pas supportable.

LAYA (LÉON)

Le talent de Got décida du succès du *Duc Job*, comme il avait décidé de celui des *Jeunes Gens*.

Un des amis de M. Laya lui dit :

— Tu devrais envoyer à Got une bougie.

— Pourquoi ?
— Parce que tu lui dois une belle chandelle.

LEBRUN (madame)

Madame Lebrun, la veuve de l'auteur du *Rossignol*, et, de plus, forte choriste au Théâtre-Italien, s'endormait aisément, et d'un sommeil que rien ne troublait. Un jour que, dans le foyer des acteurs, à l'Opéra-Comique, elle était tombée dans ce sommeil de plomb, on l'appela, on la tira, on la pinça, et, comme rien n'y faisait, un acteur imagina de décharger au-dessus de sa tête la carabine de *Robin des bois*. Madame Lebrun, se contenta de changer de côté et de murmurer :
— Entrez.

LEÇON D'ITALIEN

A une représentation du *Don Giovanni*, de Mozart, un jeune fat fredonnait si haut certain air de cet opéra, qu'il incommodait tous ses voisins. Un de ceux-ci, n'y tenant plus, se mit à dire :
— *Che bestia !*
— Est-ce que c'est de moi que vous parlez? lui dit le fâcheux.
— *No, signor*, répondit le dilettante, c'est de Rubini, qui m'empêche de vous entendre.

LECOUVREUR (adrienne)

Le comte de Saxe avait imaginé, en 1729, une galère sans voile et sans rame, qui, à l'aide d'un certain mécanisme, devait remonter la Seine de Rouen à Paris en vingt-quatre heures; il obtint un privilége, d'après le certificat de deux savants qui attestaient la bonté de sa machine : il se ruina en frais pour la faire construire et la mettre en état de marcher; jamais il n'en put venir à bout. Mademoiselle Lecouvreur, apprenant le mauvais succès de cette dépense énorme, s'écria :

— Mais que diable allait-il faire dans cette galère?

On dit que c'est de là que vient le dicton : « J'aime mieux ne pas le croire que d'y aller voir. »

LECTURE

Un vaudevilliste poursuivait depuis longtemps un directeur qui esquivait toujours la lecture demandée. Enfin, un haut personnage s'interposant, l'audience est accordée. Le vaudevilliste, après s'être mouché selon l'usage, entame son manuscrit. Il commence ainsi :

— Personnages... acte premier... scène première...

— Ah! pardon, fit brusquement le directeur, pardon, mon cher monsieur, mais il est inutile d'aller plus loin : un pareil sujet jurerait avec mon cadre.

LEGRAND

Legrand, l'acteur-auteur du Théâtre-Français se promenait avec un de ses amis. Un pauvre les aborda civilement en leur tendant son chapeau. Legrand tira de sa poche quelques sous qu'il lui donna. Là-dessus, le mendiant, par reconnaissance, se mit à chanter un *De profundis*.

— Hé! l'ami, lui dit le comédien, est-ce que tu me prends pour un trépassé? Au lieu d'entonner un *De profundis*, chante plutôt un *Domine salvum fac regem*, car je fais les rois.

Legrand excellait dans les rôles de paysan; mais il était bien au-dessous de Ponteuil dans les rôles de rois. Un jour qu'il doublait cet acteur, étant très-mal reçu, il s'avança et dit au parterre :

— Messieurs, si Ponteuil n'était pas malade, je ne jouerais pas; soyez sûrs que je suis plus fâché d'être ici que vous ne pouvez l'être de m'y voir.

Quelque temps après, il fut tout aussi mal accueilli en représentant Thésée. Il profita du premier vers de son rôle, et le débita en montrant le public :

> Quel est l'étrange accueil qu'on fait à votre père,
> Mon fils?....

*

Le jour de la première représentation d'une pièce en un acte, de sa façon, cet acteur avait commencé par jouer le rôle d'*Agamemnon*; le parterre n'avait pas cessé de rire de la manière dont il avait rendu ce rôle. A la fin de la tragédie, Legrand vint annoncer le spectacle du lendemain, et ajouta que, dans l'instant, ses confrères et lui allaient avoir l'honneur de donner la petite pièce dont il était l'auteur.

— Je souhaite, messieurs, dit-il en finissant, de vous faire autant rire dans la comédie, que je vous ai fait rire dans la tragédie.

*

Un soir, on se moquait de sa laideur.

— Ah! ce nez! ah! cette bouche!... s'écriaient de mauvais plaisants.

Et le public de rire à ses dépens.

Legrand, sans se déconcerter, s'avança et dit au parterre :

— Messieurs, il vous est plus aisé de vous accoutumer à ma figure qu'à moi d'en changer.

LEKAIN

Lekain disait qu'il s'était senti de la vocation pour être comédien, comme d'autres s'en sentent pour être chartreux.

*

Sauvigni, auteur tragique très-médiocre, avançant dans le foyer nous ne savons quelle opinion littéraire :

— Je parie, lui répliqua Lekain, contre cette opinion, cent existences comme la vôtre.

*

Lekain se plaignait, un jour, qu'on payât les acteurs italiens de vingt à vingt-cinq mille livres, tandis qu'il en avait tout au plus dix à douze mille.

— Comment, morbleu! s'écria un chevalier de Saint-Louis qui l'entendit, un vil histrion n'est pas content de douze mille livres de rente, et moi qui suis au service du roi, qui dors sur un canon et prodigue mon sang pour la patrie, je suis trop heureux d'obtenir mille livres de pension!

— Eh! comptez-vous pour rien, monsieur, la liberté de me parler ainsi? reprit l'acteur.

LEMAITRE (FRÉDÉRICK)

Frédérick Lemaitre passait, à tort ou à raison, pour avoir retardé, par son mauvais vouloir, la représentation d'une pièce à fracas, *Zacharie*, impatiemment attendue par le public de la Renaissance. C'est dans ce drame qu'il devait débuter à ce théâtre. Lorsqu'il parut, il fut reçu à coups de sifflet; mais, loin de se déconcerter, il s'avança d'un air souriant :

— Je suis, dit-il, profondément touché d'un accueil aussi sympathique...

Et voilà les siffleurs qui applaudissent à tout rompre.

*

Frédérick Lemaitre jouait *le Chasseur noir*, au théâtre de Senlis. Avant de paraitre, il demanda ce qui se passait dans la salle.

— Le public n'a pas l'air de s'amuser beaucoup, dit un jeune premier.

— Que lui faut-il donc? s'écria Frédérick; de la grosse caisse? Nous allons lui en servir.

Il se fit donner un tam-tam, le plaça dans la coulisse, puis entra en scène.

Sa première tirade finie, il s'arrêta, et, comme les applaudissements n'éclataient pas, il alla chercher le tam-tam et frappa dessus à tour de bras. Toute la salle sauta en l'air comme un seul homme.

— Et d'une! dit-il.

Et il reprit son rôle. Aussitôt qu'il voyait les spectateurs prêts à retomber dans le calme plat, il courait de nouveau au tam-tam, et le tapage recommençait. Il fallut renouveler plusieurs fois ce vacarme, pour arracher le public à sa torpeur. L'attention éveillée, le jeu passionné de Frédérick finit par dégeler toutes les mains, qui se mirent à applaudir à outrance.

*

Lors d'une des dernières représentations de *Robert Macaire*, n'étant pas rappelé à la fin de la pièce, Frédérick Lemaître fait lever la toile, et, s'avançant jusque devant le trou du souffleur :

— Messieurs, dit-il en s'adressant au parterre, je tiendrais à savoir si M. Auguste est présent.

Personne ne répond.

— Et M. Antoine?

Toujours pas de réponse. Le public se demande ce que signifie cette comédie.

— Eh bien, messieurs, je suis tombé dans un guêpier. J'avais donné au chef et au sous-chef de claque quarante francs pour me faire rappeler et ils m'ont manqué de parole l'un et l'autre. Oui, messieurs, j'ai été floué!

LEMIERRE

Lemierre venait de donner *la Veuve du Malabar*; il rencontre un de ses amis, et lui dit :

— Avez-vous vu ma pièce?

— Non, répond l'autre.

— Je veux que vous la voyiez. Je vais vous faire entrer. Je ne sais si je pourrai vous trouver une place, car nous avons la foule; mais, n'importe, je veux vous faire placer.

Il entraîne son ami, le conduit à l'orchestre, et dit à l'ouvreuse :

— Laissez entrer monsieur, c'est mon ami, il me faut absolument un coin pour lui.

Il y avait plus de cinquante places vides, et les loges étaient également fort dégarnies.

— Mais il n'y a personne! dit l'ami à Lemierre.

— Vous vous trompez, répond l'auteur, la salle est pleine; seulement, je ne sais pas où ils se fourrent!

*

A la reprise de *l'Orphelin de la Chine*, l'auteur de *la Veuve du Malabar*, qu'on n'avait pas jouée depuis longtemps, adressa aux comédiens ce quatrain :

> Par vos délais longs et sans fin,
> C'est assez me mettre à l'épreuve;
> Vous qui protégez l'orphelin,
> Ne ferez-vous rien pour la veuve?

*

Lemierre disait, en 1793, à ceux qui lui reprochaient de ne plus faire de tragédies :

— La tragédie court les rues.

Déjà sur le retour, il avait épousé une femme jeune et belle, dont il raffolait.

— Tous les jours, disait-il, je passe ma main sur ses épaules pour sentir s'il ne lui vient pas des plumes.

*

On venait de jouer la tragédie des *Illinois*. Au sortir du

théâtre, l'auteur, voyant que Lemierre avait son mouchoir sur le visage, lui dit :

— Vous avez pleuré?
— Du tout : j'ai sué.

LÉONTINE (MADEMOISELLE)

La célèbre Chonchon, de *la Grâce de Dieu,* dit, à propos du bruit de sa mort qu'on faisait courir bien prématurément :

— Ceux qui m'enterrent ne savent pas que je suis disposée à vivre plutôt deux fois qu'une.

LEPEINTRE JEUNE

Lepeintre jeune avait la vaste corpulence de Montfleury, la bête noire de Cyrano de Bergerac. On montre encore des rues où il ne pouvait passer.

Il avait autant de gaieté que d'ampleur.

Citons un de ses traits.

Il disait, parlant de lui et de son excellent frère :

— Comment peut-on dire Lepeintre jeune (jeûne), quand on voit Lepeintre aîné (le pain traîner)?

Et, ce calembour commis, il ajoutait :

— J'espère que celui-là est assez mauvais pour qu'on le trouve bon.

*

Le jovial acteur faisait les honneurs de Paris à un jeune provincial qui lui avait été recommandé. Il lui montrait en détail toutes nos merveilles, et le jeune homme, dont la bourse était dodue, témoignait tous les soirs sa gratitude à son cicérone en lui offrant un excellent dîner.

Un jour que Lepeintre soufflait avec fracas, Arnal lui demanda s'il était indisposé.

— Ce n'est rien, répondit-il ; j'avais à dîner un jeune homme de province, et le beaune était excellent.

Le lendemain, il soufflait encore plus fort, et tous ses camarades s'empressaient de l'entourer et de lui demander s'il *avait* encore *son jeune homme...*

De là le dicton : Avoir son jeune homme.

LERAT

Il y avait, à la foire Saint-Laurent, un grand homme de bonne mine, appelé Lerat, toujours habillé de noir, coiffé d'une perruque de la même couleur et d'un volume si considérable, qu'elle le couvrait jusqu'à la ceinture par devant et par derrière. Il avait un bel organe, et annonçait fort bien et avec beaucoup de gravité les détails des tableaux changeants qu'il montrait au public. Il rassemblait toujours beaucoup de spectateurs, et terminait constamment son allocution en disant :

— Oui, messieurs, vous serez contents, très-contents, extrêmement contents ; et, si vous n'êtes pas contents, on vous rendra votre argent. Mais vous serez contents, très-contents, extrêmement contents.

Ce singulier personnage fut imité, dans une petite comédie de Legrand, jouée en 1709, sous le titre de *la Foire Saint-Laurent*, par Lathorillière, qui s'en acquitta fort bien. Lerat, piqué d'avoir été joué, dit le lendemain, en annonçant ses tableaux changeants :

— Vous y verrez Lathorillière ivre, Baron avec la Desmares, Poisson qui tient un jeu, madame Dancourt et ses filles. Toute la cour les a vus, tout Paris les a vus ; on n'attend point, cela se voit dans le moment, et cela n'est pas cher. Vous serez contents, très-contents.

Cette plaisanterie fut châtiée dès le même jour. Lerat, par ordre du lieutenant de police, fut conduit en prison, où il demeura jusqu'à la fin de la foire.

LESAGE ET LA DUCHESSE DE BOUILLON

Avant de paraître au théâtre, *Turcaret* fit beaucoup de bruit dans les cercles. La duchesse de Bouillon pria Lesage de venir lui lire sa pièce ; il y consentit, et rendez-vous fut pris. Mais des affaires très-importantes l'empêchèrent d'arriver à l'heure convenue. Une nombreuse compagnie l'attendait avec une vive impatience. Lesage, en entrant, exposa en deux mots les motifs de son retard : il revenait du palais, où l'on avait jugé un procès qui pouvait le ruiner. La duchesse de Bouillon ne tint aucun compte de ses excuses, et le traita avec la plus grande hauteur. Elle finit en lui disant assez impertinemment qu'il lui avait fait perdre deux heures à l'attendre.

— Je vais, interrompit Lesage, vous faire regagner ces deux heures, madame la duchesse, en ne vous lisant point ma comédie.

Et, pliant bagage, il tourna les talons.

LETTRES PATENTES

Dans *la Tour de Nesle*, un figurant avait à dire : « Lettres patentes du roi au capitaine Buridan. » Mais, quand sa réplique arriva, notre messager, tout ému, se précipita en scène en s'écriant d'une voix formidable :

— Lettres *épatantes* du roi, etc.

Et toute la salle d'éclater.

— Qu'est-ce qu'ils ont donc à rire, ces daims-là? demanda alors le comparse à l'un de ses collègues.

— Dame, tu as dit *épatantes*...

— Eh bien?...

LINIÈRE

Lulli n'eut pas plus tôt fait la lecture de la pastorale de *Daphné*, qu'il dit tout net à la Fontaine qu'il n'était pas son homme, et que son talent n'était pas de faire des opéras. La Fontaine ne pouvait se persuader que ses vers fussent mauvais.

Lulli prétendait renvoyer le payement à la première représentation de sa pièce. La Fontaine prit cette réponse pour de l'argent comptant; mais il fut fort étonné lorsqu'il apprit, quelques jours après, que Lulli ne voulait décidément pas mettre son opéra en musique, parce qu'il ne l'en trouvait pas digne. Le public, qui connaissait le mérite de la Fontaine, reçut cette nouvelle avec surprise. Linière fit deux couplets sur ce sujet; en voici un :

> Ah! que j'aime la Fontaine
> D'avoir fait un opéra!
> On verra finir ma peine
> Aussitôt qu'on le jouera.
> Par l'avis d'un fin critique,
> Je vais me mettre en boutique,
> Pour y vendre des sifflets :
> Je serai riche à jamais.

LIREUX (Auguste)

M. de Fienne était assidu aux premières représentations, et en parlait comme on sait. M. Lireux n'y allait jamais et en rendait compte avec esprit.

Un jour, le premier, rencontrant le second :

— Mon cher, lui dit-il, ta conduite est un scandale public. Tu éreintes ou tu portes aux nues des pièces que tu n'as pas vues ! C'est compromettre ta dignité !... Que diable ! il faut voir les choses que l'on juge...

— Je veux être indépendant.

— Indépendant ? Je ne comprends pas...

— En assistant aux premières représentations, je me laisserais influencer par la pièce.

*

Lireux a été directeur de l'Odéon. Il faisait jouer, un soir d'hiver, par sa troupe de carton, je ne sais quelle tragédie.

Au moment où la toile allait se lever, il regarde par le trou la composition de la salle. Le public de l'orchestre se composait en tout et pour tout d'un unique spectateur. Lireux prit pitié de lui. Il lui fit porter une chaufferette sur un coussin de velours, par deux grands laquais tout galonnés qu'il fit habiller pour la circonstance.

*

Alfred de Musset avait promis sa voix à Ponsard pour l'Académie ; mais, le jour du vote, il fut pris de la maladie qui lui était habituelle, et ne put se rendre à la séance.

— Ce n'était pourtant pas le cas de s'*absinther*, dit Lireux.

LOEVE-WEIMAR

Loëve-Weimar avait des saillies d'une singularité renversante. Un soir, d'un air agité, il allait et venait à travers le foyer de l'Opéra, jetant de temps à autre cette exclamation :

— Vous avez une voiture !

Assailli de questions, il s'arrêta :

— Vous savez, dit-il, que j'avais un procès qui s'est jugé aujourd'hui... Eh bien, le président s'est écrié, en me regardant avec des yeux ébahis : « Vous avez une voiture ! » Oui, Perrin Dandin était furieux de ce que je n'allais pas à pied comme lui... Est-ce ma faute ?

*

Quelqu'un s'étonnait, aux Italiens, de ce que la claque ne s'était pas encore installée à ce théâtre :

— Le Théâtre-Italien n'a pas de claque, mais il a une clique, dit Loëve-Weimar.

LOPE DE VÉGA

Cervantès blâmait les licences que se permettait Lope de Véga.

— Comme c'est le peuple qui nous paye, répondit celui-ci, il est bien juste de ne chercher à plaire qu'à lui. Je tiens sous clef Aristote et Horace, parce que leurs préceptes m'importunent.

J'ai chassé de mon cabinet Plaute et Térence : leurs ouvrages me montreraient partout la critique des miens.

LOUIS XII

Les comédiens ayant mis Louis XII à la scène, les courtisans engageaient ce prince à les punir.

— Non, dit-il, ils me rendent justice : ils me croient digne d'entendre la vérité.

LOUIS XIV

Louis XIV, apercevant son premier médecin Dodart, au sortir de la représentation de *Bérénice*, lui dit en riant :

— J'ai été sur le point de vous envoyer chercher pour secourir une princesse qui voulait mourir sans savoir comment.

LOUIS XVIII

Boïeldieu avait la modestie de désirer la croix d'honneur. Pourtant, il ne voulut pas la recevoir à l'occasion de sa musique pour une pièce d'à-propos. Louis XVIII le sut, et lui dit en lui tendant la décoration :

— Monsieur Boïeldieu, ce n'est pas pour ce que vous venez de faire, c'est pour ce que vous avez fait auparavant.

LOUIS PRÊTÉ

Un pauvre comédien avait prêté un louis à un auteur qui ne se pressait pas de le lui rendre. Le tirant à l'écart, il le prie instamment de se libérer.

— Sois tranquille, mon ami, sous peu de jours tu seras payé d'une manière ou d'une autre.

— Oh! tâche, mon ami, que cette manière-là ressemble à mes vingt-quatre francs.

LOUSTIC EXIGEANT

Le jour de la représentation gratis du 15 août 1858, il se passa, à l'Opéra-Comique, un léger incident en dehors du programme.

On donnait *Fra Diavolo*.

A la scène où l'actrice ôte un à un ses vêtements, un loustic en bourgeron se mit à crier :

— Et la crinoline ?

Cette exclamation provoqua un fou rire dans la salle, à l'orchestre et sur la scène même.

LULLI

En 1681, on rejoua, à Saint-Germain, *le Bourgeois gentilhomme*, dont Lulli avait composé la musique. Il chanta lui-même le personnage du mufti, qu'il exécutait à merveille. Toute sa vivacité, tout le talent naturel qu'il avait pour déclamer, se déployèrent là ; et, quoiqu'il n'eût qu'un filet de voix, et que ce rôle soit fort pénible, il venait à bout de le remplir au gré de tout le monde. Le roi, qu'il divertit extrêmement, lui en fit des compliments. Et Lulli de saisir cette occasion.

— Mais, sire, dit-il, j'avais dessein d'être secrétaire du roi ; vos secrétaires ne me voudront plus recevoir.

— Ils ne voudront plus vous recevoir ! repartit le monarque ; ce sera bien de l'honneur pour eux. Allez, voyez M. le chancelier.

Lulli alla du même pas chez M. Le Tellier, et le bruit se répandit que Lulli devenait secrétaire. On commença à murmurer.

— Voyez-vous le moment qu'il prend? A peine a-t-il quitté son grand chapeau de mufti, qu'il ose prétendre à une charge, à une qualité honorable. Ce farceur, encore essoufflé des gambades qu'il vient de faire sur le théâtre, demande à entrer au sceau !

Louvois, sollicité par MM. de la chancellerie, et qui était de leur corps, parce que tous les secrétaires d'État devaient avoir été secrétaires du roi, s'en offensa fort. Il reprocha à Lulli sa témérité; elle ne convenait pas à un homme comme lui, qui n'avait de recommandation et de services que d'avoir fait rire.

— Hé ! tête-bleu ! lui répondit Lulli, vous en feriez autant si vous le pouviez.

Louvois, battu par le madré musicien, ne crut pas devoir garder sa mauvaise humeur. Suivi d'un gros de courtisans, il rencontra bientôt après Lulli à Versailles.

— Bonjour, lui dit-il en passant, bonjour, mon confrère.

Cela s'appela un bon mot de M. de Louvois.

*

— Lulli, fais-nous rire, disait souvent Molière à l'agréable conteur.

Et celui-ci de rouler ses petits yeux bordés de rouge, qu'on voyait à peine et qui avaient peine à voir. Et c'étaient des historiettes assaisonnées de gaudrioles et ornées de gestes à faire tomber l'auditoire dans une hilarité qui allait jusqu'aux convulsions. Franc du collier dès le début, Lulli avait violé la fortune par une action d'éclat. Simple page de Mademoiselle, il entendit que cette princesse, qui se promenait dans les jardins de Versailles, disait à d'autres dames :

— Voilà un piédestal vide sur lequel on aurait dû mettre une statue.

La princesse ayant continué son chemin, Lulli se déshabilla entièrement, cacha ses habits derrière le piédestal et se plaça dessus, attendant, dans l'attitude d'une statue, que la princesse repassât. Elle revint, en effet, quelque temps après, et, ayant aperçu de loin une figure dans l'endroit où elle souhaitait qu'on en plaçât une, elle ne fut pas médiocrement surprise :

— Est-ce un enchantement, dit-elle, que ce que nous voyons ?

Et elle s'avança insensiblement, et ne reconnut la vérité de cette aventure que lorsqu'elle fut très-proche de la figure.

Les dames et les seigneurs qui accompagnaient la princesse voulurent faire punir sévèrement la statue; mais la princesse lui pardonna en faveur de la saillie singulière. Après le pardon, les bonnes grâces. Le million amassé par Lulli n'eut pas d'autre origine, si l'on veut oublier son talent.

*

On présenta à Lulli un prologue d'opéra en le priant de vouloir bien l'examiner.

— Je n'y trouve qu'une lettre de trop, répondit-il après l'avoir lu : au lieu de *fin* du prologue, il faudrait mettre : *fi* du prologue.

—

*

Lulli avait l'infirmité de Chapelle : il aimait le *piot* plus que de raison. A l'article de la mort, il fut visité par le chevalier de Lorraine, son ami. La femme du moribond reprochait à ce seigneur d'avoir causé la mort de son mari, parce que c'était lui, disait-elle, qui l'avait enivré le dernier.

— Patience, ma femme ! reprit Lulli, tu ne feras pas longtemps ce reproche à M. le chevalier ; car, si j'en reviens, je veux qu'il soit le premier qui m'enivre.

*

Lulli disait d'un air qu'il avait fait pour l'Opéra et qu'on chantait à la messe :
— Seigneur, je vous demande pardon : je ne l'avais pas fait pour vous.

MAILLARD

Maillard, qui joue avec tant de talent, dans *Adrienne Lecouvreur*, le rôle de Maurice de Saxe, sans compter les autres, a pourtant une sorte d'aversion pour le théâtre. Sa profession l'ennuie ; aussi est-il, à la ville, profondément mélancolique.

Une partie de chasse ayant été projetée, on annonça qu'il en serait.

Il était présent.

— Nous allons joliment nous amuser, dit ironiquement un des chasseurs.

— Mon cher, répondit Maillard, je ne suis forcé d'être amusant que de sept heures à minuit, et encore ne suis-je amusant qu'avec l'esprit des autres.

MALITOURNE

Malitourne, l'ennemi acharné de la bêtise dorée, disait, après une représentation du *Bourgeois gentilhomme* :
— Molière a bien fait de nous égayer aux dépens de M. Jour-

dain. Je le trouverais divin si, au dernier acte, il finissait par lui faire donner le fouet.

MANCHE DU BALLET

— Mademoiselle X... est si maigre, qu'on pourrait bien l'appeler le manche du ballet, disait un gouailleur, à la sortie de l'Opéra.

MANUSCRIT SANS RATURE

Un jeune auteur remet à Molé, de la Comédie française, un manuscrit attaché avec un ruban, en le conjurant de le lire, et de lui donner franchement son avis. Le jeune homme passe vingt fois sans obtenir de réponse. Fatigué de ces visites importunes, Molé veut enfin s'en délivrer.

— Ah! vous voilà, monsieur, lui dit-il, je suis bien aise de vous voir : j'ai lu votre pièce.

— Eh bien, comment la trouvez-vous?

— Vous avez exigé que je vous donnasse mon avis.

— Sans doute.

— Vous le voulez?

— Absolument.

— En ce cas, je vous dirai que votre pièce annonce du talent, mais qu'elle ne nous convient pas.

— Et pourquoi?

— Le sujet en est trop léger; il n'y a pas d'entente de la scène...

— Mais le dialogue?

— Oh! il est beaucoup trop diffus. Des longueurs, des longueurs, des longueurs.

— L'exposition?

— Obscure.
— Le dénoûment?
— Trop brusque.
— Enfin, l'ouvrage?
— Annonce des dispositions, mais ne mérite pas les honneurs de la scène.
— Je vous remercie de vos observations, monsieur, dit le jeune homme; mais vous me permettrez de n'en point profiter.

Ce disant, il dénoue le ruban qui attachait son manuscrit, et fait voir à l'acteur stupéfait qu'il ne lui avait remis qu'un cahier de papier blanc.

Voilà l'idée-mère des *Comédiens* de Casimir Delavigne.

MARIER JUSTINE

C'est clore une pièce par un dénoûment brusque. Cette expression date de la première représentation de *Thibaut et Justine*, vaudeville en un acte, joué aux Variétés pendant le règne de Brunet.

La pièce avait beaucoup plu aux répétitions, hors les dernières scènes qui avaient semblé trop longues. On redoutait le parterre, qui, après avoir ri, pourrait bien ne pas se faire faute de siffler.

Quelques murmures se faisaient entendre.

— Voici l'orage! s'écria Auguste, le régisseur.
— Je vous avais bien dit que c'était trop long, dit Brunet, c'est là qu'il faudrait finir en mariant Justine.
— Eh bien, reprit Auguste, qu'on marie Justine tout de suite, et la pièce est enlevée.

Bosquier-Gavaudan était en scène et voyait venir l'ouragan.

— Mariez Justine! lui cria le régisseur.

Les acteurs et le directeur répétaient :

— Bosquier, mariez donc Justine!

Bosquier saisit la balle au bond.

— Nous n'avons qu'une chose à faire, en présence d'un tel amour, dit-il d'un ton solennel, marions Justine.

Le régisseur cria : « Au rideau ! » et la pièce eut un succès de deux cents représentations.

MARIE STUART CHEZ M. DE SAINT-AULAIRE

Rachel, invitée à une soirée que le comte de Saint-Aulaire, alors ambassadeur à Londres, donnait à Hertford-House, fut placée au souper entre la duchesse de Cambridge et la duchesse de Glocester. Un des convives en témoignant son étonnement au duc de Burleigh, celui-ci lui répondit :

— Ce n'est pas comme actrice de la Comédie française que mademoiselle Rachel est ici, c'est comme Marie Stuart, reine d'Écosse.

MARIOLLE

Floré, dans le Coin de rue, jouait un rôle de soubrette futée et joviale, laquelle avait nom Mariolle. Grâce à l'entrain de l'actrice, ce nom devint très-populaire et passa à l'état d'épithète dans la langue des faubourgs.

MARIVAUX

Dans un groupe où se trouvaient Fontenelle et Marivaux, en attendant que le spectacle commençât à la Comédie française, la conversation s'étant tournée sur la métaphysique et de là sur l'âme, quelqu'un demanda à ce dernier ce que c'était que l'âme. Il répondit qu'il n'en savait rien.

— Eh bien, reprit l'interrogateur, demandez-le à M. de Fontenelle.

— Il a trop d'esprit, dit Marivaux, pour en savoir plus que moi là-dessus.

MARS (MADEMOISELLE)

C'était avant l'arrivée de Monrose.

Thénard, que Merle appelait le clair de lune de Dugazon, dit fort impertinemment à mademoiselle Mars qui le priait de fermer une porte :

— Mademoiselle, je ne suis pas votre valet.

— Hélas! monsieur, répondit l'actrice, je ne sais que trop qu'il n'y a plus de valets à la Comédie française.

*

En 1815, les gardes du corps organisèrent une cabale terrible contre mademoiselle Mars, connue par ses sentiments napoléoniens. Prévenue de leurs projets :

— Qu'est-ce que messieurs les gardes du corps, dit-elle, ont de commun avec Mars?

*

Mademoiselle Mars avait arrangé pour sa mère une charmante retraite à Versailles, et elle allait l'y voir souvent. Pendant une maladie assez grave de madame Mars, sa fille s'y faisait conduire presque tous les matins, ou, lorsqu'elle avait à jouer le soir, elle priait Valville, un vieil ami, alors régisseur à la Comédie française, d'y aller pour elle et de lui apporter des nouvelles avant le spectacle.

Au retour d'un de ces voyages, Valville venait à quatre heures rendre compte de sa mission. En entrant dans la première pièce, il trouve la femme de chambre de mademoiselle Mars tremblante, la figure décomposée, et qui lui dit en pleurant :

— Ah ! monsieur Valville, on a volé les diamants de mademoiselle !

Terrifié par cette nouvelle, Valville entre comme un fou, les traits bouleversés, dans le boudoir où se tenait l'illustre actrice.

Effrayée par cette brusque apparition, mademoiselle Mars jette les yeux sur lui, et, voyant son état, s'élance et s'écrie :

— Est-ce que ma mère serait plus mal ?

— Non, mademoiselle, mais on a volé tous vos diamants ! crie-t-il en tombant épuisé dans un fauteuil.

Et mademoiselle Mars, laissant échapper un grand soupir de satisfaction, s'assied dans le fauteuil qui était placé en face, en disant :

— Ah ! mon Dieu, Valville, que vous m'avez fait peur !

Le soir, elle jouait *les Fausses Confidences*.

Au dire d'Armand lui-même, elle y fut plus charmante que jamais.

On lui avait volé 200,000 francs de diamants ; mais sa mère allait mieux.

(*Gazette de Paris.*)

*

En 1815, mademoiselle Mars, pour ses opinions, ou plutôt parce qu'elle écrasait ses rivales de tout l'éclat de son talent, fut le point de mire d'une conspiration féminine au Théâtre-Français. Elle avait, en outre, le tort d'être restée dans la plus grande réserve et de n'avoir pas été, comme d'autres, au-devant des vainqueurs de Waterloo.

Les gardes du corps du roi régnaient alors en maîtres dans Paris.

On en voulait donc beaucoup à mademoiselle Mars, femme de cœur, dont la conduite tranchait avec celle de quelques-unes de ses camarades, et qui, loin de sacrifier aux idoles du jour, restait froide et digne en présence de la bassesse des autres.

On lui dit un jour, au foyer, que les gardes du corps lui en voulaient.

C'est alors qu'elle fit le sanglant jeu de mots que nous avons cité plus haut.

Le trait était rude, et, aussitôt colporté au quai d'Orsay, il transporta d'indignation la caserne entière.

L'affiche du Théâtre-Français portait ce jour-là : *les Fausses Confidences*. L'occasion était belle ; rendez-vous fut donné à tous les gardes disponibles. Mademoiselle Mars est prévenue de ce qui l'attend. Que fait la courageuse femme? Elle entre en scène avec une robe de crêpe blanc parsemée de bouquets de violettes. On sait que la violette était alors une fleur napoléonienne.

A cette vue, la colère du parterre fut à son comble. Des cris formidables se font entendre.

— A genoux !

— Des excuses !

— Criez : *Vive le roi !*

Mademoiselle Mars reste calme ; Armand, qui était en scène, tremblait pour elle, et lui disait :

— Criez pour leur être agréable !

Au milieu d'un tumulte difficile à décrire, un moment de silence parvint à s'établir. Un spectateur, homme de bon ton, homme aussi fort que courageux, et dont je voudrais pouvoir citer le nom, monte sur une banquette et, effrayé du péril qui menace la grande artiste, lui dit :

— Mademoiselle Mars, nous vous prions de crier : *Vive le roi!*

— Eh bien, j'ai crié au milieu du bruit! répond mademoiselle Mars.

Saisissant l'à-propos de cette défaite, la partie du public qui sympathisait avec l'artiste se livra à des applaudissements frénétiques, et le spectacle put continuer, malgré l'opposition des gardes du corps.

En rentrant au foyer, mademoiselle Mars, émue, se remettait à peine, quand une camarade peu charitable s'approche d'elle et lui dit :

— Eh bien, nous avons donc crié : *Vive le roi?*

Mademoiselle Mars, reprenant son empire sur elle-même, retrouve son sourire et répond :

— Oui, chère dame, j'ai crié quelquefois : *Vive le roi*... en jouant Betty dans *la Jeunesse de Henri V*.

Talma s'approcha d'elle, et, lui baisant la main, lui dit :

— Charmante femme, vous avez un cœur d'homme, et d'homme fort!

MARTAINVILLE

Martainville disait de Ribié, l'intrépide entrepreneur de spectacles :

— Faites-le portier d'une maison, et la maison sera bientôt à lui.

*

Un acteur, à la scène, citait la maxime si connue : « Qui paye ses dettes s'enrichit. »

— Bah! bah! dit tout haut Martainville, c'est un bruit que les créanciers font courir.

MARTIN

Martin était fort embarrassé quand il avait à s'exprimer en prose. Un jour, étant obligé de réclamer l'indulgence du public en faveur d'un de ses camarades qui venait de se trouver subitement indisposé, il entra en scène, fit les trois saluts d'usage, s'avança vers la rampe, et dit :

— Messieurs, notre camarade un tel est en ce moment hors d'état de... à cause d'un accident, comme qui dirait... un... qui... ne pouvant continuer... a besoin de vos..., messieurs,... dans cette circonstance...

— Chantez-nous ça, Martin ! lui cria quelqu'un.

MASSACRE DE CHATS

Tous les chats du voisinage s'étaient donné rendez-vous dans la salle des Délassements-Comiques, fermée pour cause de réparations. Ils y faisaient un vacarme d'enfer. Deux figurants furent chargés de déloger ces hôtes bruyants. Ils s'armèrent d'énormes triques et firent d'affreux ravages.

— Qu'allons-nous faire de tous ces cadavres ? dit l'un.

— Faut donner ça à un cuisinier de nos amis !... repartit l'autre, il nous fera des civets délicieux !

— Ouais ! pas si bête !... pour qu'il nous flanque du lapin en place !

MAUPIN (MADEMOISELLE)

Mademoiselle Maupin, de l'Opéra, ayant été insultée par Duménil, acteur du même théâtre, l'attendit un soir, vêtue en cavalier, à la place des Victoires, et voulut lui faire mettre l'épée à la main. Sur son refus, elle lui donna des coups de canne et lui prit sa montre et sa tabatière. Duménil s'avisa, le lendemain, de conter son aventure à l'Opéra, mais, comme on pense bien, au rebours de la vérité. Il se vantait de s'être défendu contre trois voleurs qui étaient tombés sur lui, et qui, malgré sa résistance, avaient emporté sa montre et sa tabatière.

— Tu en as menti, lui dit mademoiselle Maupin, qui l'écoutait; tu n'es qu'un lâche et un poltron ; tu n'as pas été attaqué par plusieurs personnes ; c'est moi seule qui ai fait le coup, et, pour preuve de ce que je dis, voici ta montre et ta tabatière que je te rends.

MEILLEURE TROUPE

Un provincial, en station près d'un mur tapissé d'affiches de théâtre, paraissait très-perplexe : il avait l'embarras du choix. Survient un gros homme, les moustaches hérissées et le chapeau sur l'oreille gauche.

— Monsieur, lui demande-t-il, seriez-vous assez bon pour me dire quelle est la meilleure troupe?

— C'est la troupe de ligne, monsieur.

MÉLODRAME

Échantillon de style dramatique :

« Derrière cette porte, il y a une galerie ; au bout de la galerie, un souterrain ; au fond du souterrain, un cachot; au fond de ce cachot, de la paille ; sur cette paille, une cruche; derrière cette cruche, un prisonnier. — J'ai vu la porte! — J'ai vu la galerie!! — J'ai vu le souterrain!!! — J'ai vu le cachot!!!! — J'ai vu la paille!!!!! — J'ai vu la cruche!!!!!! »

*

Dans une pièce très-sérieuse intitulée *l'Inondation de Lyon*, des infortunés s'écriaient, juchés sur un toit qu'entouraient les flots tumultueux du Rhône :

— Hélas ! personne ne vien... a-t-il au secours de cinq malheureux qui, depuis *huit heures*, ... livrés à *toutes les horreurs de la faim ?*

MÉNANDRE

Ménandre, loin de rougir d'avoir été vaincu par un certain Philémon, lui demanda froidement à lui-même :

— Ne rougis-tu pas d'avoir été mon vainqueur !

MERCIER

Mercier, l'acteur aimé du boulevard du Temple, jouait le rôle de Jean Bart, et fumait la pipe traditionnelle.

La pièce eut une grande vogue, et Mercier eut le temps de culotter une superbe pipe qui faisait l'admiration des titis.

Mais, un soir, on vit la pipe tomber des lèvres de Mercier, foudroyé par une attaque d'apoplexie.

Et les titis de dire le lendemain :

— Tu sais bien, Mercier, eh bien, il a cassé sa pipe hier pour tout de bon.

De là le mot populaire : *casser sa pipe.*

MÈRES D'ACTRICE

— Madame, dit un comédien à la mère d'une jeune et jolie actrice, on assure que mademoiselle votre fille a fait la précieuse conquête du duc de ***, vous voulez bien que je vous en fasse mon compliment?

— Compliment prématuré, répondit la dame. Ce seigneur n'a fait encore à ma fille que des politesses de foyer.

*

Une de ces respectables matrones reprochait à sa fille la froideur qu'elle montrait aux galants.

— Allons, lui disait-elle, sois donc pour eux plus aimable, plus tendre, plus empressée. Si ce n'est pour ton enfant, pour ta mère, que soit au moins pour ta voiture!

*

Mademoiselle Coralie, première chanteuse, débutait à Bruxelles dans le rôle de Lucie. Le public se montrait très-impatient ce soir-là et menaçait de troubler la grande scène de la folie. Bientôt l'actrice fut obligée de battre en retraite.

Sa mère, qui se tenait debout dans une loge, cria au parterre :

— Vous n'êtes que des idiots !
— A la porte ! répondait-on.
Et tous les lorgnons se braquaient sur elle.
— Quand vous me regarderez avec vos lunettes, ajouta-t-elle, qu'est-ce que ça prouve? Ce n'est pas ces lunettes-là qu'il faut prendre, c'est la lunette Saint-Laurent, malins!

LA MÉTROMANIE ET LES FILS INGRATS

Piron avait un faible pour sa comédie des *Fils ingrats* ; il ne cessait d'en parler dans les sociétés. Il fut, un jour, contrarié par un homme qui mettait avec raison la *Métromanie* fort au-dessus.

— Ne m'en parlez pas ! s'écria le poëte avec humeur, c'est un monstre qui a dévoré tous mes autres enfants.

MICHOT

Comme Michot arrivant à la commune pour y prêter le serment de mourir à son poste, un facteur, qui se trouvait là avant lui, était en train de dire :
— Je prête serment de mourir...
— A la petite poste, ajouta Michot.

*

A une époque où l'on riait peu, Michot plaisantait de tout. Il racontait, au foyer, qu'un membre de sa section avait demandé la parole pour une motion d'ordre; et, montant sur une chaise, il joua la scène avec une voix de fausset :
— Je dénonce Coco l'épicier pour avoir vendu du sable d'estampe pour de la castonade; je demande qu'il soit envoyé au tribunal révolutionnaire et jugé comme fédéraliste.

*

C'est Michot qui a composé, pour les plaisirs du foyer, dans un temps où l'on ne parlait point encore d'Odry, la fameuse chanson, *les Gendarmes* :

Y avait un' fois cinq, six gendarmes
Qu'avaient des bons rhum's de cerveau,

Ils s'en va chez des épiciers,
Pour avoir de la bonn' réglisse :
L'épicier donn' des morceaux d'bois
Qu'étaient pas sucreuses du tout.
Puis il leur dit : « Sucez-moi ça,
Vous m'en direz des bonn's nouvelles. »

Les bons gendarmes sucent et resucent,
Les morceaux d'bois qu'est pas sucré ;
Ils s'en va chez les épiciers :
« Épicier, tu nous a trompés. »
L'épicier prend les morceaux d' bois,
Il les fourr' dans la castonade ;
Les bons gendarm's n'a plus eu d' rhumes,
Ils ont vécu en bonne intelligence.

MI RÉ LA MI LA

En 1764, mademoiselle Miré, de l'Opéra, plus célèbre courtisane que bonne danseuse, fut cause de la mort de son amant, à qui un plaisant fit l'épitaphe suivante.

La mi ré la mi la.

LE *MISANTHROPE* SANS LE SAVOIR

Un acteur de province, qui venait de jouer Alceste du *Misanthrope* avec l'assistance trop fréquente du souffleur, s'avance après la représentation, et dit :

— Messieurs, nous aurons l'honneur de vous donner demain *le Philosophe sans le savoir*.

— Non pas ! non pas ! s'écria un habitué. Vous venez de jouer *le Misanthrope* sans le savoir ; tâchez de savoir demain *le Philosophe*, pour le jouer.

MOESSARD

Harel voulait que Moëssard remplît un rôle de minime importance et que les termes de son engagement lui donnaient le droit de refuser.

—Allons, mon cher ami, lui dit-il, vous ne le jouerez qu'une fois. C'est un service que je vous demande : vous ne pouvez me le refuser...

— N'y comptez pas, répondit Moëssard; c'est de concession en concession que Louis XVI a été conduit à l'échafaud.

MOLIÈRE

Molière disait que le mépris était une pilule qu'on pouvait bien avaler, mais qu'on ne pouvait guère la mâcher sans faire la grimace.

*

Il caractérisait en ces termes le génie de l'auteur de *Cinna* :
— Il a un lutin, disait-il, qui vient de temps en temps lui souffler d'excellents vers, et qui ensuite le laisse là en disant : « Voyons comme il s'en tirera quand il sera seul ; » et il ne fait rien qui vaille, et le lutin s'en amuse.

*

— Pourquoi, répondit-il à ceux qui lui faisaient un reproche d'avoir profané la morale en la mettant en scène, pourquoi ne me serait-il pas permis de faire des sermons, tandis qu'on permet au père Maimbourg de faire des farces?

MONNIER (Henry)

Henry Monnier se plaisait à mystifier ses camarades de planches.

Un jeune premier, qui avait à remplir un rôle à moustaches, attendait dans les coulisses le moment de son entrée en scène. Henry Monnier l'interpelle vivement :

— Que vas-tu faire, malheureux ? s'écrie-t-il. Tu n'es *doué* que d'une moustache !

Le jeune premier le regarde d'un air consterné.

— Allons, ajoute Henry Monnier, tu n'as pas une minute à perdre !

— Mais de quel côté ?...

— C'est le côté droit qu'il s'agit de *raser*.

Le pauvre diable se hâte d'enlever le poil noir qui garnissait sa lèvre droite et fait son apparition avec une seule moustache.

Et le parterre de siffler, et Henry Monnier de rire.

MONNIER (Henry) CICERONE

UN PROVINCIAL. — Monsieur, la préfecture de police, s'il vous plaît?

HENRY MONNIER. — Diable ! ce n'est pas près d'ici.

— La préfecture de police, que je vous dis, monsieur?

— J'entends bien. Êtes-vous pressé?

— Très-pressé; c'est pour un passe-port.

— Voulez-vous y tomber comme une bombe?

— Précisément.

— Eh bien, tenez, passez le boulevard, traversez le macadam.

— Bien. Après?

et Babet, où se trouve la gracieuse chansonnette *Lise chantait dans la prairie*, des étourdis allèrent la nuit sous les fenêtres de l'auteur et l'appelèrent; il vint à la croisée et nos plaisants le prièrent de vouloir bien leur dire quelle était la chanson que chantait Lisette. Monvel répondit à la plaisanterie par une autre :

— Attendez un instant, leur dit-il, je vais vous l'apprendre.

Il revint, en effet, avec un pot à l'eau (peut-être un autre pot) qu'il leur vida sur la tête, en leur disant :

Il pleut, il pleut, bergère!

MONVEL ET LE DÉBUTANT

Un jeune débutant à la Comédie française, qui avait déjà paru à Versailles, s'était fait tort en abusant de l'excessive puissance de ses moyens vocaux. Il entre un matin chez Monvel, qui s'intéressait à lui.

— Monsieur, lui dit-il comme aurait parlé Stentor, les comédiens prétendent que je ne me sers pas de ma voix naturelle.

— Mais commencez donc par me dire bonjour, répliqua doucement le conseiller.

— Ah! c'est vrai, reprit respectueusement le visiteur. Bonjour, monsieur Monvel.

— Eh bien, dit le grand comédien, la voilà, votre voix!

MORT OU VIF

Dans la vie de théâtre, le public et les artistes sont tour à tour spirituels et intelligents ; mais la présence d'esprit est un plus grand mérite chez l'artiste, qui a déjà à combattre l'émotion que donne la scène. Il y a de ces hardiesses qui doivent être bien ccueillies du public, et l'artiste intelligent a l'instinct de ce bon accueil avant de les risquer.

Tout le monde a connu un vieil acteur du nom d'Honoré, qui vient de mourir.

Honoré, qui débuta à Paris dans les rôles de Potier, était fort aimé à Bordeaux.

Il annonçait, un soir, qu'un de ses camarades, Pastelot, très-bien venu du public, était malade, et proposait un autre artiste pour le remplacer.

Un monsieur de Tonneins ou de Pauillac, qui était venu, lui, pour voir l'acteur en vogue, s'écrie :

— Non ! nous voulons Pastelot, mort ou vif !

Honoré salue trois fois gravement, et dit avec le ton le plus poli :

— Messieurs, je suis payé pour dire des bêtises ; mais je n'aurais jamais trouvé celle-là !

Le public prit bien la chose, l'acteur fut vivement applaudi.

MOYEN D'APPRIVOISER PALMIS

Un officier, qui se trouvait au théâtre de Lyon, où l'on jouait l'*Alcibiade* de Campistron, indigné de la façon cruelle dont l'actrice qui jouait Palmis traitait un héros si passionné, se leva de sa place, et, s'adressant à l'acteur rebuté :

— Eh ! que diable ! tu n'as qu'une chose à faire pour changer son humeur, c'est de changer sa garde-robe. Tu peux m'en croire : j'en ai fait l'épreuve.

MURVILLE

Murville, auteur d'*Abdelazis et Zulcimor*, manquait absolument de jugement : c'était un sot dans toute l'acception du mot. Chamfort, qui s'en est beaucoup moqué, parce qu'il l'a beaucoup connu, l'a peint assez bien dans ce couplet, qu'il chantait sur l'air *Vive Henri IV* :

>Toujours à table,
>Quand il n'est pas au lit ;
>Qu'il est aimable,
>Quand il sait ce qu'il dit !
>Mais c'est pis qu'un diable
>Pour cacher son esprit.

NAPOLÉON

En 1805, l'opéra *les Bardes* fut mis en répétition sur l'ordre de l'empereur. A la première représentation, Napoléon fit appeler Lesueur dans sa loge. L'illustre maestro était alors dans un coin du théâtre, stimulant les acteurs, éperonnant les choristes, et dans un désordre de toilette tel, qu'il n'osait se présenter. On fait part de son embarras à l'empereur, qui répond :

—C'est aujourd'hui jour de bataille : dites à M. Lesueur que, dans un pareil moment, je ne regarde pas l'uniforme de mes généraux.

*

Talma se rendait aux Tuileries au moins une fois la semaine. Le lendemain d'un jour où il avait joué le rôle d'Assuérus, l'empereur, après lui avoir fait, comme d'habitude, des observations sur son jeu, ajouta :

— Chaque fois qu'une religion se mêle aux affaires humaines, c'est presque toujours par l'intermédiaire d'une femme. Cela s'explique, il est de l'intérêt des prêtres et des femmes de se liguer autour du trône pour le dominer. Cette Esther est la Maintenon de ce temps-là. Elle fait signer une espèce d'édit de Nantes, comme celle de Versailles le fit révoquer ; l'une protégea les Juifs, l'autre persécuta les réformés. Et cependant les courtisans de Saint-Cyr louaient dans Esther madame de Maintenon.

NICOLET

Les Comédiens français persécutaient Nicolet et son singe, le fameux danseur de corde. Tantôt ses acteurs ne devaient pas parler, tantôt ils ne devaient pas chanter. Nicolet alla un jour se présenter, consterné et suppliant, à la toilette de mademoiselle Clairon ; il espérait toucher ce grand cœur, et faire cesser son martyre.

— Cela n'est pas possible, lui dit Melpomène avec sa dignité tragique, nos parts n'ont pas été à huit mille francs cette année.

— Ah ! mademoiselle, répondit Nicolet, venez chez moi, vous y gagnerez, et moi aussi.

au *NOTAIRE A MARIER*

En 1853, le théâtre des Variétés donnait la première représentation du *Notaire à marier*. Le public sifflait avec un entrain des plus divertissants. Seul, un monsieur assis aux premières galeries applaudissait de son mieux.

— Est-ce que vous trouvez la pièce bonne, lui dit un de ses voisins, que vous applaudissez ainsi ?

— Moi ? Pas le moins du monde ; j'applaudis ceux qui sifflent.

tait jamais. Il venait de jouer à Saint-Cloud, dans *le Roi et le Fermier*, et il avait appuyé avec une certaine intention sur quelques allusions contre la lourdeur des impôts et sur la manière d'agir des officiers publics. Il y eut un léger murmure dans la salle. Après le spectacle, les artistes soupèrent au château, comme de coutume, et, vers la fin du repas, l'empereur vint lui-même dire quelques mots agréables à plusieurs d'entre eux. Quand il se trouva devant Elleviou, il lui dit en plaisantant :

— Vous vous ferez de mauvaises affaires avec Rémusat!

— J'espère que non, sire ; mais, à dater de mon enfance, je me suis nourri de toutes les annales dramatiques, depuis les Grecs et les Romains jusqu'à nos jours, et les deux choses qui m'ont le plus frappé, sont celles-ci : Henri IV ne voulut pas qu'on punît des comédiens qui avaient joué dans une pièce où l'on s'élevait contre les impôts, et où l'on faisait rire aux dépens des officiers de justice. Avant lui, Louis XII avait montré la même indulgence. Informé que, dans une comédie, il se trouvait des allusions qui étaient la critique de certains actes de son gouvernement, il répondit à ceux qui lui conseillaient de punir les comédiens : « Laissons-les se divertir, ils peuvent nous apprendre des vérités utiles. »

— *L'Homme sans façon*, vous êtes incorrigible! répondit l'empereur en riant; mais vous serez toujours *l'Ami de la maison*.

L'Homme sans façon était la pièce où Elleviou montrait un si charmant laisser aller, qu'on ne savait comment le mettre à la porte.

ORAGE DÉTOURNÉ

Un des principaux acteurs de la Comédie française, pris tout à coup d'une complète défaillance de mémoire, ne trouvait plus rien au delà de cet hémistiche :

J'étais dans Rome alors.....

Il avait beau répéter ces quatre mots, il ne pouvait en rattraper la suite, et le souffleur, distrait ou déconcerté, le laissait livré à lui-même. Sa position était des plus perplexes; on murmurait déjà. Mais on s'empressa de l'applaudir en l'entendant dire au souffleur, avec le verbe tragique :
— Eh bien, maraud, que faisais-je dans Rome?

OREILLES DE L'ÉCRITURE

Un curé de Normandie, du nom de Petit, auteur d'une tragédie intitulée *David et Bethsabée*, qui n'eut pas les honneurs de la scène, voulant attirer sur elle l'attention, l'enrichit d'une préface des plus bouffonnes. Il lui est venu un scrupule touchant plusieurs vers de sa tragédie, dont le style, lui a-t-on dit, est assez fort, pour qu'on les soupçonne du grand Corneille. « Quelques personnes, ajoute-t-il, se sont récriées au mot d'Hanon, comme un nom qui sonnait mal; apparemment à cause de la ridicule équivoque de celui d'*ânon*, animal si connu et si commun; mais l'Écriture qui s'en est servie a bien les oreilles aussi délicates que les nôtres. »

OREILLES DES GRANDS

La musique du *Jugement de Midas*, de Grétry, fut sifflée à la cour et applaudie à Paris. C'est à ce sujet que Voltaire adressa au célèbre compositeur le quatrain suivant :

> La cour a dénigré tes chants,
> Dont Paris a dit des merveilles.
> Grétry, les oreilles des grands
> Sont souvent de grandes oreilles.

ORMOIRE

Une jeune actrice qui avait plus de beauté que d'orthographe proposait la charade suivante :

> Mon premier est un métal précieux,
> Mon second un tissu moelleux,
> Mon tout les renferme tous deux.

Comme on ne devinait pas, elle s'écria en haussant les épaules :

— Faut-il être bêtes !... Il n'y a rien de plus facile... C'est *Ormoire*.

PAËR A TOULON

Le compositeur Paër, passant à Toulon, fut vivement pressé de faire exécuter une de ses compositions.

Comme il objectait que, pour cela, il fallait des chanteurs, on lui amena trois jeunes hommes ayant des voix remarquables.

C'étaient tout simplement trois forçats.

Un surtout fit l'admiration du maître, qui oublia complètement la position de son nouveau ténor.

— Veux-tu venir à Paris? lui dit-il. Je me charge de te faire une grande position.

— Je ne demanderais pas mieux; mais on ne me laissera pas partir, répondit douloureusement le pauvre diable.

— Ceci me regarde, tranquillise-toi.

— Mais, monsieur, reprit l'infortuné jeune homme, comment voulez-vous que j'ose me mêler à des chanteurs, avec ce que j'ai sur l'épaule?

— Qu'as-tu donc sur l'épaule, mon garçon?

— Voyez!

Et, écartant sa chemise, il montra sur sa chair une place où le fer rouge avait imprimé d'une manière indélébile les terribles lettres T. F.

— T. F.! s'écria Paër, qui poursuivait son idée, T. F.! mais c'est parfait, mon garçon; on dirait que cela a été fait exprès; T. F.! ça fait justement Théatre-Feydeau. On fera marquer les autres.

PANARD

On avait demandé à Panard ce qu'il avait vu de beau à l'Opéra. Il répondit à cette question par les strophes suivantes :

> J'ai vu le soleil et la lune
> Qui tenaient des discours en l'air;
> J'ai vu le terrible Neptune
> Sortir tout frisé de la mer.

> Dans le char de monsieur son père,
> J'ai vu Phaéton tout tremblant,
> Mettre en cendre la terre entière
> Avec des rayons de fer-blanc.

J'ai vu des guerriers en alarmes,
Les bras croisés et le corps droit,
Crier cent fois : « Courons aux armes ! »
Et ne point sortir de l'endroit.

J'ai vu, ce qu'on ne pourra croire,
Des Tritons, animaux marins,
Pour danser, troquer leurs nageoires,
Contre une paire d'escarpins.

J'ai vu des dragons fort traitables
Montrer les dents sans offenser ;
J'ai vu des poignards admirables
Tuer les gens sans les blesser.

J'ai vu l'amant d'une bergère
Qui dormait dans le fond d'un bois,
Prescrire aux oiseaux de se taire ;
Et, lui, chanter à pleine voix.

J'ai vu l'aimable Cythérée,
Au doux regard, au teint fleuri,
Dans une machine entourée
D'Amours natifs de Chambéri.

J'ai vu le maître du tonnerre,
Attentif au coup de sifflet,
Pour lancer ses feux sur la terre
Attendre l'ordre d'un valet.

J'ai vu du ténébreux empire
Accourir, avec un pétard,
Cinquante lutins pour détruire
Un palais de papier brouillard.

J'ai vu Roland, dans sa colère,
Employer l'effort de son bras
Pour pouvoir arracher de terre
Des arbres qui n'y tenaient pas.

J'ai vu souvent une furie
Qui s'humanisait volontiers;
J'ai vu des faiseurs de magie
Qui n'étaient pas de grands sorciers.

J'ai vu des ombres très-palpables,
Se trémousser au bord du Styx;
J'ai vu l'enfer et tous les diables
A quinze pieds du paradis.

J'ai vu Diane en exercice,
Courre le cerf avec ardeur;
J'ai vu derrière la coulisse
Le gibier courir le chasseur.

PANSERON

Panseron n'avait pas de nez; Frédéric Béral voulait lui faire un cadeau au jour de l'an. Après s'être demandé ce qui pouvait le mieux lui convenir, il lui envoya un cache-nez. Panseron répondit à Béral, qui n'avait pas dix cheveux sur la tête, par l'envoi d'une brosse à cheveux.

PANTOMIME A ROME

Un Germain, qui avait assisté à la représentation d'un drame mimique, pria Mécène de lui donner un des acteurs dont il venait d'admirer le talent.

— Et à quoi vous servira-t-il? demanda Mécène.

— J'ai pour voisins des peuples qui ne parlent pas la même langue que moi; je ne trouve pas facilement d'interprète pour les comprendre et m'en faire entendre : votre pantomime pourra m'en servir.

PART A DEUX

X*** est un collaborateur acharné : il est toujours à la recherche de vaudevillistes en travail ; quand il en rencontre, il les fait causer adroitement et jette un mot qui n'a l'air de rien, mais qui aura sa valeur plus tard.

A partir de ce moment, il ne lâche plus son homme : il épie tous ses mouvements, et la conversation suivante s'établit, lorsque le vaudevilliste sort du comité de lecture, à la porte duquel il trouve X*** en faction :

— Eh bien, nous sommes reçus?
— Oui, j'ai été reçu d'emblée...
— Nous avons été reçus d'emblée, vous voulez dire.
— Je ne comprends pas le logogriphe.
— Farceur ! vous ne vous rappelez pas qu'un jour, devant le passage de l'Opéra, vous me racontiez la fin de votre pièce et que je vous ai dit : « Hum ! c'est très-grave ! »
— En effet ; eh bien?
— Eh bien, nous voilà pour longtemps sur l'affiche.

Et X***, qui ne *travaillait* pas seulement pour la gloire, n'oubliait pas, au bout de quelques mois, d'aller toucher ses droits chez l'agent de la Société.

PARTERRE

Une comédie médiocre avait parfaitement réussi. Un des amis de l'auteur, qui ne savait pas mentir, lui avoua franchement que, malgré l'heureux succès qu'elle avait eu, il l'estimait peu.

— Je m'en rapporte au parterre, dit l'auteur piqué au vif; je m'en tiens au jugement qu'il en a porté.

— Fort bien, répliqua l'ami; continuez de travailler, je suis sûr que vous ne vous en rapporterez pas toujours à lui.

Effectivement, il fit représenter, peu de temps après, une autre comédie qui fut sifflée.

— Eh bien, lui dit alors l'implacable, ami, vous en rapportez-vous encore au parterre?

— Non, vraiment. Ah! le mauvais juge! Il n'a pas le sens commun.

— Eh quoi! vous ne vous en apercevez que d'aujourd'hui? Pour moi, je m'en suis aperçu dès votre première pièce.

PARTIE DE LANSQUENET

Mademoiselle R***, une de nos premières actrices, jouait au lansquenet et perdait trente louis. Un moment après, le banquier avait devant lui une soixantaine de mille francs dont la plus grande partie venait de mademoiselle R***.

— Tenez-vous encore, monsieur? dit-elle.

— Oui, mademoiselle.

— Cela fait deux bons mois de congé.

— Je serai très-heureux, mademoiselle, de vous en gagner quatre.

— Eh bien, je tiens les soixante mille francs.

Et de gagner.

On célébrait la générosité de son adversaire, qui avait certainement voulu faire rentrer mademoiselle R*** dans son argent.

— Bah! dit-elle, il ne m'a pas seulement rendu les trente louis que je perdais avant sa banque.

PAUL ET VIRGINIE

On jouait *Paul et Virginie* au théâtre de l'Ambigu. Les pleurs coulaient à flots. Deux lionnes, qui étaient venues aux premières loges étaler une toilette d'une opulence impertinente, étalaient aussi une bruyante sensibilité. Mais voilà que, tout à coup, l'une d'elles sent sa robe inondée par un déluge tombé de la galerie supérieure. Elle pense qu'il y a un vide à la toiture et, oubliant sa douleur, s'emporte, à grand renfort de gestes, contre les négligences de l'administration. Elle se dispose à aller *secouer* l'ouvreuse, lorsque la porte de la loge s'ouvre doucement :

— Mille pardons, madame, lui dit une pauvre femme dont les yeux étaient écarlates, mille pardons, mais c'est sans le vouloir...

— Quoi! ma bonne, c'est donc vous qui là-haut?...

— C'est moi qui là-haut pleurais sur le sort de Virginie...

— Du tout, ma chère, c'est sur ma robe.

*

On représentait, sur le théâtre de Lille, la pièce de *Paul et Virginie;* cette dernière (Virginie, bien entendu) adressait à l'enfant qui jouait un petit nègre la question suivante :

— Es-tu de l'île, mon petit?

— Non, madame, répondit l'enfant oubliant son rôle, je suis de Cambrai.

PAUSES

Un vieux musicien de théâtre se laissait quelquefois gagner par le sommeil.

— Que faites-vous donc, Philippe? On dirait que vous dormez, lui criait alors le chef d'orchestre.

— Non, monsieur, je comptais les pauses, répondait le pauvre diable en se frottant les yeux.

Et voilà comme la langue s'enrichit : *compter les pauses* a remplacé au théâtre le verbe *dormir*.

PAUVRE JEUNE HOMME

— O Julie, disait sentimentalement un jeune amoureux à une ingénue de l'Odéon, la première fois que vous m'affligerez de paroles si désespérantes, je me tuerai à vos pieds.

— Et la deuxième fois? répondit-elle.

PÉCHANTRÉ

Péchantré, un médecin qui avait tourné à l'auteur tragique, possédait une bague qui valait bien cent pistoles, et dont il avait envie de se défaire. Il en parla par hasard à Campistron, son ami; celui-ci le pria de la garder quelques jours.

— On va jouer ma tragédie nouvelle, ajouta-t-il ; et je m'en accommoderai.

Péchantré, ayant trouvé à la vendre, ne jugea pas à propos d'attendre le succès de *Phocion*.

A la première représentation, le parterre recevait fort mal cette tragédie; Péchantré, apercevant Campistron derrière un pilier, aux troisièmes loges, y monta et lui dit :

— Veux-tu ma bague? Je te l'ai gardée.

PÉCOURT

Le comte de Choiseul soupirait vainement, depuis plus d'une année, aux pieds de Ninon, qui l'accablait de ses saillies. Un jour, il rencontre, à l'hôtel de la rue des Tournelles, le danseur Pécourt, qu'un caprice y avait amené.

Pécourt portait un costume singulièrement bariolé, où divers uniformes s'étaient donné rendez-vous et où s'étalaient les insignes de lieutenant général.

— Qui êtes-vous ? demanda le mestre de camp.
— Je commande un corps, répondit le danseur, où vous servez depuis longtemps.

PELLEGRIN

Dufresny avait composé la comédie de *l'Amant masqué* en trois actes ; les comédiens la lui firent réduire à un seul. Quant aux pièces qu'il composait en cinq actes, ils les lui faisaient réduire à trois.

— Eh quoi ! dit-il un jour à l'abbé Pellegrin, je ne viendrai donc jamais à bout de faire jouer une pièce en cinq actes ?
— Que ne faites-vous, lui dit Pellegrin, une pièce en onze actes ? Les comédiens vous en retrancheront six ; il vous en restera cinq.

PÉNITENCE

Quelques jours après l'impression du *Déserteur*, on lança l'épigramme suivante :

> D'avoir hanté la comédie,
> Un pénitent, en bon chrétien,
> S'accusait et promettait bien
> De n'y retourner de sa vie.
> — Voyons, lui dit le confesseur,
> C'est le plaisir qui fait l'offense,
> Que donnait-on ?... *Le Déserteur.*
> — Vous le lirez pour pénitence.

PÈRE OU NON

Un monsieur à cheveux blancs va trouver chez elle une des plus spirituelles actrices du Théâtre-Français :

— Je n'ai pas l'honneur, lui dit-il en l'abordant, d'être connu de vous... Mais j'ai beaucoup connu madame votre mère...

— Bah ! est-ce que, par hasard, vous seriez mon père ?

PÈRE PRODIGUE

Le Père prodigue a fait jaillir de la bouche d'un M. Prudhomme l'exclamation suivante :

— Faut-il que les auteurs aient de la mémoire pour composer d'aussi jolies pièces !

*

Le manuscrit du *Père prodigue* avait passé, avant la représentation, entre les mains de quelques privilégiés, parmi lesquels on cite une ex-comédienne qui a de nombreux traits de ressemblance avec la lorette de la pièce.

En renvoyant le manuscrit à l'auteur, elle le fit accompagner de ce petit mot :

« Mon cher, votre pièce est charmante ; mais votre femme galante n'a pas d'esprit : pourquoi cela ? »

A quoi l'auteur répondit :

« Si je lui avais donné de l'esprit, tout le monde vous aurait reconnue. »

PERPIGNAN

Perpignan, inspecteur des théâtres, avait mis la main, avec M. Vatout et le président Lamy, au vaudeville *le Nouvel Oncle d'Amérique*, qui eut au Gymnase un beau succès de sifflets. Rencontrant à l'Odéon Delrieu, un dramaturge de profession qui venait d'obtenir le même triomphe :

— Mon pauvre confrère ! lui dit Perpignan d'un air navré.

— Imbécile ! fit Delrieu.

— C'est bien comme cela que je l'entends, repartit le complice de M. Vatout.

*

On racontait devant Perpignan, qui vivait de la vie de bohème, un duel dont l'issue aurait été mortelle sans une pièce de cent sous, contre laquelle la balle était venue s'aplatir. C'était Fontan qui avait eu cette heureuse chance.

— Voilà de l'argent bien placé ! dit Perpignan. A la place de Fontan, j'étais un homme mort.

PETIT BAISER, S'IL VOUS PLAIT

Un dandy de coulisses disait à une spirituelle Célimène :

— Mademoiselle, faites-moi l'aumône d'un baiser.

— Passez votre chemin, monsieur, j'ai mes pauvres.

PETIT BANC QUI RAPPORTE GROS

La comtesse de S*** se disposait à sortir du Théâtre-Français pour aller au bal chez madame Z***, lorsque, mettant sur ses épaules son manteau d'hermine, elle s'aperçut que la soie qui rattachait les perles de son collier s'était rompue, et que toutes les perles roulaient sur le parquet de sa loge. On savait que le collier de la comtesse était un collier de deux cent mille francs, et que chaque perle valait cinq cents francs; on s'émut et l'on voulut se procurer une bougie pour chercher les perles éparses et les ramasser; mais la comtesse, sortant de sa loge avec une insouciance de grande dame, dit à ceux qui s'empressaient :

— Laissez donc; cela ne vaut vraiment pas la peine que vous prenez... C'est pour mon petit banc.

PETIT PRINCE

Un petit prince bien élevé fut mené à l'Opéra, étant encore fort jeune; vers le milieu de la pièce, il dit d'un grand sang-froid à son précepteur :

— Monsieur, ai-je eu bien du plaisir?

PEUT-ON SIFFLER QUAND ON BAILLE?

On avait fort vanté, dans un cercle de beaux esprits, la tragédie d'*Alzaïde*, de Linant. Elle fut loin d'avoir à la représentation le même succès qu'à la lecture. Une dame, qui avait pris feu des premières et que cette chute ne refroidissait pas, dit en sortant :

— Du moins, cette pièce n'a pas été sifflée.

— Parbleu! répondit brusquement un spectateur, comment voulez-vous qu'on siffle quand on bâille?

PEUT-ON SIFFLER QUAND ON PLEURE?

Inès de Castro, tragédie de la Motte-Houdart, fit fondre en larmes la cour et la ville; elle eut le succès du *Cid*; on en tirait des copies pendant les représentations. Elle n'en fut que plus en butte aux cabales.

Un jeune homme, qui avait été payé pour siffler la scène des enfants, dit à un de ses camarades qui se trouvait à côté de lui :

— Tiens, mon ami, siffle pour moi, car je pleure.

PHILIPPE

— Sur quoi comptes-tu le plus? demande Socrate au bateleur Philippe.

— Sur les sots, répond Philippe, car ce sont eux qui me nourrissent en venant en foule voir danser mes pantins.

PHILOMÈLE

Roy voulut absolument que sa tragédie-opéra de *Philomèle* fût représentée pendant l'hiver. Le public l'accueillit très-mal; et l'on jeta sur la scène une chanson, dont le refrain était :

> Philomèle, Philomèle,
> Que n'attendiez-vous l'été,
> Pour épargner la chandelle,
> Philomèle?

PIANO

Vendre son piano, c'est être attendrissant, appeler les larmes. Ce néologisme a été créé à propos de Bouffé, excitant une si vive commisération dans la scène de *Pauvre Jacques*, où il est contraint de se défaire de son piano.

On a établi diverses catégories :

Mademoiselle Saint-Marc, a-t-on dit, vend chaque soir son petit piano.

Madame Doche, dans *la Bergère des Alpes*, vendait un piano à queue.

Madame Rose Chéri vend un piano droit; mademoiselle Augusta, une épinette.

PIÈCE A RÉCHAUFFER

Au commencement du mois de février 1762, on joua à Bagnolet, maison de campagne de M. le duc d'Orléans, une petite pièce intitulée *le Berceau*, conte de la Fontaine, ajusté au théâtre par Collé. Il y avait trois lits sur le théâtre, ce qui donna lieu à cette plaisanterie :

Le duc d'Orléans ayant demandé à quelqu'un, qui avait trouvé la pièce froide, ce qu'il en pensait, celui-ci dit :

— Monseigneur, je pense qu'il faudrait bassiner ces lits-là.

PIÈCES DE CIRCONSTANCE

Un directeur de Madrid commanda à deux auteurs deux pièces de vers pour une naissance royale; l'une célébrait la venue d'un garçon, l'autre la venue d'une fille. Il attendait l'événement comme un homme qui a tout prévu.

— Mais si, par hasard, lui dit-on, il y avait deux jumeaux?

— Diantre! s'écria-t-il, je n'arriverais pas le premier; je vais commander les deux jumeaux.

La reine fit une fausse couche.

PIÈCES REFUSÉES

L'auteur d'un pauvre vaudeville, à peu près refusé aux Variétés, crut obtenir un sauf-conduit pour son ouvrage en engageant l'administration à le classer dans la représentation promise au bénéfice des victimes de l'incendie du Bazar! Il renonçait généreusement, pour cette fois, à ses droits d'auteur. Odry, consulté, répondit :

— Je n'y verrais aucune difficulté, si cet honnête homme eût mis dans son vaudeville une action aussi bonne que celle qu'il nous propose ; mais, au bout du compte, c'est se moquer des pauvres gens, que de leur faire l'aumône avec de mauvaises pièces.

PIÈCE TROP LONGUE

— Pourquoi donc, mon cher directeur, jouez-vous si rarement ma pièce? disait l'auteur d'un drame intitulé *la Mort du Tasse*. Elle a cependant réussi...
— Oui ; mais elle a un grand défaut.
— Lequel?
— Elle dure trop longtemps.
— Eh bien, n'en jouez que la moitié.
— Vous n'y pensez pas! répondit le directeur ; je ne remplirai jamais ma salle avec votre demi-tasse.

PIED BOT

Un acteur, affligé d'un pied bot, se plaignait amèrement devant Augustine Brohan de cette infirmité, qui entravait nécessairement sa marche dans la carrière.

— C'est vrai, dit Augustine. Pauvre garçon ! quand vous aurez un pied dans la tombe, tâchez que ce soit celui-là !

PIRON

Les Beaunois avaient arrêté une troupe de comédiens, et fait dresser un théâtre dans une vaste grange. Piron arrivé à la porte du spectacle, ne sachant pas quelle pièce on allait jouer, s'adressa au plus apparent de ceux qui faisaient foule, et qui, par un air plus avantageux que les autres, et donnant des ordres, paraissait devoir être plus instruit :

— *Les Fureurs de Scapin*, lui dit gravement le jeune Beaunois.

— Ah ! monsieur, répondit Piron en le remerciant, je croyais que c'étaient *les Fourberies d'Oreste*.

Et tout de suite il entra se placer dans le parterre.

Enfin la toile se lève, et la pièce arrive sans encombre jusqu'au troisième acte ; mais, au moment où Scapin enferme Géronte dans le sac, un petit-maître, qui sans doute trouvait cette scène attendrissante, apostropha tout à coup le parterre, qui était fort tranquille, d'un :

— Paix-là, paix, messieurs, on n'entend pas !

— Ce n'est pas faute d'oreilles ! s'écria Piron.

*

Un jeune homme, après une représentation du *Tartufe*, ne cessait de s'écrier :

— Ah ! mon Dieu ! ah ! mon Dieu ! Quel bonheur ! quel bonheur !

— A qui en avez-vous donc ? lui demanda un de ses voisins.

— Quoi ! répondit le jeune enthousiaste, vous n'avez pas vu, vous n'avez pas senti, vous ne sentez pas que, si cette pièce n'était pas faite, elle ne se ferait jamais?...

L'admirateur de ce chef-d'œuvre était Piron, alors commis dans un bureau.

*

Piron envoya sa tragédie de *Gustave* à la reine de Suède, et accompagna cet envoi de vers de sa façon. Cette princesse, en répondant à son ambassadeur, écrivit ces mots par apostille, de sa propre main. « J'ai reçu la tragédie de *Gustave*, et je l'ai lue avec un vrai plaisir. Témoignez ma satisfaction à l'auteur, et faites-lui un présent tel qu'il convient que je le lui fasse. Je m'en remets à vous là-dessus. »

L'ambassadeur montra la lettre, à Versailles, au souper. Le comte de Livré, qui s'intéressait à Piron, vint le chercher le lendemain pour le présenter à l'ambassadeur.

— Notifiez, dit-il à l'auteur, le présent que vous souhaitez qu'on vous fasse.

On était en guerre dans ce temps-là, et la France négociait avec la Suède pour en obtenir du secours en faveur de Stanislas, renversé du trône de Pologne.

— Monsieur l'ambassadeur, dit gaiement Piron, je ne demande, pour tout présent, à la reine que d'envoyer un secours de dix mille hommes au roi Stanislas.

*

Un auteur avait acheté une maison à Montmartre :

— Ah! ah! dit Piron, il retourne au pays.

*

La comédie des *Philosophes* lui inspira ce distique :

Le *Méchant* plut, le méchant plaît,
Gresset le fit, Palissot l'est.

*

Après la première représentation de *Sémiramis*, Voltaire, rencontrant Piron au foyer, lui demanda ce qu'il en pensait.
— Vous voudriez bien, lui répondit-il, que je l'eusse faite.

*

Le quatrième et le cinquième acte de *Mélanide*, comédie de la Chaussée, dans le genre attendrissant, sont très-pathétiques ; Piron aimait à plaisanter les pièces de cette espèce, qu'il comparait à des sermons.
— Tu vas donc entendre prêcher le père de la Chaussée, dit-il à un de ses amis qu'il rencontra allant à une représentation de *Mélanide*.
On connaît aussi le couplet qu'il fit sur la même comédie :

Connaissez-vous sur l'Hélicon
L'une et l'autre Thalie?
L'une est chaussée, et l'autre non;
Mais c'est la plus jolie.
L'une a le rire de Vénus,
L'autre est froide et pincée.
Salut à la belle aux pieds nus;
Nargue de la chaussée.

*

— De pareils comédiens, disait Piron, lorsqu'on représentait son *Montezuma*, feraient tomber l'Évangile, s'ils le jouaient ; et cependant il y a dix-sept cents ans que cette pièce se soutient.

*

Un auteur très-médiocre disait à Piron :
— Je voudrais faire un ouvrage où personne n'eût travaillé et ne travaillât jamais.
— Faites votre éloge, répliqua l'auteur de *la Métromanie*.

*

Piron, étant un jour au parterre des Français, suait à grosses gouttes. Ses deux voisins se dirent, en riant et à l'oreille :
— Piron cuit dans son jus.
Piron, qui les avait entendus, dit sans se retourner :
— Cela n'est pas étonnant, je suis entre deux plats.

PIXÉRÉCOURT

On avait conseillé à Meyerbeer, dès le premier temps de son séjour à Paris, de choisir et de préférer, comme sujet des opéras qu'il composerait à l'avenir pour l'Italie, des mélodrames de Pixérécourt, toujours féconds en situations émouvantes et en dénoûments dramatiques. Meyerbeer se mit donc à lire tout ce qu'il avait pu trouver de mélodrames de Pixérécourt.

Un jour, dans un dîner chez madame la comtesse de Bruce,

il put citer de mémoire les titres de toutes les pièces de Pixérécourt, dont le nombre dépassait la centaine : Pixérécourt, qui était un des convives, s'écria émerveillé :

— Comme ce gaillard-là connaît la littérature française, quoique Prussien !

PLESSIS (MADEMOISELLE)

Le Théâtre-Français était dans une perturbation complète. M. Buloz, qui régnait alors, dit à mademoiselle Plessis :

— Vous qui êtes si clairvoyante, que voyez-vous dans tout ceci ?

— Ma foi, monsieur, répondit l'ingénue en le regardant fixement, ce que je vois me paraît assez louche.

PLESSIS-ARNOULD (MADAME)

M. Laya a la haine de la crinoline.

— Parbleu ! disait-il à madame Plessis, vous me faites l'effet de Plessis-les-Tours !...

— Aimeriez-vous mieux, répliqua-t-elle avec le plus grand sang-froid, que je ressemblasse à Plessis-Piquet ?

PLUS DE DANSES ET MOINS DE JUPES

La Félicité, opéra-ballet de Roy, Rebel et Francœur, était près de tomber. On demandait comment soutenir cette pièce.

— Il n'y a, répondit quelqu'un, qu'à allonger les danses et à raccourcir les jupes.

POELE ET LAMPION

Une fois, la misère était si grande au théâtre du Marais, que l'on n'avait pas même de quoi acheter une voie de bois. Pourtant, comme on avait mis sur l'affiche, en gros caractères : « La salle sera chauffée de bonne heure, tous les poêles seront allumés, » il fallait bien tenir parole. Les poêles furent donc allumés ainsi que l'affiche l'annonçait. Mais la salle étant toujours comme une glacière, et les spectateurs se plaignant du froid, un curieux se baissa pour regarder dans un poêle; au lieu d'un bon rondin de bois neuf, il y vit... quoi?... Un lampion qui brûlait!...

POINSINET

Le *Sorcier*, comédie de Poinsinet, musique de Philidor, aux Italiens, mérita au premier les mêmes honneurs que la tragédie de *Mérope* avait valus à M. de Voltaire. L'un et l'autre eurent l'honneur de paraître les premiers, l'un sur la scène française, l'autre sur le Théâtre-Italien. Il est vrai que, lorsque Poinsinet se présenta, on entendit une voix du parterre qui cria :

— L'autre! l'autre!

On voulait parler de l'auteur de la musique, qui vint prendre la place de l'auteur des paroles; et Poinsinet ne jouit qu'un moment de l'éclat de sa gloire !

On raconte à ce sujet une autre anecdote. On prétend qu'un spectateur, montrant trop d'empressement pour voir celui à qui il était redevable du plaisir qu'il venait d'éprouver, avait été averti plusieurs fois de modérer ses transports par la sentinelle, qui n'imaginait pas qu'on pût demander Poinsinet, si ce n'était pour s'en moquer. L'enthousiaste, continuant à donner des marques d'impatience, fut pris pour un cabaleur et, comme tel, arrêté. Il avait beau protester qu'il était de bonne foi; il allait être mis en prison, lorsqu'il dit qu'il s'en consolerait s'il avait vu M. Philidor.

— Quoi ! reprit le sergent de la garde, c'est l'auteur de la musique que vous demandez ?

— Assurément.

— Oh ! je vois bien que monsieur n'avait point envie de se moquer; qu'on le relâche.

POINT ET VIRGULE

Un auteur bien connu pour n'achever ses pièces qu'aux répétitions, impatientait tous les acteurs par ses nombreux et perpétuels changements. A la répétition générale, un comparse, chargé d'apporter une lettre, disait trop vite les quelques mots qu'il avait à prononcer :

— Allez plus lentement, lui cria l'auteur; prenez votre temps, il y a un point et virgule.

— Non, monsieur, répondit le figurant, il n'y a qu'une virgule.

— Eh bien, reprit l'auteur en riant, mettez un point et virgule.

— Ma foi, monsieur! s'écria le pauvre diable déferré, si vous faites toujours des changements comme ça, je ne serai jamais prêt demain.

POISSON

Poisson étant à l'article de la mort, dit au prêtre qui lui apportait les saintes huiles :

— Remportez votre huile, je suis frit.

POLICE DES THÉATRES

Pendant qu'on répétait aux Variétés *Carabins et Carabines*, de MM. Duvert et Lauzanne, un administrateur préposé à la police des théâtres écrivit à la direction le billet suivant :

« Monsieur, je viens d'apprendre que vous vous proposiez de monter vos *carabines*. Je dois vous dire que les règlements s'opposent à ce qu'on monte dans les théâtres aucune arme quelconque, dans l'intérêt de la sûreté publique. »

PONSARD

On avait répandu le bruit, sous Louis-Philippe, que l'auteur de *Lucrèce* avait obtenu une recette particulière. Ses amis le félicitaient et lui demandaient dans quel département était située cette recette particulière.

— C'est répondit-il, dans le pays où M. Victor Hugo est receveur général.

PONS (DE VERDUN)

Pons (de Verdun) larda de cette épigramme les malversations de Poisson de la Chabeaussière dans l'administration de l'Opéra.

> Sous ses ordres quand l'Opéra
> De faillir essuya la honte,
> Habilement il s'en tira
> En évitant de rendre compte.

> N'ayant volé qu'un peu d'argent,
> Il n'eut qu'un peu d'ignominie,
> Petit poisson deviendra grand
> Pourvu que Dieu lui prête vie.

PONT-ALAIS

Pont-Alais, contemporain et camarade de Gringoire, auteur et acteur comme lui, devint par la suite entrepreneur de Mystères. Il était fécond en bons mots, et pour ce était recherché des personnes les plus qualifiées de la cour. Il eut même l'honneur d'approcher souvent des rois Louis XII et François Ier.

Pont-Alais était bossu : un jour, il aborda un cardinal qui l'était aussi, et, mettant sa gibbosité contre la sienne :

— Monseigneur, lui dit-il, nous voici en état de prouver que deux montagnes, aussi bien que deux hommes peuvent se rencontrer, en dépit du proverbe qui dit le contraire.

*

Avant que l'on fût dans l'usage d'afficher le titre des pièces au coin des rues, on faisait battre le tambourin par les carrefours de la ville; et, lorsqu'un certain nombre de gens s'étaient assemblés, un acteur, qui accompagnait le joueur de tambourin, faisait l'éloge de la pièce du jour, et invitait le public à la venir voir. Un dimanche matin, Pont-Alais eut la hardiesse de faire battre le tambourin presque à la porte de l'église Saint-Eustache. Le curé venait de monter en chaire. Interrompu par le bruit, et voyant les fidèles sortir en foule pour aller entendre le baladin, il cessa son prône et alla le trouver.

— Qui vous a fait si hardi, lui dit-il, de tambouriner pendant que je prêche?

— Et vous, qui vous a fait si hardi de prêcher pendant que je tambourine? reprit impertinemment Pont-Alais.

*

Son barbier se plaignait de ce qu'on ne lui confiait que de petits rôles. Pont-Alais le chargea de représenter le *Roi de l'Inde Majeure*. Il le fit asseoir sur un trône élevé, et, se plaçant malicieusement derrière lui, déclama ces vers :

> Je suis des moindres le mineur,
> Et n'ai pas vaillant un teston,
> Mais le roi d'Inde le Majeur
> M'a souvent rasé le menton.

POPE

Pope dit de Garrick, qui débutait :
— J'ai bien peur que ce jeune homme ne se perde, car il n'aura pas de rivaux.

PORTIER DE SA FILLE

— Pardieu! disait à une grande dame du Vaudeville un Mécène en colère, vous devriez bien chasser votre portier.
— Je le sais bien, dit-elle, j'y ai déjà pensé, mais c'est mon père.

POTIER

Une jeune personne, voulant débuter, alla trouver Potier pour lui réciter quelques vers ; elle commença ainsi :

— En vain vous l'exigez, je ne sais pas z'haïr.

Potier lui répondit :

— C'est un petit malheur, ma chère amie ; si vous ne savez pas Zaïr, répétez-moi un autre rôle.

*

Potier disait à un de ses amis :

— J'avais autrefois des fusils excellents.

— En quoi étaient-ils donc si merveilleux ? reprit l'autre.

— C'est qu'ils partaient aussitôt qu'il entrait des voleurs chez moi, quoiqu'ils ne fussent pas chargés.

— Et comment cela ?

— Parce que les voleurs les emportaient.

PRENEZ MON OURS

On se rappelle Odry, dans *l'Ours et le Pacha*, répétant sans cesse :

— Prenez mon ours. Il pince de la guitare. Il danse la gavotte. Prenez mon ours.

Cette plaisanterie devint une épigramme.

Apportiez-vous une pièce à un directeur et faisiez-vous, à ce propos, de grands frais d'éloquence :

— Prenez mon ours, disait en souriant le directeur.

Le mot est resté et s'applique aujourd'hui à tout.

PRÉSENCE D'ESPRIT DE LASSAGNE

Lors de ses débuts, la mémoire lui manquant un jour dans un

rôle de Normand, et le souffleur le secondant mal, Lassagne eut le malheur de s'arrêter tout court au milieu d'une période. Quelques murmures se firent entendre aussitôt; mais il les changea bien vite en applaudissements par cet impromptu qu'il adressa au public :

Cette faute est, messieurs, dans l'esprit de mon rôle,
Les Normands sont sujets à manquer de parole.

PRÉVILLE

La baronne d'Oberkirch prête le mot suivant à Préville, à propos de la pièce de *Crispin médecin*.

Une actrice de la Comédie française avait mis au monde un enfant, attribué, suivant les uns, au sieur Dazincourt (le fameux Crispin) et, suivant d'autres, au *médecin* de cette actrice. Un soir que l'on discutait, au foyer, pour savoir à qui cet enfant appartenait en réalité, et quel nom lui donner :

— Vous voilà bien embarrassés, dit Préville, appelez-le *Crispin médecin*.

*

Préville disait tout haut dans le foyer :

— Je voudrais pour tout au monde qu'on n'eût pas enlevé au public le droit de siffler. Je l'ai vu applaudir au jeu forcé de quelques-uns de mes camarades : j'ai chargé mes rôles, pour recevoir les mêmes applaudissements. Si, la première fois que cela m'arriva, un connaisseur m'eût lâché deux bons coups de sifflet, il m'aurait fait rentrer en moi-même, et je serais meilleur.

PRINCE MODESTE AUTANT QUE GÉNÉREUX

Un prince étranger venait d'envoyer à une fort jolie actrice de Paris un cadeau royal, à l'occasion du jour de l'an.

Une amie de cette heureuse personne, étant venue la visiter, poussa un cri d'admiration à la vue d'un délicieux coffret en marqueterie.

— Oh! le charmant coffret, ma chère! C'est le cadeau du prince, n'est-ce pas?

— Oui, ma chère; mais ne vous arrêtez pas à l'enveloppe; ouvrez, ouvrez.

L'autre ouvrit. Cent mille francs en billets de banque reposaient sur un lit de moire rose.

— Ciel! le prince vous a donné cela?

— Oui, ma chère.

— Eh bien, voilà un homme modeste; on voit qu'il n'a pas la prétention d'être aimé pour lui-même.

PRINCESSE

Une princesse disait, tout en admirant Pauline dans *Polyeucte*:
— Eh bien, ne voilà-t-il pas la plus honnête femme du monde qui n'aime point son mari?

PRINCESSE QUI RETARDE

En 1673, *Argélie*, tragédie de l'abbé Abeille, éprouva un échec auquel ce dernier ne s'attendait guère. Deux princesses parurent d'abord sur le théâtre; la première ouvrit la scène par ce vers :

Vous souvient-il, ma sœur, du feu roi notre père?

Malheureusement, la seconde actrice restant un peu de temps sans répondre, un plaisant du parterre prit la parole et dit tout haut :

Ma foi ! s'il m'en souvient, il ne m'en souvient guère...

Ce qui causa de si grands éclats de rire, qu'il ne fut pas possible aux acteurs de continuer.

PROCÈS BURLESQUE

On a remarqué, dans le temps, un singulier procès intenté par M. André de Goy à M. Arnault, directeur de l'Hippodrome.

Il s'agissait d'une pantomine équestre.

André de Goy — plus connu sous le nom du « chevalier » est surtout renommé pour l'excellence de ses traductions anglaises. — Il a mangé de la tortue sur les bords de l'Ohio ; il a pêché des ablettes sur la marge de la grande cataracte du Niagara.

Un jour, il apporte à M. Arnault un scénario de pantomime intitulé : *la jeune Guerrière du Niagara*.

— Je prends ça, dit Arnault.

On rédigea un petit compromis, selon l'usage.

Mais, au moment de mettre la pantomime équestre en répétition, le directeur de l'Hippodrome se trouva soudainement arrêté par un détail.

Le domestique du voyageur anglais est pris par les sauvages, qui le mettent cuire dans une marmite.

M. Arnault prit une plume et changea l'effet :

Le domestique du voyageur anglais est pris par les sauvages, qui le mettent à la broche.

C'est sur cette question de bouilli ou de rôti que l'on plaida.

Le tribunal renvoya les parties dos à dos.

PROFESSEUR D'ENROUEMENT

— Est-il possible, demandait-on à une chanteuse, de simuler un complet enrouement?

— C'est ce qu'on nous apprend au Conservatoire à notre dernière leçon, lorsque nous avons fini nos classes.

PYLADE

Représentant Hercule furieux, Pylade se livrait à des gestes qui paraissaient exagérés. Il ôta son masque, et, s'adressant aux railleurs :

— Imbéciles que vous êtes, leur dit-il, vous ne voyez donc pas que je représente un fou furieux ?

*

Auguste avait exilé Pylade, dont la rivalité avec Bathylle avait causé quelques troubles. A ce moment, les lois qu'il avait rendues contre les célibataires et contre les brigues des comices faisaient murmurer le peuple. Auguste rappela Pylade et les murmures cessèrent aussitôt. Le mime vint remercier l'empereur, qui lui reprocha d'avoir compromis la tranquillité publique par sa rivalité avec Bathylle.

— Vous êtes ingrat, prince, répondit Pylade en souriant : ne gagnez-vous rien à ce que le peuple s'occupe de nous?

QUATRIÈME DEGRÉ

Furieux des déportements de son fils, âgé de vingt ans, qu'une actrice entraînait dans de folles prodigalités, M. T*** passait son temps sur les talons du jeune homme. Un soir que ce dernier se dirigeait du côté de la loge de sa princesse, il aperçut son père faisant le guet à la porte et s'enfuit à toutes jambes. Mais M. T***, brandissant sa canne, se disposait à descendre les escaliers quatre à quatre.

— Monsieur, ne descendez pas, dit l'étudiant en droit, songez que, passé le quatrième degré, l'on n'est plus parent.

QUESTION INDISCRÈTE

Un spectateur pleurait à la représentation de *la Vestale*, pendant la scène de l'enterrement ; son voisin lui en demanda la raison.

— C'est, répondit-il, que cela me rappelle la perte de ma femme.

— Monsieur, reprit le voisin, est-ce que votre femme avait fait vœu de virginité ?

QUESTION MALHONNÊTE

L'auteur du *Mariage secret*, Desfaucherets, tandis que l'on applaudissait, aux Français, la quinzième et dernière représentation de cette comédie, était hué à outrance aux Italiens, où l'on jouait une parade de sa composition. Aux sifflets succédèrent d'accablants éclats de rire, lorsqu'un mauvais plaisant s'écria, en voyant jeter les meubles par les fenêtres à l'arrivée du commissaire :

— Et l'auteur ?

QUIN

Le poëte Thomson était détenu pour dettes. Quin alla le trouver en prison, et lui dit qu'il venait sans façon lui demander à dîner. Il se hâta d'ajouter que, craignant de ne pouvoir supporter le régime du lieu, il avait commandé le repas à la taverne voisine. On ne tarda pas à apporter quelques plats des plus appétissants, accompagnés d'un panier de vin de Bordeaux. Le dessert terminé, Quin, regardant Thomson en face :

— Il est temps, lui dit-il, de régler nos comptes.

Thomson regardait l'acteur d'un air qui signifiait :

— Encore un créancier que je ne me connaissais pas... Et c'est bien naturel, j'en ai tant !

— Mon cher poëte, reprit Quin, je ne puis évaluer à moins de cent livres sterling le plaisir que j'ai éprouvé à lire vos ouvrages ; et je veux absolument acquitter ma dette sur-le-champ.

Et il jeta sur la table un billet de banque de cette valeur.

QUINAULT (MADEMOISELLE)

Mademoiselle Quinault, parlant d'une femme qui revenait cent fois sur la même idée, pour peu qu'elle la crût piquante, disait :

— Cette femme ne quitte jamais une jolie chose qu'elle n'en ait fait une bêtise.

*

Lorsque le marquis d'Argenson arriva au ministère, bon nombre de solliciteurs accoururent chez mademoiselle Quinault. Comme il était un des membres assidus de ses réunions, on pensait qu'elle aurait un grand crédit, et l'on venait implorer sa protection.

La spirituelle soubrette, avisant un des quémandeurs, chevalier de Saint-Louis :

— Ah ! monsieur, lui dit-elle en riant, je ne puis rien faire de mieux que de vous rendre ce que le ministre vient de me donner.

Et elle embrassa le pauvre hère.

QUINAULT-DUFRESNE

Quinault-Dufresne disait modestement :

— On me croit heureux : erreur populaire. Je préférerais à mon état celui d'un gentilhomme qui mangerait tranquillement douze mille livres de rente dans son vieux château.

*

Comme il jouait dans *Childéric*, d'un ton de voix trop bas, un des spectateurs cria :

— Plus haut !

Il répondit sans s'émouvoir :

— Et vous plus bas.

Le parterre, indigné, se répandit en huées qui firent cesser le spectacle, et la police ordonna que Quinault-Dufresne ferait des excuses. Cet acteur qui, cela se conçoit, souscrivait à regret à ce jugement, commença ainsi sa harangue :

— Messieurs, je n'ai jamais mieux senti la bassesse de mon état que par la démarche que je fais aujourd'hui.

Ce début était quelque peu blessant pour le public; mais le parterre, plus occupé de la démarche d'un acteur qu'il aimait, qu'attentif à son discours, ne voulut pas qu'il continuât, dans la crainte de l'humilier davantage.

RACHEL

Lorsque Rachel fut admise au Conservatoire, elle sollicita les leçons particulières d'un artiste de talent, M. Provost, sociétaire de la Comédie française. A la vue de cette pauvre fille malingre :

— Allez vendre des bouquets, mon enfant, lui répondit-il.

Rachel se vengea, un soir, avec le plus charmant esprit, des dédains de ce mauvais prophète. La salle était comble; Rachel venait de jouer *Hermione*. Applaudie avec enthousiasme, rappelée avec frénésie, elle put, le rideau baissé, remplir sa tunique grecque de fleurs jetées sur la scène; elle courut alors près de celui qui lui avait conseillé de vendre des bouquets; puis, se mettant à genoux avec la plus gracieuse coquetterie :

— J'ai suivi votre conseil, monsieur Provost; je vends des bouquets : voulez-vous m'en acheter?

*

Rachel sortait du Théâtre-Italien, pendant une représentation. Un valet de pied fait avancer sa voiture; elle allait poser le bout de son élégante chaussure sur le marchepied, lorsqu'une petite marchande d'oranges, la reconnaissant, s'écrie avec cette inflexion de voix railleuse des halles et des marchés :

— Ah! Rachel! Rachel! Rachel!

La tragédienne s'arrête, se retourne, et gaiement lui répond sur le même ton :

— Tiens, c't'autre !

Reprenant ensuite sa voix naturelle :

— Eh bien, ma chère enfant, ajoute-t-elle, vends-tu bien ta marchandise ?

Et, avant d'obtenir une réponse, elle jeta une pièce d'or au milieu des oranges.

RACINE

Sur Andromaque :

> Le vraisemblable est peu dans cette pièce,
> Si l'on en croit et d'Olonne et Créqui ;
> Créqui dit que Pyrrhus aime trop sa maîtresse,
> D'Olonne qu'Andromaque aime trop son mari.

*

On a reproché à Racine de n'avoir fait, dans ses tragédies, que toucher le cœur, quand il pouvait le déchirer. *Phèdre* est peut-être la seule de ses pièces où la passion de l'amour soit rendue avec toutes les fureurs tragiques ; encore y est-elle défigurée par l'intrigue obscure d'Hippolyte et d'Aricie. C'est ce que le grand Arnauld avait bien senti, quand il demanda à Racine :

— Pourquoi cet Hippolyte amoureux ?

On sait la réponse du poëte :

— Eh ! monsieur, sans cela qu'auraient dit les petits-maîtres ?

RAMEAU

Rameau était assisté, à son lit de mort, par son curé. Tout ce que celui-ci put tirer du moribond furent ces paroles :
— Monsieur le curé, vous avez la voix fausse.

RAT D'OPÉRA

Un rat d'Opéra, voulant s'assurer de la fidélité de son amant, alla trouver Vidocq, qui tenait boutique ouverte de renseignements intimes :
— Connaissez-vous celui dont je vous parle? demanda-t-elle à l'ancien chef de la police occulte.
— Parfaitement, mademoiselle, aussi bien que je vous connais.
— Vous savez donc mon nom?
— Sans doute.
— Et qui vous l'a appris?
— Votre amant lui-même, qui est venu s'assurer hier de votre fidélité.

Et voilà le rat transporté au sixième ciel : un amant qui doute ne peut être qu'un modèle de fidélité.

LES RATELIERS

Mademoiselle P*** causait dernièrement avec quelques amis.
— Jamais, disait-elle, je ne me suis trouvée aussi bien à mon affaire. Je joue à un théâtre, je répète à un autre, ça me fait deux râteliers.
— Comptons bien, dit Siraudin, ça vous en fait trois.

RECETTE COMMODE POUR FAIRE UN OPÉRA-COMIQUE

On venait de représenter, sur un théâtre de société, un vaudeville de M. Scribe, et, d'après le programme, le spectacle était terminé. Mais voilà que la toile se lève de nouveau. Deux jeunes gens, dont un ressemble beaucoup au frère d'Alfred de Musset, s'approchent de la rampe et annoncent qu'ils vont jouer un opéra-comique de leur cru, improvisé séance tenante.

Et l'amoureux de chanter sur un air prodigieusement compliqué :

>   Oui, j'entrerai dans ce château...

Et le Frontin de roucouler ensuite :

>   Il entrera dans ce château...

Puis tous deux de chanter en chœur :

>   Espérance et courage !
>   Notre sort sera beau.
>   Et bientôt, je le gage,
>   Nous aurons l'avantage
>   D'entrer dans ce château,
>   D'entrer (*bis*) dans ce château.

C'était la fin du premier acte.

Le second acte ne se compose que du même vers, modifié de mille façons :

>   Vous entrerez dans ce château...

Le tyran, déguisé en basse-taille, beugle :

Ils sortiront de ce château !

Voilà le nœud.
Et voici le dénoûment :

CHOEUR FINAL

Espérance et courage !
Notre sort } est bien beau.
Oui, leur sort }
Nous avons } l'avantage
Ils ont eu }
D'être installés dans ce château.

RECETTE POUR EN FAIRE UNE BONNE

Eugène de Pradel, l'improvisateur, avait fait un traité avec le directeur du théâtre de Rochefort, et se disposait à donner une première séance.

— Si j'annonce sur mon affiche un poëte, se dit l'impresario, je ne fais pas mes frais. Que pourrais-je bien imaginer pour attirer l'attention du public ?

Il méditait profondément, quand son régisseur apporta une épreuve de l'affiche sur laquelle on lisait, en gros caractères, que

UN NAIN

PROVISATEUR CÉLÈBRE

venait d'arriver dans la ville.

— Bon ! se dit le directeur, voilà mon idée toute trouvée.
Et il laissa sur l'affiche cette balourdise typographique

Le nain attira la foule, comme le directeur le pensait. Mais le public se montra très-désappointé en voyant paraître un homme de cinq pieds neuf pouces. Pradel sauva la situation par des prodiges de verve et excita un véritable délire.

Le directeur reprocha tout haut à l'imprimeur sa faute, mais il en rit tout bas : elle avait rempli la caisse.

RECORS IMPERTINENT

Mademoiselle N***, actrice d'un de nos théâtres de vaudeville, avait donné asile à un fils de famille, pourchassé par les gardes du commerce, lesquels vinrent l'appréhender chez elle.

— Laissez monsieur tranquille, dit mademoiselle N*** : j'en réponds.

— Êtes-vous bien sûre, mademoiselle, repartit le recors, de valoir ce qu'il doit?

REPARTIE DE MADEMOISELLE MARS

Mademoiselle Mars donnait un bal travesti.

Un grand bellâtre, déguisé en marquis pailleté, vint la saluer en lui disant que Merle, malade, lui avait remis son invitation, pour rendre compte de la soirée.

— Je me suis donc décidé à venir ici m'ennuyer par procuration dans un bal...

— Comment! vous ennuyer?

Comprenant alors qu'il venait de dire une bêtise :

— Ah! m'ennuyer, reprit-il, parce que j'ai mal à la tête... le mal des gens d'esprit...

— Vous êtes donc malade aussi par procuration, monsieur? lui dit mademoiselle Mars en lui tournant le dos.

REPAS DE MARBRE

Un directeur de province avait trouvé solide et économique tout à la fois de faire confectionner en marbre les mets que l'on sert sur le théâtre dans les pièces où se trouve un repas obligé. Odry, dans une de ses tournées, fut invité par lui à donner quelques représentations, et ne manqua pas de jouer le rôle du garçon boulanger, l'un de ses plus beaux triomphes. Trompé par l'apparence, il porte sa fourchette et son couteau sur un pâté d'une mine appétissante, et éprouve une résistance inattendue.

— Peste soit de l'invention! dit-il à demi-voix à sa voisine. Comment! on affiche *les Cuisinières*, et c'est le *Festin de pierre* qu'on nous fait jouer!

RÉPERTOIRE DU PETIT-LAZARY

Un artiste du Petit-Lazary, qui tenait les grands rôles, ne devant pas paraître un soir sur la scène, faisait sa partie de billard dans un café voisin. Un débutant jouait dans une pièce nouvelle. Notre artiste espérait un échec, lorsqu'on vint annoncer un triomphe.

— Peuh! fit-il, je l'attends dans le répertoire.

RESPONSABILITÉ

On faisait remarquer à D***, de l'Opéra, que ses mollets étaient toujours d'inégale grosseur.

— Ma foi, répondit-il, prenez-vous-en à l'administration; c'est elle qui me les fournit.

RÉVALARD

Révalard, qui, après avoir joué les tyrans à l'Ambigu, exploita une troupe de comédiens de province, donnait un mélodrame dans lequel on faisait le bombardement d'une ville. La bourre d'un soleil alla frapper une personne placée à l'orchestre, mais qui, heureusement, ne fut pas blessée. Le lendemain, comme Révalard craignait que l'accident de la veille ne nuisît à la recette du jour, il fit mettre sur l'affiche en gros caractères : « Les personnes qui, ce soir, nous honoreront de leur présence, sont prévenues que le bombardement de la ville n'aura plus lieu qu'à l'arme blanche.

On raconte que Révalard, après plusieurs représentations qui n'avaient attiré personne, afficha la veille de son départ : « La troupe de M. Révalard, touchée de l'accueil empressé que les habitants ne cessent de lui faire, a l'honneur de les prévenir qu'au lieu de ne partir que samedi, ainsi qu'il l'avait annoncé, lui et ses camarades quitteront la ville dès demain matin à six heures. »

RICHARD CŒUR-DE-LION

On a beaucoup parlé de la lettre suivante, écrite par une grisette à un journaliste de théâtre :

« Envoie-moi donc les deux places pour l'Opéra-Comique que tu m'as promises. On joue ce soir *Richard tueur de lions.*

» TINTIN. »

Le journaliste répondit :

« Il y a relâche ce soir. Voilà deux places pour le Palais-Royal. On joue *Gérard Cœur-de-Lion.* »

RIMES RICHES

Lors de la retraite de Molé et de Dazincourt, le Théâtre-Français était en désarroi. Mademoiselle Joly, excellente soubrette de la Comédie française, voulut tenter un effort extraordinaire pour ramener la foule dans la salle désertée, et l'argent dans la caisse qui sonnait creux ; elle fit annoncer qu'elle jouerait le rôle d'Athalie, et ce caprice mit bientôt en mouvement tous les oisifs de Paris. Un public innombrable se porta à la Comédie française : on avait fait sur mademoiselle Joly ces deux vers, qui n'offrent qu'un mauvais calembour, mais qui préparaient à l'indulgence :

Si l'actrice Joly n'est pas bonne Athalie,
Le pis aller sera de la rendre à Thalie.

RIVAROL

Rivarol disait de Dugazon, excellent bouffon, qui avait le défaut de trop charger ses rôles :
— C'est un bon comédien, plaisanterie à part.

ROCHEFORT (madame de)

Lorsque Poinsinet donna son *Cercle ou la Soirée à la mode* :
— Cet auteur, dit mademoiselle Rochefort, n'a vu le monde qu'à la porte.

ROGER DE BEAUVOIR

On répétait une revue que Roger de Beauvoir avait faite pour Beaumarchais. Il tomba dans une trappe et se fractura la jambe. Lorsqu'il fut rétabli :

— Que faites-vous maintenant? lui demanda-t-on au foyer des Variétés.

— Mes couplets de *fracture*, parbleu !

LE ROI BOIT

Le *Mithridate* de la Calprenède fut joué, pour la première fois, le jour des Rois (1635). Au moment où Mithridate prend la coupe empoisonnée en disant :

Mais c'est trop différer...

Un plaisant acheva le vers :

Le roi boit ! Le roi boit !

ROISSY (MADEMOISELLE)

Mademoiselle Roissy reçut à bout portant, sur la scène, ce quatrain peu flatteur :

Vous n'êtes pas sans défauts,
Mais, à part toute louange,
Vous chanteriez comme un ange,
Si les anges chantaient faux.

ROQUEPLAN (Nestor)

Théophile Gautier raconte que M. Nestor Roqueplan, étant directeur des Variétés, avait adopté, dans la question des manuscrits, pour unité de mesure, la longueur de son cigare.

— Mes enfants, disait-il à ses vaudevillistes habituels, votre pièce est trop longue de deux cigares.

*

Lorsque M. Roqueplan dirigeait les Variétés, deux vaudevillistes lui présentent une pièce, l'avertissant qu'il n'y manque que les couplets.

— C'est bon ! c'est bon ! répond-il froidement, ne vous en occupez pas, mon portier les fera.

*

Un jour, Nestor Roqueplan rencontre un de ses amis, le vicomte de B***.

— Ah ! s'écrie celui-ci, que je suis heureux de vous rencontrer ! J'ai justement à vous demander une loge pour ce soir.

— Mais, si vous ne m'aviez pas rencontré, dit Nestor Roqueplan, comment auriez-vous fait?

— Je vous aurais écrit, répond le vicomte.

— Eh bien, reprend le directeur en lui serrant la main, eh bien, écrivez-moi.

Et il s'éloigne, laissant l'autre tout ébahi.

ROSAMBEAU

Mademoiselle Flore, arrivant à Lisieux avec une troupe nomade, demanda si la ville était privée de spectacle.

— Nous avons l'Homme Vert qui fait fureur, dit l'aubergiste.
— Qu'est-ce que l'Homme Vert?
— Un très-bel homme qui arrive du cap Vert.
— Pourrions-nous le voir?
— Oui, en payant; il joue la comédie tous les soirs... Tenez, le voilà qui descend pour dîner.

C'était, en effet, un homme parfaitement vert et d'un vert scintillant, qui s'écria :

— Eh quoi! Volange et Flore!

L'Homme Vert n'était autre que Rosambeau.

*

Rosambeau s'enrôla dans la troupe qui débarquait et qui débuta par *le Déserteur*. Il remplit le rôle aviné de Montauciel, et les habitants de Lisieux, s'étonnant de voir qu'il n'était plus vert:

— Messieurs, dit-il, un acteur pour plaire au public doit savoir prendre la couleur de son rôle. Il y a quelques jours, j'étais *vert*; aujourd'hui, je suis *gris*.

*

Rosambeau avait une garde-robe peu fournie. Un jour qu'il devait jouer Oreste, le directeur le vit se promenant sur la scène en habit de général. Il n'en possédait point d'autre.

— Allez donc vite vous habiller, lui dit le directeur, on va frapper les trois coups.

— M'habiller! répond Rosambeau : est-ce que je ne le suis pas, habillé?

— Comment, vous allez jouer *Oreste* en uniforme?

— J'en ai le droit.

— Vous êtes fou!

— Monsieur, ménagez vos termes.

Il entre en scène et est accueilli par une bordée de sifflets.

— Messieurs, dit-il en saluant le public, je suis stupéfait de la manière dont vous me recevez.

— Votre costume! lui crie-t-on de toutes parts.

Les sifflets redoublent.

— Messieurs, veuillez m'écouter. Si ce costume ne convient pas, c'est la faute du directeur. Permettez-moi de vous lire mon engagement.

Il le tire de sa poche, et lit avec un grand sérieux :

« M. Rosambeau jouera en chef et sans partage, dans la tragédie, la comédie et l'opéra, les rois, les grands amoureux, et tous les premiers rôles en général. »

A cette boutade, les éclats de rire succédèrent aux sifflets, et Rosambeau se vanta d'avoir plu *en général*.

*

A Versailles, l'acteur qui devait jouer Bartholo dans *le Barbier* étant venu à manquer à la répétition, Rosambeau se charge du rôle et l'emporte pour l'étudier. Mais, chemin faisant, il rencontre un ami qui l'engage à dîner, et, naturellement, il accepte. Le soir venu, il ne savait pas le premier mot de ce qu'il devait dire, et on le siffle.

— Messieurs, dit alors Rosambeau en s'avançant vers la rampe, je vois, par ma propre expérience, la vérité du proverbe, qu'on ne peut bien faire deux choses à la fois. Aujourd'hui, j'avais à apprendre un rôle et à dîner; j'ai parfaitement dîné et très-mal appris mon rôle. Une autre fois, je ferai le contraire. En attendant, veuillez m'excuser, et me permettre de lire le rôle, si vous tenez à l'entendre.

Après cette singulière sortie, éclatent d'unanimes applaudissements.

*

Rosambeau avait à jouer un rôle de gendarme, en province, dans je ne sais plus quelle pièce. Ses affaires allaient mal; de plus, il lui manquait un costume pour ce rôle.

Il avisa un gendarme qui faisait l'office de pompier dans les coulisses. Il s'abouche aussitôt avec lui, l'entraîne dans sa loge, et, là, parvient à le décider à se déshabiller et à lui prêter son uniforme.

— J'en ai pour une petite heure, dit-il; restez dans ma loge, et, si le froid vous prend, enveloppez-vous dans ce costume.

Rosambeau entre en scène, joue son rôle, et, dès qu'il est libre, parvient, grâce à l'uniforme qu'il a soin de garder, à quitter la ville, y laissant ses créanciers fort attrapés et le gendarme, trop obligeant, enfermé dans sa loge. On y trouva celui-ci habillé en Turc, grelottant de froid, et jurant, mais un peu tard, qu'on ne l'y prendrait plus.

*

Rosambeau jouait un rôle dans la *Locuste* de M. de la Rochefoucauld. Tout lui était prétexte ou raison pour soutirer de l'argent au duc; si bien que, vers la fin des répétitions, celui-ci se décida à lui en refuser net.

Rosambeau disparut pendant trois jours. M. de la Rochefoucauld était désolé de voir ses répétitions suspendues. Le quatrième jour, Rosambeau arrive enfin, le fusil sur l'épaule, la carnassière au dos, en costume de chasse.

— Eh bien, d'où venez-vous donc? lui dit le duc.

— De la chasse, monseigneur; je n'avais plus que ce moyen de nourrir ma famille.

ROSALIE (MADEMOISELLE)

Dans *Richard Cœur-de-Lion*, l'acteur Clairval faisait un rôle d'aveugle. Il avait pour conducteur, suivant l'usage, un petit garçon, représenté par mademoiselle Rosalie. Cette actrice, soit par espièglerie, soit par vengeance, s'avisa de faire une pelote de sa manche, en la lardant d'épingles dont les pointes sortaient en dehors. Lorsque Clairval s'appuya sur son bras pour entrer en scène, il se déchira horriblement la main et reconnut la malice. Et mademoiselle Rosalie, souriant ironiquement, de lui dire :

— En effet, ce n'est pas aussi doux qu'un peigne.

Allusion au métier de perruquier qu'avait exercé Clairval.

ROSSINI

Rossini avait fait un pari; l'enjeu était une dinde truffée. Son adversaire le perdit, et, comme il ne se pressait pas de s'exécuter, Rossini lui dit :

— Eh bien, mon cher, à quand donc la dinde?

L'autre :

— Les truffes ne sont pas encore bonnes.

— Allons donc, dit le maestro, ce sont les dindons qui font courir ce bruit-là.

*

Lablache se trouvait en Italie, chez l'auteur de *Guillaume Tell*, au moment où l'on jouait *Robert Bruce* à Paris. Il devait repartir pour la France le lendemain ; et, comme un grand vent s'élevait :

— Voilà, dit-il, un mauvais temps pour passer les Alpes.

— Vous prenez cela pour du vent, dit Rossini, en souriant ; vous vous trompez, c'est le bruit des sifflets de *Robert Bruce*.

*

Il est toujours aussi pétillant d'esprit.

Listz lui présentait, il y a peu de temps, un énorme rouleau de musique de sa composition.

Rossini développa le rouleau et parcourut le tout d'un coup d'œil rapide.

— Eh bien, dit Listz, qu'en pensez-vous, maître ?

— Ma foi, fait Rossini, à ne vous rien celer, j'aime encore mieux celui d'Haydn.

— Comment ! dit Listz stupéfait, est-ce que Haydn a fait un opéra sur le même sujet que moi ?

— Vous ne comprenez pas, *mio caro*. Je dis tout simplement que j'aime mieux le chaos d'Haydn que le vôtre.

*

Quand on donna *le Prophète*, Rossini était à Bologne :

— Comment, lui dit un de ses amis, n'avez-vous pas fait le

voyage de Paris pour aller entendre le nouvel ouvrage de Meyerbeer?

— Bah! répondit-il, je l'entendrai bien d'ici.

ROUSSEAU (J.-J.)

Néron ne se contentait pas de faire des vers : il se plaisait, comme on sait, à les chanter en plein théâtre. Il allait égorger ceux qui s'endormaient.

— Nobles acteurs de l'Opéra de Paris, s'écriait à ce propos J.-J. Rousseau, ah! si vous aviez joui de la puissance impériale, je ne gémirais pas maintenant d'avoir trop vécu.

*

J.-J. Rousseau, qui ne savait pas l'anglais, venait de voir jouer Garrick. Cet acteur lui demandant s'il avait entendu la pièce.
— Je n'en ai pas perdu un mot, répondit-il.

*

Au sortir de la représentation de *l'Amant de lui-même*, qui n'eut point de succès, Rousseau entra au café Procope, et dit tout haut :

— La pièce nouvelle est tombée; elle mérite sa chute, elle m'a ennuyé; elle est de Rousseau de Genève, et c'est moi qui suis ce Rousseau.

*

J.-J. Rousseau étant à Fontainebleau, à la représentation de son *Devin du village,* un courtisan l'aborda, et lui dit poliment :

— Monsieur, permettez-vous que je vous fasse mon compliment?

— Oui, monsieur, dit Rousseau, s'il est bien.

Le courtisan parti, on dit à Rousseau :

— Mais, y songez-vous? quelle réponse vous venez de faire!

— Fort bonne, dit Rousseau : connaissez-vous rien de pire qu'un compliment mal fait?

ROY

Le lendemain de la première représentation des *Fêtes de Polymnie,* opéra-ballet de Cahusac, qui ne réussit point, Roy était à la messe aux Petits-Pères; un enfant de trois ans sifflait entre les bras de sa bonne; le poëte se retourne vers elle, et lui dit d'un grand sang-froid :

— Dites à cet enfant de ne point siffler, ce n'est pas Cahusac qui dit la messe.

RUFIO

Lorsque M. Antony Béraud était directeur de l'Ambigu, il se faisait raser tous les matins par un coiffeur du nom de Rufio, qui logeait dans sa maison.

Figaro n'oubliait jamais son chapeau, M. Antony Béraud s'en étonnait.

— Pourquoi diable, Rufio, lui demanda-t-il un jour, mettez-vous un chapeau pour venir ici?

— Pour pouvoir vous l'ôter, monsieur le directeur, répondit Rufio avec un sourire respectueux.

RUFUS (Caius)

Ce tavernier, s'approchant de Balbus Pinguis Pictor, le Lepeintre jeune du Théâtre de Pompée et lui frappant sur le ventre :

— Eh! Pictor, fit-il, quand mettrons-nous en perce cet énorme tonneau?

SABATHIER DE CASTRES (l'abbé)

Après la première représentation des *Eaux de Bagnères*, les Capitouls, irrités d'une saillie qui faisait allusion aux mœurs légères de quelques notables de la ville, envoyèrent chercher l'auteur pour lui laver la tête. Celui-ci se défendit en soutenant qu'il n'avait eu personne en vue. Comme on n'ajoutait pas foi à cette allégation, il se rejeta sur la finesse du trait, et prétendit qu'en supposant qu'il fût applicable à quelqu'un, peu de spectateurs étaient capables de le saisir. Un pauvre d'esprit lui dit :

— Apprenez, jeune homme, que toutes les personnes qui vont à la comédie sont instruites et éclairées...

— Je vous y ai pourtant vu quelquefois, répliqua l'abbé.

SAGACITÉ DE MONVAL

Un dimanche, *la Chanoinesse* était affichée, et, au dernier moment, on apprend l'indisposition subite de Paul.

Pas moyen d'y remédier, il est six heures, la queue du serpent serpente sur le boulevard, la recette sera superbe.

Tout le monde est inquiet, Monval seul est calme.

Un instant après, ses lunettes au vent, il était devant le théâtre, étudiant les allures des passants. Il avise un jeune homme et se dit :

— Pantalon ventre de biche, gilet de velours cerise à boutons d'or, sous-pieds démesurés, gants d'un paille impossible. Cela doit être un comédien de province !

— Pardon, monsieur, n'étiez-vous pas à Reims l'année dernière ?

— Non, monsieur, répond le jeune homme; mais à Strasbourg où j'étais assez aimé (style ordinaire).

— C'est donc ça! s'écrie Monval; oui, vous m'avez fait le plus grand plaisir dans *les Malheurs d'un amant heureux*, dans *Louise*, dans *la Chanoinesse*...

C'est avec une certaine émotion qu'il cite cette dernière pièce.

Mais, si le comédien de province a des dehors qui le trahissent, Monval a la double vue du régisseur émérite.

Il avait deviné non-seulement le comédien, l'amoureux, mais encore le jeune marin de *la Chanoinesse*.

— Votre place est à Paris, jeune homme ! (Comme inspiré.) Oh ! quelle occasion ! je me charge de vous faire jouer *la Chanoinesse* ce soir même au Gymnase.

L'artiste dans sa joie, à une révélation si inattendue, tombe en faiblesse.

Monval le soutient dans ses bras, et lui prodigue les sels du flacon admininistratif.

Une heure après, le jeune homme, habillé et ganté à neuf, jouait *la Chanoinesse* d'une manière déplorable.

Le lendemain, il fut congédié avec une légère gratification et une de ces défaites appropriées à la circonstance, dont le sac de Monval est rempli, et que son esprit fait passer.

L'affiche n'avait pas été changée, et la recette était intacte.

SAINT-PRIX

Le fils de Saint-Prix, qui revenait de la guerre d'Espagne, lui citait un trait de trahison dont il avait failli être victime. Un paysan, en train de labourer, l'avait salué très-amicalement, puis, tirant un fusil de dessous sa charrue, lui avait envoyé une balle dans son chapeau. Furieux d'une attaque aussi déloyale, il avait couru sus au paysan et lui avait plongé, à deux reprises, son épée dans le corps.

— C'était assez d'une fois, dit l'excellent homme.

SAINT-VICTOR (PAUL DE)

Mario avait eu une altercation avec un artiste secondaire du Théâtre-Italien. On était prêt à se rendre sur le pré (vieux style) et à vider la querelle à l'épée, quand l'affaire s'arrangea.

— On n'embroche pas un rossignol, dit à ce propos M. Paul de Saint-Victor.

SAMSON

Samson disait en parlant de Monrose :

— Je n'aime pas à jouer avec ce gaillard-là : j'ai toujours peur qu'il ne mette le feu aux planches.

*

Il y a toutes sortes de façons de se former une opinion sur

une pièce. Un jour, un poëte refusé à l'unanimité par le comité du Théâtre-Français aborda M. Samson après l'arrêt rendu.

— Monsieur, lui dit-il, j'ai lieu de me plaindre de vous. Vous avez déposé une boule noire dans l'urne, et vous aviez dormi tout le long de la lecture.

— Mais, monsieur, répliqua l'artiste, en littérature le sommeil est une opinion.

SANDEAU (JULES)

L'auteur de *Mademoiselle de la Seiglière* est, comme on sait, parfaitement chauve. Il monte un matin chez son ami E. Augier, et le trouve occupé à faire jouer la serrure d'une armoire de fer qu'il vient d'acheter.

— Qu'est-ce que cela? dit-il.
— Cela, c'est un coffre-fort.
— Un coffre-fort!... Adieu, mon cher...
— Où donc vas-tu si vite?
— Je vais m'acheter un peigne!

*

Meyerbeer ne manque aucune occasion de proclamer bien haut le génie de Rossini. Mais ne vous fiez pas à cette admiration bruyante. Meyerbeer masque ses malices. On prétend qu'il entretient des dormeurs chargés de ronfler à *Othello*, au *Barbier*, enfin à tous les chefs-d'œuvre du maître. Un jour qu'il ronflait lui-même durant une représentation de *Semiramide* :

— Ne faites pas attention, aurait dit Jules Sandeau à ceux qui criaient au scandale, c'est Meyerbeer qui économise un dormeur.

SANG-FROID

Un méchant comédien, dans *le Joueur*, interrompit son rôle, au milieu des huées, pour s'adresser au parterre en ces termes :

— Messieurs, vous me sifflez; c'est fort bien fait, je ne m'en plains pas. Mais vous ne savez pas une chose, c'est que mes camarades prennent tous les bons rôles, et me laissent les Géronte, les Dorante. Ah! si l'on me donnait un Ariste, un Prince, un Pasquin, vous verriez! mais qu'est-ce que vous voulez que je fasse d'un Dorante, d'un Géronte? Vous ne dites mot? Il faut donc que je continue.

Et il continua bravement.

*

Un autre comédien de même qualité, accoutumé à être sifflé dans chaque ville où il allait, se voyant plus maltraité qu'à l'ordinaire, se retourna tranquillement, en quittant la scène :

— Messieurs, dit-il, vous vous en lasserez; on s'en est bien lassé ailleurs.

SAVETIER DÉTRONÉ

Un acteur comique du plus bas étage s'avisa de jouer un rôle de roi, et le parterre l'accueillit à coups de sifflet. Le pauvre diable, contraint de reprendre son emploi, joua le lendemain un rôle de savetier, et obtint de grands applaudissements.

— Cela prouve, lui dit un de ses camarades, que tu as joué le roi comme un savetier, et le savetier comme un roi.

SAX (MADEMOISELLE)

Mademoiselle Sax, voyant M. Berlioz diriger les répétitions d'*Orphée*, l'aborda en l'appelant *monsieur Gluck*.

SCARAMOUCHE

Un petit-maître, étant à la Comédie italienne, jeta aux pieds de Scaramouche une paire de petites cornes de chevreuil, en lui disant qu'il ramassât ses cornes ; Scaramouche les prit, et, après s'être tâté le front, les rejeta au petit-maître en lui criant :

— Monsieur, j'ai encore les miennes ; il faut que celles-ci soient les vôtres.

SCÈNE ET SEINE

Un mauvais acteur avait obtenu un grand succès à Rouen ; un ennemi des Normands dit :

— Cela n'est pas étonnant, il est digne de la *scène inférieure*.

SCEPTICISME OBSTINÉ

Apprenant, un jour, l'hymen de sa camarade Plessis avec M. Arnould, Augustine Brohan s'écrie :

— C'est impossible, ils ne sont pas mariés !

On lui proteste que l'affaire est conclue au civil comme à l'église.

— Taisez-vous, dit-elle, j'y croirai seulement le jour où ils plaideront en séparation.

SCRIBE (EUGÈNE)

Leçon donnée par M. Scribe aux vaudevillistes en herbe :
— Retranchez, retranchez; ce que l'on efface n'est jamais sifflé.

*

Francis Cornu, ancien camarade de collége de M. Scribe, gagnait difficilement sa vie comme auteur. — Il s'était arrêté au boulevard du Crime, quand son ancien *copin* était déjà l'auteur favori des théâtres à la mode.

Il se décide un jour à prier Scribe de collaborer avec lui.

— Apporte-moi quelque chose, lui dit celui-ci.

Affriandé, Francis Cornu lui apporte un gros mélodrame en cinq actes intitulé *l'Invasion*.

C'est que cinq actes avec Scribe, c'était une fortune !

Quelques mois après, Francis Cornu est convié à la lecture aux acteurs du Gymnase, d'une pièce intitulée *la Chanoinesse*.

— Effectivement, le principal rôle de mon drame était une chanoinesse ! s'écrie-t-il dans sa joie.

Il se rend au Gymnase et entend la lecture de la jolie comédie que vous savez.

Croiriez-vous que Francis Cornu adressa des reproches à Scribe, qui lui donnait un acte au lieu de cinq ?

— C'est tout ce que j'ai trouvé dans la pièce, lui dit Scribe.

Il aurait pu ajouter que cela n'y était pas.

Cependant Scribe calma Francis Cornu, en lui montrant tout son drame renfermé dans le récit que fait la chanoinesse.

L'incendie, les massacres, le vol et le viol, tout y était.

Mais Francis Cornu se calma mieux encore, quand il reçut les parts qui lui revenaient.

*

A l'époque des premières représentations de *la Joie fait peur*, M. Scribe fit une réclamation : il prétendit que la pièce jouée avec tant de succès n'était qu'une imitation d'un de ses anciens vaudevilles du théâtre de Madame, intitulé *Théobald*; il prit même l'affaire fort au sérieux et parla de la porter devant le comité des auteurs.

Madame de Girardin ne chercha point à se défendre; elle se contenta d'envoyer à M. Scribe quatre petits volumes publiés en 1828, chez Ponthieu, au Palais-Royal. Il n'eut qu'à les ouvrir pour s'avouer battu, et peut-être pour se repentir d'avoir parlé; ces quatre volumes étaient un roman dont voici le titre : « *Théobald, épisode de la guerre de Russie*, par madame Sophie Gay. »

M. Scribe avait pris son vaudeville dans l'ouvrage même de la mère de madame Girardin!

Ce sujet-là était de la famille; et, s'il y avait un intrus dans cette propriété, c'était M. Scribe seul, qui pourtant la réclamait comme exclusivement sienne.

SCRUPULEUSE PONCTUALITÉ DE MONVAL

Acteur consciencieux, Monval a été et est encore aujourd'hui le type de l'excellent régisseur de théâtre. Il pousse l'exactitude si loin, que Tisserand l'a surnommé le *battant de cloche*.

Effectivement, pour ses devoirs, comme pour la marche de son théâtre, comme pour ses plaisirs, Monval n'est pas à la minute, mais à la seconde. Homme de beaucoup d'esprit, Monval a toujours des arguments pleins d'originalité pour défendre ses opinions tranchées, et même son exactitude, que nous avons trouvée quelquefois presque paradoxale.

Monval vous invite à souper et à faire la bouillotte chez lui jusqu'à trois heures du matin.

A trois heures du matin, Monval tire sa montre, s'empare vivement des cartes et dit :

— La séance est levée, messieurs.

Il n'y a pas d'appel, pas de réclamation à faire.

Pendant que les invités se livrent à des supplications pressantes, Monval met tranquillement son bonnet de nuit, se déshabille, et il est dans son lit que vous le priez encore.

— Mais Monval, faisons encore le tour du malheureux !

— Le tour du Juif errant !

— Le tour de Malakoff !

— Mes enfants, une fois, il y a vingt-huit ans, je me suis laissé aller, j'ai consenti, et on m'a fait faire le tour du monde.

Monval dit, et s'endort.

SÉGUR (LE VICOMTE DE)

Le vicomte de Ségur avait l'esprit très-vif et était prodigue de reparties imprévues ; apprenant que les revenus étaient frappés d'un impôt équivalent au quart de leur intégrité :

— Messieurs, disait-il,

> Moi, j'ai payé mon quart, et dis avec Voltaire :
> « A tous les cœurs bien nés que la patrie est chère ! »

*

Le Cabriolet jaune, opéra-comique de sa façon, qu'il s'obstinait à faire représenter, était sifflé chaque fois qu'on le donnait, bien que, pour le faire marcher, il s'y fût attelé avec le musicien Tarchi.

— Mettez, lui disait quelqu'un, votre cabriolet sous la remise ; il n'ira jamais.

— Cela m'étonne d'autant plus, répondit-il, qu'on lui fait tous les jours un nouveau train !

On s'amusait beaucoup de cette chute ; à la fin du spectacle, des gamins criaient :

— Qui demande sa voiture ?

D'autres appelaient :

— Le cabriolet de M. de Ségur !

Et d'autres répondaient :

— Taisez-vous ! vous savez bien qu'il vient de verser.

*

Ce spirituel gentilhomme répondait à Martin le chanteur, qui s'emportait contre lui pendant une répétition :

— Monsieur Martin, vous oubliez que tous les hommes sont égaux depuis la Révolution !

SENSIBILITÉ MODÉRÉE

Une femme était à une représentation de *Mérope*, et ne pleurait point, tandis que tous les yeux se répandaient en larmes ; on s'en montrait surpris.

— Je pleurerais bien, dit-elle, mais je dois souper en ville.

LE *SERMENT*

On donnait *le Serment* au grand théâtre de Bordeaux.

Le rôle de Marie était confié à une chanteuse de troisième ordre, *qui avait eu de la voix.*

Arrivée au passage de son grand air :

Je chante bien quand il est là !

un habitué ne put s'empêcher de s'écrier :
— Il paraît qu'il n'est pas encore arrivé.

SERRES

Lorsque Frédérick Lemaître jouait Robert Macaire, il se plaisait à changer quotidiennement de profession. Son choix, comme de raison, tombait toujours sur le métier le plus saugrenu. Et Serres, son complice, ne pouvait jamais obtenir qu'il le mît, d'avance, au courant de ses métamorphoses : histoire d'aiguillonner l'imagination du pauvre Bertrand.

Un soir, les gendarmes posant leur question habituelle : « Quelle est votre profession ? » Frédérick répondit :
— Directeur des vespasiennes.

Et il jeta un regard narquois sur Serres, comme pour le défier de trouver mieux.

On sait que les vespasiennes étaient des *water-closets* sous forme d'omnibus.

— Et vous ? ajoutèrent les gendarmes, en se tournant du côté de Serres.
— Papetier de l'établissement, répondit Bertrand de son ton le plus bénin.

SEVESTE PÈRE

Seveste, le père des Seveste, directeurs des théâtres de la banlieue, se plaisait aux mystifications. En revenant d'une tournée qu'il avait faite à Rouen, il racontait que, pendant son séjour dans cette ville, il était parvenu à élever une carpe, qui le suivait partout comme un chien ; et il ajoutait qu'il avait eu beaucoup de chagrin de sa mort. Chapelle, du Vaudeville, présent dans le foyer, lui demanda comment il avait perdu cette carpe.

— Mon Dieu! dit Seveste, je l'avais amenée dans ma loge ; il survint un orage épouvantable après le spectacle. Ma petite carpe m'avait très-bien suivi jusque dans la rue; mais, sur la place de la Comédie, la pauvre bête se noya en voulant sauter un ruisseau.

— Quel malheur! s'écria Chapelle. Je croyais que les carpes nageaient comme les poissons...

On lui fit tant avaler de carpes de cette espèce, qu'il finit par tomber dans un scepticisme stupide.

Quand un garçon de théâtre lui disait :

— Monsieur Chapelle, vous répétez demain à midi.

Il répondait :

— Va te promener...

Quand on lui demandait comment il se portait, il vous tournait les talons en disant :

— Farceur !... à d'autres !... je ne donne plus là dedans !...

SHERIDAN

Le célèbre poëte comique Sheridan était propriétaire du théâtre de Drury-Lane. Le théâtre fut détruit par un incendie. Sheridan se rend sur le lieu du désastre, et constate que toute sa fortune est perdue sans ressource. Il entre dans un café et prend quelques rafraîchissements.

— Sheridan, lui dit-on, quelle indifférence !

— Eh quoi ! répondit-il, un honnête homme ne peut-il prendre un verre de vin au coin de son feu?

LE *SIÉGE DE CALAIS*

On adressait à un grand seigneur le reproche de n'être pas bon Français, parce qu'il n'applaudissait pas *le Siége de Calais*, qui faisait fureur.

— Je voudrais, dit-il, que tous les vers de la pièce fussent aussi bons Français que moi.

SIFFLETS EN VOYAGE

La *Judith*, de Boyer, avait été fort applaudie au début ; à la reprise, ce ne fut plus la même chose : les sifflets accueillirent la belle Juive, quoique représentée par mademoiselle Champmêlé. Étonnée d'entendre cette musique, à laquelle ses oreilles n'étaient point accoutumées, l'actrice, s'approchant du public :

— Messieurs, dit-elle, nous sommes assez surpris que vous receviez aujourd'hui si mal une pièce que vous avez applaudie pendant le carême.

Au même instant une voix aigre cria du fond du parterre :

— Les sifflets étaient à Versailles aux sermons de l'abbé Boileau.

SIMPLE RÉPONSE

Il est très-difficile, dans la saison d'hiver, de se procurer à l'Opéra des loges de premier rang. Les demandes sont si nombreuses chaque année, que l'administration est souvent fort embarrassée pour y répondre

Or, deux dames, deux sœurs, bien connues dans le demi-monde, mesdemoiselles R***, étaient venues occuper une des premières loges de face. Reconnues bientôt par les habitués, toutes les lorgnettes furent braquées sur elles.

En sortant, elles rencontrèrent dans le couloir M. X***.

— Avez-vous vu, dit l'aînée des deux sœurs, comme on nous considérait de tous les côtés?

— On ne vous considérait pas, répondit M. X***, on vous regardait.

SOIRÉE D'ARTISTES

Sous l'Empire, M. Bizet donnait des bals d'artistes, et les invitations étaient fort enviées. Mais le spirituel amphitryon, qui savait que les artistes n'ont jamais aimé, dans leurs plaisirs, à se mêler aux gens d'un monde toujours imbu de certains préjugés à leur égard, n'invitait jamais qu'avec leur autorisation des personnes étrangères.

Dans une circonstance, après je ne sais quelle victoire, la garde impériale venait de rentrer à Paris, et M. Bizet, se relâchant un peu de ses principes, avait cédé à des importunités et admis quelques officiers et quelques fonctionnaires à un bal travesti.

D'abord, tout se passa convenablement; mais, après le souper, les danses prirent une allure plus accusée, et cela fut poussé à tel point, que mesdames Gavaudan et Saint-Aubin quittèrent le quadrille. Leur exemple fut bientôt suivi par mesdemoiselles Lescot, les deux sœurs Renaud, Minette, Pauline Geoffroy, mesdames Desbrosses, Desforges, etc.

Le mot de *bégueule* fut lâché malencontreusement par un officier.

Elleviou entend le mot et dit :

— Une femme a toujours le droit d'être *bégueule* quand elle a affaire à des *goujats*.

On pense bien que le bal était fini.

Et, malgré les insistances de Gavaudan, qui prétendait que l'affaire lui était personnelle, Elleviou sortit avec l'officier au mot. Ils étaient accompagnés de leurs témoins. L'affaire se vida sous un réverbère, à quelques pas de là. Il y eut un certain acharnement; car les deux adversaires se touchèrent trois fois chacun. Enfin, l'officier eut le bras transpercé, ce qui mit fin au combat. Cette fois, Elleviou dut la vie à une pièce de cinq francs qu'il avait dans le gousset de son pantalon, cette petite poche préparée pour recevoir la montre.

SOMMATION

A la première représentation du drame d'Alexandre Dumas *Stockholm, Fontainebleau et Rome*, qui prit ensuite le titre de *Christine à Fontainebleau*, il était une heure du matin quand le cinquième acte fut fini, et il restait un épilogue. Le dernier entr'acte avait été des plus bruyants. Enfin, la toile se leva. C'était l'instant où le médecin, interrogé par Christine mourante sur le temps qu'elle avait encore à vivre, répondait :

— Il vous reste un quart d'heure...

Soudain un étudiant monte sur une banquette, et, tirant sa montre, s'écrie :

— Il est une heure et quart; si tout n'est pas fini à une heure et demie, nous vidons la salle.

SOMMEIL D'UN DIRECTEUR DE THÉÂTRE

X***, homme d'esprit et auteur dramatique distingué, est, par-dessus le marché, un original des plus curieux à étudier. Longtemps il a dirigé une scène importante du boulevard, et on ferait un livre de toutes les anecdotes qui ont émaillé sa direction.

Entre autres infirmités — qui n'a pas les siennes? — il avait celle de s'endormir régulièrement quand on lui lisait un drame en cinq actes. Franchement, si une infirmité est pardonnable, c'est bien celle-là. Mais ce qu'il y avait de comique, c'est que sa prétention grande était de ne jamais dormir en pareille circonstance, et il la soutenait avec animation vis-à-vis des auteurs mêmes qui faisaient le succès de son théâtre. Quant aux inconnus, il ne descendait pas jusqu'à leur expliquer son sommeil.

Un soir, deux Siamois de la littérature dramatique, R*** et Z***, viennent le trouver dans son cabinet et lui demandent de lui lire, le lendemain à midi, un drame en cinq actes. Les auteurs et le directeur étaient étroitement liés et s'estimaient mutuellement.

— Très-bien, mes enfants, demain chez moi, à midi, je vous attends. Je suis sûr que c'est encore un cadeau que vous allez me faire.

— Tu en jugeras, répondit R***.

— Et tu ne dormiras pas? ajouta Z***.

— Est-il bête! est-ce que je dors jamais? Tu fais toujours la même plaisanterie. Je te préviens qu'elle n'est plus drôle. Mais, quand je ferme les yeux, mes enfants, c'est pour mieux écouter.

— Et quand tu ronfles, est-ce que c'est aussi pour mieux écouter?

— Allons, bon! voilà que je ronfle, à présent; cela manquait! Voyons, nous rirons une autre fois, je n'ai pas le temps ce soir. A demain.

Le lendemain, les deux dramaturges étaient exacts. Mais Z***, s'était promis d'avoir le cœur net au sujet du sommeil de X***, et il confia son projet à son collaborateur. Il avait imaginé un *criterium* pour s'assurer de la vérité. Je dois vous prévenir que Z*** faisait le plus grand cas de l'esprit et de l'habileté de X***; sa plaisanterie ne pouvait donc, dans aucun cas, avoir rien d'injurieux pour celui-ci. On sait que le langage des coulisses entre gens du métier est très-libre. Aussi ne se fâche-t-on jamais dans ce monde cordial.

La lecture commença. C'était Z*** qui lisait. X*** tint bon pendant les quatre premiers actes, dont il était sérieusement très-satisfait. Mais, à la seconde scène du dernier acte, ses yeux s'appesantirent, et sa tête commença à faire le balancier; bientôt elle se mit à saluer comme les gros Chinois en carton creux qu'on donne aux enfants. Enfin, il devint immobile, il s'endormit. Z***, qui guettait le moment, substitua aussitôt au dialogue réel ce dialogue improvisé :

« LE DUC. — Voilà encore ce crétin de X*** endormi. Quelle vieille tonne ! Qu'en pensez-vous, duchesse ?

» LA DUCHESSE. — Je pense, duc, que le bélître est complétement dénué d'intelligence.

» LE DUC. — Et il a la prétention de juger les poëtes !

» LA DUCHESSE. — Lui, juger quelque chose ? C'est un idiot !

» LE DUC, *d'une voix sourde*. — C'est un âne ! »

Le dialogue continua encore sur ce ton pendant quelques minutes, puis Z*** cria d'une voix formidable et en fermant bruyamment le cahier de papier :

« Fin du cinquième et dernier acte. »

X*** s'éveilla en sursaut et se frotta les yeux.

— Eh bien, lui dit Z***, qu'est-ce que tu penses de cet acte-là ?

— Magnifique ! nous aurons cent représentations. Seulement, mes deux bonnes petites vieilles, c'est longuet, ça traîne un peu vers la fin, ça aura besoin de *quelques coupures!*

Z*** et R*** avaient mille peines à s'empêcher de rire, mais ils ne soufflèrent mot de leur innocente plaisanterie. Le drame était reçu, c'était l'essentiel. Il fut joué et eut, en effet, cent représentations. Ce qui prouve une fois de plus que le bien vient en dormant.

SOPHIE ARNOULD

Sophie Arnould était furieuse d'un petit procès que venait de perdre son vieil ami Vatteville et s'en plaignit à M. Perrot de Chézelles, ex-président de chambre, qui se trouvait là.

— Je suis sûre que la justice s'est trompée, dit-elle.

— Si vous me l'affirmez, belle dame, répond galamment le magistrat, je finirai par croire que la justice peut errer.

— Dans cette circonstance, elle a tellement erré, reprit-elle, qu'elle en a battu la campagne.

SOPHOCLE

Sophocle disait d'Eschyle, qui avait la réputation de s'enivrer pour échauffer sa verve :

— Lorsqu'il fait bien, ce n'est pas sa faute.

*

Il disait que trois de ses vers lui avaient coûté trois jours de travail.

— Trois jours ! s'écria un poëte médiocre. J'en aurais fait cent durant cet intervalle.

— Oui, dit Sophocle, mais ils n'auraient duré que trois jours.

SOUFFLEURS INTERPELLÉS

Le souffleur est chargé de secourir la mémoire troublée des acteurs; mais le souffleur ne suffit pas toujours. On jouait, à Lunéville, la *Mélanide* de la Chaussée. L'acteur qui représentait Darviam manqua de mémoire à tel point, au moment de la déclaration d'amour, que le souffleur fut obligé de réciter toute la tirade à haute voix. Lorsqu'il eut fini, Darviam se tourna, sans se déconcerter, vers l'actrice :

— Mademoiselle, reprit-il, comme monsieur vous a dit..., etc.
Il montra le souffleur.
On peut juger de l'hilarité du parterre à ce beau sang-froid.

*

Un autre, dans le même cas, dit naïvement au souffleur, assez haut pour être entendu :

— Taisez-vous !... Laissez-moi rêver un moment. Morbleu ! je le savais si bien ce matin !

SOUS LE LUSTRE

Avant l'invention du gaz, la place qui se trouve sous le lustre était à craindre pour les taches qu'on y gagnait. Un soir, à l'Opéra, cette place se trouvait vide; un particulier s'y faufile avec adresse; à peine est-il assis, qu'il sent sa culotte se coller à sa chemise; il tâte, et s'apercevant qu'elle est mouillée, il s'inquiète, se tourmente pour savoir ce que ce peut être; un plaisant lui dit :

— Monsieur, ça pourrait bien être de l'huile, car vous êtes à la place où l'on met la cruche.

SOYONS AMIS, CINNA

Après les vers :

> Apprends à te connaître et descends en toi-même !
> On t'honore dans Rome, on te courtise, on t'aime,
> Chacun tremble sous toi, chacun t'offre des vœux ;
> Ta fortune est bien haut, tu peux ce que tu veux,
> Mais tu ferais pitié, même à ceux qu'elle irrite,
> Si je t'abandonnais à ton peu de mérite...

le dernier maréchal de la Feuillade, qui était sur le théâtre, dit tout haut à Auguste :

— Ah ! tu me gâtes le *Soyons amis, Cinna*... Si le roi m'en disait autant, je le remercierais de son amitié.

SUCCÈS D'ARNAL

On demandait, un jour, à Arnal comment il s'y prenait pour avoir de l'agrément dans presque tous les rôles qu'il créait.

— C'est, répondit-il bonnement, que je vise toujours à un succès pyramidal.

— Vous êtes modeste ! reprit son interlocuteur.

— Plus que vous ne pensez. Savez-vous ce qui constitue un succès pyramidal ?... C'est qu'il finit par une pointe.

SULTAN DE NOUVELLE FABRIQUE

Les Enfants trouvés, ou le Sultan poli par l'amour, parodie de *Zaïre,* sont une critique juste et piquante de cette pièce. Le portrait du sultan est parfait :

> Au sein des voluptés bien loin que je m'endorme,
> Si je tiens un sérail, ce n'est que pour la forme ;
> Les lois que, dès longtemps, suivent les Mahomets,
> Nous défendent le vin ; moi, je me le permets.
> Tout usage ancien cède à ma politique,
> Et je suis un sultan de nouvelle fabrique.

SUR LE POINT DE DEVENIR MÈRE

Une ingénue du théâtre des Variétés, voulant rompre son engagement malgré son directeur, cherchait mille prétextes pour y parvenir ; elle n'imaginait rien de bon ; enfin, après une heure de réflexion, elle s'écria d'un air triomphant :

— Eh bien, j'emploierai un moyen honnête, je dirai que je suis sur le point de devenir mère...

SUSCEPTIBILITÉ DE NUMA

Acteur de grand talent, et surtout très-spirituel, Numa n'aime que les plaisanteries convenables et de bon goût. Quelques camarades, qui connaissent ses idées arrêtées là-dessus, l'irritent à dessein avec des anecdotes un peu lestes.

— Triste et pas fort ! répond toujours Numa. Dans ce genre-là, il n'y a qu'un esprit, et vous ne l'avez pas : c'est celui de trouver des truffes.

SYLLA A MELUN

Un soir, — c'était à Melun — Frédérick devait jouer *Sylla;* la salle était comble, et, à six heures et demie, pas de Frédérick !

Faudra-t-il rendre la recette ?

Ducros, le régisseur, ses lunettes sur le nez, dans son costume de confident, placé à une fenêtre des combles, interrogeait la route avec anxiété.

Le voilà ! mais il est... indisposé.

N'importe, on l'habille; et, devant le public, l'artiste se retrouve tout entier. Sa présence d'esprit est telle, qu'en voyant entrer Ducros, qui, dans son émotion, avait oublié de retirer ses lunettes, il s'écrie :

Quoi ! tes yeux, affaiblis par les pleurs et les veilles,
Ont-ils pour leur salut (*montrant les lunettes*) adopté ces merveilles ?

Ducros comprend et retire vivement le meuble inopportun.

Au même instant, on entend un grand bruit... patatras !

C'était le souffleur, qui riait d'une manière convulsive et d'un si bon cœur, qu'il avait fait perdre l'équilibre au tonneau qui lui servait de domicile.

Le désarroi est complet, les musiciens rient, on rit dans les coulisses, et l'absence du souffleur ne rassure pas des artistes qui apprenaient leurs rôles, tout juste ce qu'il en fallait pour *passer un dimanche.*

Frédérick Lemaître sauve encore la situation ; il s'écrie :

> Entends-tu ce grand bruit ? Je crois qu'il serait sage
> De chercher au palais l'abri contre l'orage.

Il entraîne Ducros et rentre dans la coulisse en criant :
— Au rideau !
Le public, croyant que tout cela était dans la pièce, applaudit en rappelant Frédérick, qui avait été admirable, comme jeu de physionomie, dans ces deux derniers vers.

TACONNET

Taconnet mourut à l'hôpital de la Charité, après une assez longue maladie. Sur le point de rendre l'âme, il se tourna vers un charpentier qui agonisait, et lui dit :
— Dépêche-toi, mon ami, d'aller là-bas dresser un théâtre, et annoncer à Pluton que je jouerai ce soir, à sa cour, *l'Avocat savetier* et *la Mort du Bœuf gras*.

TAGLIONI (MADEMOISELLE)

Taglioni était restée plusieurs mois sans danser, sous prétexte d'un mal de jambe. Quelque temps après, Adam fut appelé comme compositeur à Saint-Pétersbourg. En entrant dans l'appartement de Taglioni, qui était alors première danseuse au Théâtre-Impérial, il vit accourir dans ses jambes une charmante enfant.
— A qui donc cette jolie petite fille ?

Taglioni lui répondit en riant :
— C'est mon mal de genou.

TALMA

Dans une représentation que donnait Talma à Rouen, il jouait Oreste ; en scène, il s'aperçoit que sa tunique n'est pas fermée par derrière et qu'il pourrait montrer au public des choses inutiles, surtout dans une tragédie. Fort mal à son aise, il joue sa scène faisant toujours face au public, quand arrive Pylade, qu'il embrasse de biais, en s'écriant :

> Oui, puisque je retrouve un ami si fidèle,
> Ma *tunique* va prendre une face nouvelle.

Joanny, qui jouait *Pylade*, ne comprend pas d'abord. Talma continue :

> Et déjà son courroux semble s'être adouci.

Bas. — Serre donc ma tunique !

> Depuis qu'elle a pris soin de nous rejoindre ici.

Bas. — On va tout voir.

> Qui l'eût dit, qu'un rivage à mes yeux si funeste,
> Présenterait d'abord Pylade aux yeux d'Oreste ?

Bas, plus vivement. — Et mon maillot qui est déchiré !

> Qu'après plus de six mois que je t'avais perdu...

Bas, à bout de patience. Tu ne comprends donc pas, je vais montrer mon...

Joanny a enfin saisi ; il se jette immédiatement dans les bras de Talma, en répétant :

> Oh! oui, tu l'as trouvé cet ami si fidèle ;
> Tu n'auras plus, ami, d'aventure nouvelle!

Joanny, tournant le dos au public, serrant Talma dans ses bras, réparait le désordre, avec une épingle qu'il avait prise à son propre costume.

L'épingle, très-nécessaire à Joanny lui-même, tint mal à la tunique de Talma, et tous les deux firent une sortie... nature.

*

Un jour, à la répétition, les acteurs causant finance, Talma disait à ses jolies camarades :

— Pour nous, les appointements sont tout ; tandis que, vous, mesdames, vous avez d'autres avantages.

— Ah! mon ami, s'écria mademoiselle Bourgoin, pas tant que tu crois, va! il y a bien des non-valeurs!

*

Madame Talma disait à son mari :

— Si j'avais des goûts aussi dispendieux que les tiens! si je voulais des diamants, des loges à tous les théâtres! si j'avais des fantaisies!

— Eh bien, répondit Talma avec le plus grand sang-froid, nous aurions plus de dettes.

TALON

L'Ambigu-Comique venait d'être transporté dans la salle des Variétés. Dans une scène de *la Matinée du comédien*, où les deux personnages doivent s'asseoir, il ne se trouva qu'une chaise sur le théâtre. L'acteur Talon, surnommé, comme beaucoup d'autres, le Molé du boulevard, eut la présence d'esprit de la présenter à son interlocuteur, en lui disant :

— Excusez-nous, nous ne faisons que d'emménager.

TARTUFE

Des acteurs de province jouaient dans une ville dont l'évêque était mort depuis peu de temps. Le successeur, ennemi acharné du théâtre, donna ordre (c'était, bien entendu, avant cette maudite Révolution) que les comédiens partissent avant son entrée. Ils jouèrent encore la veille ; et, comme s'ils eussent dû encore paraître le lendemain, celui qui annonça dit :

— Messieurs, vous aurez demain le *Tartufe*.

TARTUFE ET SCARAMOUCHE

Huit jours après que *Tartufe* eut été défendu par ordre du parlement, on représenta à la cour une farce très-licencieuse, intitulée *Scaramouche ermite*.

Le roi, qui avait assisté à ce spectacle, dit au grand Condé en sortant :

— Je voudrais bien savoir pourquoi les gens qui se scandalisent si fort de la comédie de Molière, ne disent rien de celle des Italiens ?

— Sire, répondit le prince, c'est que les Italiens n'offensent que Dieu dans leur pièce, et que Molière, dans la sienne, offense les dévots.

TAUTIN

Ce célèbre tyran, jouant le rôle de François Ier, demandait à l'auteur du mélodrame sous quel règne l'action se passait.

THÉATRE DE MARMONTEL

Quelqu'un disait de Marmontel, qui avait mis au théâtre avec peu de succès certains de ses contes :

— Un jour que M. Marmontel était en colère, il a mis ses contes en *pièces*.

THÉATRE DE MELUN

Le théâtre de Melun donnait *la Femme à deux maris*. Les acteurs suant et soufflant, cela marchait tant bien que mal ; mais, tout à coup, l'artiste chargé de remplir le rôle du père de la malheureuse épouse, tombe malade et se trouve hors d'état de continuer. Voici donc le régisseur forcé de venir faire au public les trois révérences d'usage et de lui annoncer la fatale nouvelle.

On sait combien sont intraitables les parterres de province.

Le pauvre régisseur est accueilli à coups de sifflets. Personne ne sait que faire.

Pour remplacer l'acteur malade, il n'y a qu'un moyen, c'est de faire lire le rôle par un autre ; mais il y avait un petit inconvénient : c'était le rôle d'un aveugle ; un aveugle qui lira son rôle, voilà l'illusion compromise. Enfin, on propose l'expédient au public, et le public l'adopte. Notre aveugle improvisé arrive ; conduit par un guide, mais lisant sans lunettes. Cela allait assez bien, lorsque survint un contre-temps terrible. Une page manque au manuscrit, et, au moment le plus palpitant, l'acteur embarrassé ne sait comment s'en tirer ; le public s'impatiente et siffle. Enfin notre pauvre aveugle, ne prenant conseil que de son désespoir, se met en frais d'invention, et remplace ce qui manque par des monosyllabes de son cru. Il était sur le point de se tirer d'affaire, lorsque, perdant la tête, dominé par le souvenir d'un autre rôle, il s'écrie :

— En croirai-je mes yeux !

Un immense éclat de rire retentit dans toute la salle, puis les sifflets de recommencer leur musique.

Alors ce brave homme, brisé par la tempête, s'avance sur le devant de la scène, salue profondément le public et dit :

— Ma foi, messieurs, on dit qu'il n'y a pires sourds que ceux qui ne veulent pas entendre ; moi, je prétends qu'il n'y a pires aveugles que ceux qui voient clair.

THÉATRE, ÉCOLE DE MOEURS

Un harpagon disait en voyant jouer *l'Avare* :

— Il y a beaucoup à profiter dans la pièce de Molière ; on en peut tirer d'excellents principes d'économie.

THÉMISTOCLE

C'était la coutume à Athènes, dans les spectacles lyriques, de chanter les belles actions des grands capitaines. Quelqu'un demandant à Thémistocle quel était l'acteur dont la voix lui plaisait le plus :

— Celui, répondit-il, qui chante mes louanges.

TÉNORS D'AUTREFOIS

Dans les dernières années de sa carrière théâtrale, comme on commençait à donner de fort gros appointements à des artistes moins grands et moins utiles que Garcia, sa femme le pressait de demander une augmentation à laquelle il avait évidemment des droits.

Garcia répondait imperturbablement :

— Un ténor vaut 25,000 francs par an, s'il est bon ; pas un sou de moins, pas un sou de plus. S'il est moins payé que cela, on le vole ; s'il l'est plus, il vole son argent. Les autres, ils volent leur argent.

THÉODORE (MADEMOISELLE)

Mademoiselle Théodore, danseuse de l'Opéra, vivait en excellente intelligence avec d'Auberval, lorsque parut le chevalier de Narbonne, qui tournait toutes les têtes. La tête de mademoiselle Théodore tourna comme les autres. Au bout de six semaines, elle trouva fade le chevalier, et, son cœur la ramenant à d'Auberval, elle lui écrivit :

« C'est moi, c'est votre infidèle, si je le suis. Tu n'as donc pas remarqué que le chevalier a tous tes traits : mêmes yeux, même front, même sourire ; il n'a pas ton cœur et je l'ai cru ; car c'était toi que j'adorais en lui ; je l'aimais pour l'aimer deux fois ; reste seul et tu me suffiras. Veux-tu me recevoir ? ai-je une rivale ? Point de réponse. Je t'attends à souper ou je te hais pour la vie. Tu sais que je tiens parole. »

D'Auberval n'eut garde de manquer au souper.

THERMOPYLES

Mademoiselle Léontine demandait à M. Paul Foucher si le passage des Thermopyles, tant vanté dans l'antiquité, était aussi beau que le passage des Panoramas.
— Il l'était bien davantage, répondit l'auteur de *la Voisin*.

THILLON (MADAME ANNA)

On cite le mot suivant d'une homonyme de madame Anna Thillon, jeune, jolie, mariée, actrice et Anglaise comme elle.

Le mari de ce sosie de la charmante actrice, rentrant chez lui de trop bonne heure, au retour d'un voyage, trouva sa place occupée dans le lit de sa femme.
— Oh ! Anna, lui dit-il, jure-moi que tu es encore pure...
— *Vo été un belle*, répondit Anna.

THYNGH-TI

Thyngh-ti, empereur de la Chine, devint éperdument amoureux d'une comédienne ; sa passion l'entraîna si loin que, pour l'épouser, il répudia l'impératrice, Il voulut que tous les princes et toutes les princesses lui fissent leur cour. Enchanté de sa maîtresse, il demanda à sa mère ce qu'elle en pensait.

— Elle est à merveille, repartit Pan-Hyay; elle joue avec beaucoup de vérité, et un premier rôle ne lui messied pas.

Cette réponse fit réfléchir l'empereur; on le vit pâlir et rougir successivement. Enfin il prit son parti :

— Vous avez raison ! s'écria-t-il; son élévation n'est non plus qu'une comédie.

Et la comédienne fut chassée du palais.

TIBÈRE VOLÉ

Le *Tibère* attribué au président Dupuy, et remis par lui aux comédiens, est, dit-on, du révérend père Folard, professeur de rhétorique à Lyon.

Voici l'anecdote racontée à ce sujet :

Le père Folard faisait lire tous ses ouvrages à un homme d'esprit et de goût de ses amis, qui demeurait à Paris. Il lui écrivit qu'il avait composé une tragédie, en le priant de l'envoyer prendre chez le père procureur des jésuites de la rue Saint-Antoine.

Un domestique fut dépêché, et dit au père procureur :

— Je viens de la part de M. X..., chercher des papiers.

— Je sais ce que c'est, répondit le père procureur, mais je ne les ai pas actuellement; revenez demain matin à dix heures, je vous les donnerai.

Un voleur entendit la conversation, et, à ce mot de papiers, crut qu'il s'agissait de lettres de change. Le lendemain, il prend la même livrée que le laquais, se présente avant l'heure indiquée; et le jésuite lui remet les papiers. Le voleur dut se regarder comme volé en ne trouvant qu'une tragédie. Quelques jours après, il fut arrêté; on le fouilla, et l'on tira de sa poche la pièce en question. Interrogé sur l'heure, il raconta l'aventure.

La pièce circula et finit par tomber entre les mains du président Dupuy, qui était de la Tournelle, et devait juger le coupable. Le président se proposa de la faire jouer sous son nom; mais, comme le père Folard, qui l'avait composée pour son collége, n'y avait point introduit de femme, le président fit venir l'abbé Pellegrin, qui tenait boutique de vers de toute mesure, et lui commanda un rôle de reine ou de princesse.

— Cela vous coûtera six cents francs, dit l'abbé.

— Six cents francs pour une femme? Vous vous moquez...

— Mais, monsieur, je ne puis pas mettre cette femme toute seule; il faut que je lui donne une suivante.

— Il n'y a qu'à s'en passer. Au reste, mettez une suivante, mettez-en deux, mettez-en trois, n'en mettez point du tout; je vous donnerai dix écus.

Pellegrin accepte le marché : la femme et la suivante furent créées en deux jours, et la tragédie eut un succès de rire.

Tandis que la critique s'acharnait sur elle, l'épigramme suivante fut jetée dans la mêlée :

> Pourquoi vouloir de ce *Tibère*,
> Blâmer le président Dupuy?
> Si, sous son nom, il n'a pu plaire,
> Aurait-il plus plu sous celui
> De celui qui, pour le lui faire,
> A reçu dix écus de lui.

TINTINIAC (LE CHEVALIER DE)

A une des représentations d'*Aben-Saïd*, tragédie de l'abbé Leblanc, le chevalier de Tintiniac, officier aux gardes françaises, étant debout au milieu du théâtre, un spectateur lui cria du fond du parterre :

— Annoncez !

Le chevalier ne bougea point; et les clameurs redoublèrent; on alla même jusqu'à lui dire :

— Annoncez, l'homme à l'habit gris de fer, galonné en or, annoncez !

Ne doutant plus que l'apostrophe ne s'adressât à lui :

— J'annonce, dit l'officier, que vous êtes des drôles, que je rouerai de coups.

TITI

Un incendie éclate; il s'agit de sauver des flammes une jeune fille. Cette jeune fille se trouve être d'une corpulence peu commune.

L'acteur, chargé de l'enlever, tente en vain l'aventure. Alors un titi s'écrie :

— Faites deux voyages.

TODI (MADAME)

Deux chanteuses de l'Opéra, mesdames Mara et Todi, attirèrent tout Paris en 1783. On demandait à un amateur quelle était celle qu'il aimait le mieux.

— Ah ! c'est bien...*tôt dit*, répliqua-t-il.

TOUSEZ (ALCIDE)

— C'est agréable d'avoir de l'esprit, disait Alcide-Tousez; on a toujours quelque bêtise à dire.

TOUX DE M. DE MAILLÉ

Dans plusieurs théâtres de vaudevilles, l'usage est d'accorder à l'auteur qui a fait jouer une douzaine de pièces, une deuxième entrée à vie qu'il est libre de céder ou de vendre.

M. Gabriel, le spirituel vaudevilliste, avait vendu à M. de Maillé l'entrée à laquelle il avait droit aux Variétés.

C'était un vieillard affolé des quolibets d'Odry. Aussitôt les portes ouvertes, il gagnait, à l'orchestre, la stalle qui lui était réservée.

Le duc était atteint d'une toux qui parfois interrompait la pièce.

— A bas l'enrhumé! criait-on.

Un jour, Odry, à qui une quinte avait coupé la parole, s'avançant vers la rampe :

— Ça se passera, messieurs, dit-il ; c'est l'entrée de Gabriel qui tousse.

TRAGÉDIE TUÉE PAR UN MOINE

Dans la tragédie de Morand, intitulée *Childéric,* un personnage muet, chargé d'apporter une lettre, se présente sur la scène à l'instant où elle se trouvait occupée par un grand nombre d'acteurs, parmi lesquels il avait peine à démêler celui à qui il devait s'adresser. Un jeune homme, qu'on sut après être un moine déguisé, s'écria :

— Place au facteur !

Il n'en fallut pas davantage pour faire tomber la pièce.

TRAIT DE COURAGE DE GAVAUDAN

Au commencement de la Restauration, Gavaudan et sa femme furent en butte aux démonstrations hostiles des royalistes. Mais Gavaudan, lui, était une de ces natures d'élite qui ont la conscience de leur bon droit et ne savent jamais plier, surtout jusqu'à supporter une humiliation. On faisait en sorte de ne pas le faire jouer ; mais il trouvait le moyen de protester partout où il se trouvait. Ainsi, à une première représentation au théâtre de la Gaieté, il assistait à une cabale d'ultras contre un artiste de ce théâtre. Deux messieurs se trouvaient dans la loge qu'occupait Gavaudan, et criaient à tue-tête.

— Parbleu ! messieurs, dit-il, je ne voulais pas entrer dans cette loge ; je me doutais que j'y trouverais mauvaise société : ça sent la garde du corps, ici !

Il ne se trompait pas.

Cette apostrophe lui valut un coup d'épée dans le bras, et l'adversaire eut la figure labourée par la pointe de l'épée de Gavaudan.

TRAIT DE PRÉSENCE D'ESPRIT DE NUMA

Dans *l'Article* 213, jolie pièce où Numa était parfait, Gil-Pérez jouait un vieux domestique, que consulte souvent son maître. Après un long monologue, Numa dit :

— Allons, appelons mon vieux Jérôme.

Au moment où son maître l'appelait, le vieux Jérôme, le chef couvert d'une perruque grise, jouait avec Bressant dans la coulisse, et, après quelques plaisanteries réciproques, Bressant venait de lui enlever sa perruque et l'avait jetée sur un portant de coulisse.

Numa avait déjà appelé plusieurs fois. Impossible de manquer son entrée; Gil Pérez se décide à la fin.

En voyant cette figure jeune et les cheveux noirs de Gil Pérez, Numa contient avec peine son envie de rire, et dit:

— Ce n'est pas vous, c'est votre père que je demande.

Gil Pérez rentre dans la coulisse, reprend sa perruque que l'on avait atteinte; il revient en scène en vieux Jérôme, et dit:

— Prévenu par mon fils, j'accours...

TRAIT D'INGÉNUE

Une demoiselle était sur le tapis, au foyer de la Comédie française. On devisait de ses dents, achetées chez Fattet, de son teint de rose et de ses cheveux blond cendré, chef-d'œuvre de Guerlain.

— Mademoiselle ***, dit une ingénue, n'a de naturel que ses enfants.

TRANSPORT AU CERVEAU

Tydée, dans une scène de l'*Électre* de Crébillon, raconte la mort de son père, et se perd en descriptions pompeuses; on blâma ce morceau, et on lança sur le théâtre ce quatrain:

> Quel est ce tragique nouveau
> Dont l'épique nous assassine?
> Il me semble entendre Racine,
> Avec un transport au cerveau.

TROP DE PÈRES

Le semainier perpétuel d'un des grands théâtres de Paris, raconte Grimod de la Reynière, était chargé, lors des lectures de pièces nouvelles, d'annoncer à l'auteur le résultat de l'opinion de ses camarades. Lorsque la pièce était reçue, la chose n'était point difficile et sa commission n'avait rien que d'agréable. Mais, dans l'autre cas, il était assez embarrassé, et mettait toute son étude à varier le style de ses messages et à dorer de son mieux la pilule.

Un jour de lecture de je ne sais quel opéra-comique, il se trouva dans cet embarras. L'auteur, en attendant sa destinée, se promenait de long en large sur le théâtre, dans un état d'anxiété plus aisé à imaginer qu'à décrire, et que cependant Piron a si bien décrit dans le monologue du cinquième acte de *la Métromanie*. Notre semainier l'aborde, et, dans son langage, moitié français, moitié bergamasque :

— Monsu, lui dit-il, votre oupéra a fait oun très-grand plaisir. Tous nos camarades, en particoulier, en sont ensantés... Cependant je vous dirai qu'il vient d'être refusé à l'ounanimité.

L'auteur, un peu interdit de cette chute, à laquelle ce singulier début ne l'avait point préparé, demande au moins quelques détails sur ce refus, ce qu'on trouve à redire à sa pièce, etc.

— Votre pièce, monsu, elle est essellente, répond le semainier, qui peut-être venait de la refuser sans l'avoir écoutée, mais... vous avez un père.

— Comment ! un père ? Est-ce donc un motif de refus ? Il y a des pères dans presque toutes les comédies...

— Eh bien, monsu, c'est précisément cela. Nous avons déjà deux pères dans *le Houron*, nous en avons trois dans *Loucile*, votre oupéra nous en amène encore oun : c'est trop. La comédie ne saurait se charger de tant de pères; *perchè, monsu*, votre pièce ne sera pas zouée.

TROP TARD

— Avez-vous rencontré *le Vaisseau noir* sur votre chemin? demande un vaudevilliste à un de ses confrères.

— Qu'est-ce que cela?

— Comment! vous n'avez pas entendu parler de ce roman qui fait fureur...!

— Euh! attendez donc... Oui, en effet... j'ai quelque idée vague... Ah! j'y suis... C'est mauvais! Impossible d'en rien tirer.

— Oh! je suis parfaitement de votre avis.

Sur ce, ils vont chacun de leur côté.

Quinze jours plus tard, ils se retrouvent dans l'antichambre d'un directeur.

— Ah! ah! et par quel hasard?

— Et vous?

— Oh! mon Dieu! pour une bagatelle... un drame.

— Tiens, et moi aussi... Mon drame s'appelle *le Vaisseau noir*.

— Mais vous n'êtes qu'un corsaire!

Tout à coup, le directeur ouvre la porte de son cabinet et les auteurs de se précipiter.

— J'étais ici avant vous!

— Et moi, je voulais venir hier!

— Vous n'entrerez pas!

— Ni vous non plus!

— De quoi s'agit-il donc, messieurs? demande le directeur.

Les vaudevillistes en chœur :

— Nous vous apportons un drame intitulé *le Vaisseau noir*.

— Vous arrivez trop tard. J'ai reçu, il y a huit jours, un drame sur le même sujet et avec le même titre.

TROU DE SOUFFLEUR

A un spectacle donné gratis au sujet de la naissance de Madame, fille du roi, il y avait une très-grande affluence. Une jeune poissarde, qui n'était jamais entrée à la comédie, voyant le souffleur lever la trappe et avancer le tête sur le théâtre :

— Eh! s'écria-t-elle, regardez donc ce chien-là qui fait un trou au théâtre pour trouver une place !

TUILE DU PRINCE X***

Mademoiselle Z***, de la Comédie française, donnait à dîner. Il était six heures : autour de la table était réunis Alexandre Dumas, Émile Augier, et autres grands hommes d'hier et d'aujourd'hui. Tout à coup, la sonnette retentit et l'on vient annoncer à mademoiselle Z*** la visite du prince X***.

— Faites dire à ce noble étranger que vous n'y êtes pas ! s'écria Alexandre Dumas.

— Impossible. Il sait que je suis toujours chez moi à six heures. Il ne sera pas long, je l'espère. En attendant mon retour, abusez de votre esprit. Cela vous fera prendre patience.

Sept heures sonnant et mademoiselle Z*** ne revenant pas :

— Diable! fit Alexandre Dumas, le noble étranger abuse quelque peu du verbe *aimer*.

— Le dîner sera exécrable, dit un chroniqueur. Mais pourquoi un domestique n'irait-il pas annoncer que le dîner est servi?

On appela un domestique, qui déclara que madame avait défendu qu'on vînt jamais la déranger dans son boudoir.

— Je m'en charge, dit V*** du Théâtre-Français.

Et aussitôt de revêtir la livrée et d'aller heurter à la porte du boudoir.

— Entrez! cria mademoiselle Z***, qui commençait aussi à s'impatienter.

— Le dîner est servi, dit V***.

— Oh! madame, dit le prince, je vous demande bien pardon de mon inconvenance... mais vous êtes aussi coupable que moi : la faute en est à votre esprit...

V*** tenait la porte en laquais bien appris. Le prince le dévisagea comme on dévisage un importun.

. . . .

A quelque temps de là, on jouait une nouvelle pièce; mademoiselle Z***, qui était chargée du principal rôle, envoya une stalle d'orchestre au prince X***. — Ce dernier s'agitait à sa place : il ne cessait de se retourner du côté de son voisin de droite. Le voisin rendait regards pour regards, et se disait à part lui :

— Voilà une figure que j'ai vue je ne sais où.

La pièce terminée, le prince alla complimenter mademoiselle Z***; puis il ajouta :

— L'orchestre de la Comédie française est bien mal composé.

— Bien mal composé! s'écria mademoiselle Z***. Mais, à chaque représentation, il n'y a là qu'un public d'élite...

— A preuve que j'avais à ma droite un de vos domestiques...

— Prince, vous voulez rire.

— Je parle sérieusement : c'était celui-là même qui vint annoncer : « Le dîner est servi. » Je le reconnaîtrais entre mille!

— Hélas! vous le savez, fit mademoiselle Z*** avec un imperceptible sourire, il n'y a rien qui ressemble plus à un galant homme qu'un manant.

TURLUPIN

Guillot-Gorju disait à Turlupin :
— Tu m'as fait la mine.
— Non, répondit-il, si je l'avais faite, tu l'aurais meilleure.

LE TYRAN POLYPHONTE

Voltaire envoyant, dès cinq heures du matin, à un acteur les corrections qu'il avait faites au rôle de Polyphonte, son laquais lui représenta que ce comédien était encore couché.
— Va toujours, lui dit-il : les tyrans ne dorment jamais.

UCHARD (MARIO)

Au moment où la pièce, *le Retour du mari*, allait être mise en répétition aux Français, M. Empis crut devoir donner un conseil à M. Uchard.
— Sans augurer mal du succès, je vous engagerais à soumettre votre pièce au dernier coup d'œil d'un bon metteur en scène... à Scribe, par exemple.
— Scribe ! fait l'auteur indigné. Jamais ! Je n'en voudrais pas pour mon portier !
On connaît le reste. *Le Retour du mari* ne plut pas précisément au public, et l'on ne manqua pas de gloser sur les causes de cet insuccès.
La proposition de M. Empis et les termes dans lesquels elle avait été rejetée, parvinrent également aux oreilles de Scribe, qui s'écria :

— Ne pas vouloir de moi pour son portier!... il a eu, ma foi! raison; car je n'aurais pas laissé sortir sa pièce.

LES ULTRAS ET MADAME GAVAUDAN

Sous la Restauration, comme on connaissait l'esprit d'opposition de madame Gavaudan, elle eut à subir, un soir, dans l'opéra de *Joconde*, un rude assaut.

Il y avait beaucoup d'officiers de la garde royale dans la salle, et, chaque fois que le roi paraissait dans la pièce avec Joconde, on criait : *Vive le roi!* et on forçait les artistes à en faire autant. Au second acte, après avoir chanté ses couplets, madame Gavaudan allait sortir, quand le public lui demande de crier : *Vive le roi!*

Elle n'en fit rien et continua son rôle sans broncher. Le tumulte allait *crescendo*; il arriva à un tel point, que les autres artistes en scène en perdaient la tête. Gontier, qui a brillé depuis lors au Gymnase, Gontier, neveu de madame Gavaudan, jouait Lucas et lui disait :

— Criez, ma tante, criez !

Elle répondait :

— Laisse-moi tranquille, et mêle-toi de tes affaires.

Enfin, elle fait signe qu'elle veut parler. Le bruit s'apaise. S'avançant alors devant le roi et Joconde, elle dit :

— Tout ce que je puis vous promettre, c'est de danser avec tous les deux !

Après avoir dit ces derniers mots de son rôle, elle sortit vivement.

On ne put rien obtenir d'elle, et le public fut forcé de céder devant ce parti pris et la courageuse obstination d'une femme qui ne voulait pas mentir à ses convictions.

UN DE PERDU, DIX DE RETROUVÉS

On répétait un drame au théâtre Beaumarchais.

La jeune première, trahie par le premier rôle, exprimait mal son désespoir et sa colère.

— Vous ne comprenez donc pas la scène! lui crie l'auteur. Mettez-vous à la place de cette malheureuse Ariane... Supposez que votre amant vienne de vous abandonner... Que feriez-vous?

L'actrice de répliquer très-tranquillement :

— J'en prendrais un autre.

UN GRAND SEIGNEUR FRELATÉ

Un intrus, équipé en dandy et orné du lorgnon traditionnel, s'était fourvoyé dans le foyer du Gymnase. Il ennuyait fort avec la narration de son luxe, de ses habitudes dépensières; il posait pour le *grand seigneur*. Après avoir parlé de son intérieur, de ses chevaux, de ses bijoux, il arrive au chiffre de ses domestiques.

— Et ils sont si heureux, chez moi! ajoute-t-il; de bons gages, une excellente nourriture, et du vin à six francs la bouteille.

— Eh bien, si j'étais à votre place, lui dit Numa, je leur en chiperais un peu, pour en boire quelquefois moi-même.

UN TITI ET MADAME DOCHE

Un jour, madame Doche se promenait devant la Gaieté, quand un dandy du boulevard du Crime, passant entre elle et son chien, lui fait lâcher la laisse et donne la liberté au joli quadrupède.

Madame Doche réclame; le jeune homme vole à la poursuite du chien, et revient les mains vides. Se posant alors agréablement devant l'artiste, il dit en se dandinant :

— Je serais trop heureux de le remplacer, madame.

— Vous avez bien de la présomption, monsieur ! répond madame Doche en le toisant.

VACHES ESPAGNOLES

Mademoiselle X*** racontait à quelques intimes ses impressions de voyage en Espagne.

— J'ai pu, disait-elle, m'assurer du peu de foi que l'on doit ajouter aux dictons populaires. Ainsi, à Paris, lorsque quelqu'un s'exprime mal, on dit : « Il parle comme une vache espagnole... »

— Eh bien? demanda l'auditoire redoublant d'attention.

— Eh bien, reprit la spirituelle actrice d'un air triomphant, j'ai pu me convaincre, par plusieurs épreuves successives, que non-seulement les vaches espagnoles ne parlent pas un mauvais français, mais encore...

— Mais encore...?

Et l'auditoire était haletant.

— Mais encore, affirma mademoiselle X***, qu'elles ne parlent pas de tout.

VADÉ

Un fat, qui se trouvait à côté de Vadé aux Italiens et qui faisait le beau parleur, disait, en lui racontant ses prouesses galantes :

— J'ai é u la comtesse ***; j'ai é u la duchesse de ***.

Fatigué de la prononciation et de la bêtise de ce vantard :

— Que me dites-vous là? répliqua Vadé. Jupiter fut plus heureux que vous, car il A. E. U. I. O.

VANHOVE (madame)

Madame Vanhove, qui débuta avec peu de succès dans *Phèdre*, en 1780, sans se laisser étourdir par le tumulte et les huées d'une partie des spectateurs, osa, à la sixième scène du quatrième acte, où se trouve ce vers :

>Reconnais sa vengeance aux fureurs de sa fille...

le changer ainsi :

>Reconnais sa vengeance aux fureurs du parterre...

hardiesse qui fut accueillie par les applaudissements nombreux de ceux qui ne s'étaient point acharnés contre elle.

VAUDEVILLISTE FÉROCE

Dans un foyer d'artistes arrive un vaudevilliste au moment où va entrer en scène une actrice qui lui a joué de méchants tours et qui, l'apercevant, veut le reprendre dans ses lacs. Elle lui lance un regard des plus éloquents.

— La poudre va bien aux yeux noirs! dit le vaudevilliste pour dire quelque chose.

La dame porte un costume régence.

— Comment, noirs?... Mais j'ai les yeux bleus! s'écrie-t-elle.

— Il me semblait pourtant que vous aviez quelque chose de noir?... Ah! je vois..., ce sont les dents!

VERNET

Le czar Nicolas aimait beaucoup à se promener seul, à pied, dans les rues.

Par mesure de sûreté générale, il était interdit d'adresser la parole à l'empereur ou de lui répondre, s'il parlait.

Quand on contrevenait à l'ordre, deux moujiks, sortant on ne sait d'où, se jetaient sur le délinquant et l'emmenaient en prison.

Un jour que l'empereur Nicolas traversait une des principales places de la ville, l'acteur Vernet se trouvait sur son passage.

Le czar l'interpella, le fit causer un instant, et passa outre.

A peine le prince avait-il les talons tournés, que les inévitables moujiks se précipitaient sur le comédien, afin de l'emmener à l'ombre.

Le soir, au Théâtre-Français, l'empereur, étant dans sa loge, s'impatientait de ne pas voir lever le rideau.

— Général Guédéonoff, pourquoi ne commence-t-on pas?

— Sire, cela vient du principal acteur.

— Le principal acteur, c'est Vernet... Que lui est-il donc arrivé?

— Sire, il est absent.

— Absent! Allons donc! ce n'est pas possible! Je l'ai rencontré en ville, dans l'après-midi.

— Sire, c'est précisément pour cela.

— Ah! je comprends! s'écria alors le czar; ces oisons l'ont

arrêté parce qu'il a répondu à une question que je lui adressais. Savez-vous ce qu'il me disait? Je lui demandais :

« — Vernet, qu'as-tu donc?

» — Sire, je suis triste.

» — Avec quoi guéris-tu cela?

» — Sire, avec la seule tisane qui ait du bon sens, avec des vins de France.

» Voilà son crime! Quels ânes que les gens zélés. Qu'on aille le mettre en liberté, et au plus vite. »

A dix minutes de là, l'acteur sortait de prison pour reprendre son rôle.

Une autre fois — c'était au bout de six mois — le czar le rencontrait derechef dans la rue.

— Ici, Vernet! s'écria Nicolas.

— Du tout, reprit l'acteur. Vous m'appelez, c'est très-bien de votre part, sire; mais je la connais, celle-là! On ne m'y reprendra plus. Je ne veux pas être la souris que les deux moujiks attraperont aujourd'hui.

Et il s'en alla d'un autre côté.

VERS DE COULISSES

Puisque Corneille est mort, qui nous donnait du pain,
Faut vivre de Racine ou bien mourir de faim.

VERTPRÉ (JENNY)

— Oh! qu'elle est petite! s'écriait mademoiselle Jawureck, actrice de l'Opéra, en voyant mademoiselle Jenny Vertpré; c'est tout au plus si elle a quatre pieds.

— C'est vrai, mademoiselle; mais vous en avez un qui en vaut quatre, répondit Jenny.

VESTRIS

Le *diou dé la danse* disait :
— Moi, Voltaire et le grand Frédéric...

LA VEUVE DU MALABAR

Dans la nouveauté de *la Veuve du Malabar,* une affiche annonce aux habitants de Quillebœuf que M. et madame Fleuriet, du théâtre de Rouen, viendront jouer cette pièce.

Il n'y a pas de veuve du Malabar sans bûcher, et pas de bûcher sans feu.

Le propriétaire n'entend pas que l'on brûle l'esprit-de-vin consacré.

Fleuriet promet tout; mais, au moment dramatique, où Larive était si beau quand il voyait son amante sur le bûcher, la flamme jaillit et produit son effet.

Le public applaudissait frénétiquement, quand le propriétaire, peu soucieux de l'anachronisme, entre en scène en sabots, armé de deux seaux, et inonde madame Fleuriet.

La tragédie se termina par une ravissante volée que le père Fleuriet administra au propriétaire séance tenante. Le public se retira très-satisfait. Le propriétaire fut condamné à payer les frais de la maladie que fit madame Fleuriet, mais le nom de *Pompier du Malabar* lui resta.

VIENNET

Quand M. Viennet prononça son discours sur la tombe d'Alexandre Duval, il fit tant d'allusions à sa tragédie d'*Arbogaste*, tombée récemment, qu'on ne put s'empêcher de lui faire remarquer qu'*il se trompait de mort*.

*

A la première représentation d'une de ses pièces, M. Viennet constatait, avec beaucoup d'esprit, que le public ne paraissait pas très-enthousiasmé.

— C'est vrai, dit Alexandre Dumas, il n'y a pas beaucoup de monde, et l'on bâille.

Le lendemain, on jouait, au même théâtre, un drame de l'auteur des *Mousquetaires*.

— Voyez donc, monsieur Dumas, fit l'auteur d'*Arbogaste*, voici à l'orchestre un spectateur qui bâille.

— Ça ! c'est un monsieur d'hier.

VIERGE EN COUCHES

Les comédiens promettaient depuis longtemps une pièce nouvelle où la vertu était personnifiée. Le public, impatient de la voir, la demandait tous les jours.

— Pourquoi donc ne la représentez-vous pas ? dit une dame de qualité à un comédien.

— Nous ne pouvons, lui répondit-il, la donner avant une quinzaine, parce que la fille qui joue le rôle de la Vertu implore en ce moment à hauts cris le secours de Lucine.

VINGT CULOTTES

Le pauvre abbé Pellegrin, qui dînait de l'autel et soupait du théâtre, fit jouer une pièce où se trouvait ce vers :

L'amour a *vaincu Loth.*

Un spectateur du parterre s'écria :
— Qu'*ôn* en donne une à l'auteur !

VINGT SOUS

A la représentation du *Fabricant de Londres,* de Fenouillot de Falbaire, on vient annoncer sur la scène la banqueroute du marchand :
— Ah ! morbleu ! s'écria alors un spectateur ; j'y suis pour mes vingt sous !

VOIE D'UNE PRIMA DONNA

Une chanteuse sur le retour commande à sa camériste, après le spectacle, de lui faire un bon feu ; à quoi la fille répond :
— Il n'y a plus de bois, votre *voie* est finie.

VOISENON

L'abbé de Voisenon, en 1783, donna au Théâtre Italien un petit acte assez maussade. La pièce n'ayant eu aucun succès, quelqu'un lui demanda pourquoi il l'avait risquée à la scène.
— Il y a si longtemps, répondit Voisenon, que tout Paris m'ennuie en détail, que j'ai saisi cette occasion de rassembler mon monde et de prendre ma revanche en gros.

*

Un homme qui se trouvait au parterre de la Comédie, à côté de l'orchestre, où l'abbé de Voisenon causait assez haut, cria de toute sa force :

— Taisez-vous donc, bête à foin ! vous m'empêchez d'entendre.

— Monsieur, lui répondit froidement l'abbé, ne vous ôtez donc pas les morceaux de la bouche.

*

Voisenon assistait, chez Voltaire, à la lecture de la tragédie d'*Alzire*; Racine fils crut y reconnaître un de ses vers, et répétait toujours entre ses dents :

— Ce vers-là est à moi.

Cela impatiente l'abbé qui, s'approchant de Voltaire :

— Rendez-lui son vers, dit-il, et qu'il s'en aille.

*

A la représentation de la comédie du *Cercle*, de Poinsinet, pièce dont quelques scènes, écrites du ton de la bonne compagnie, en font une peinture assez fidèle, quoique cet auteur ne la fréquentât guère :

— Ah! le fripon, dit à ce sujet l'abbé de Voisenon, il a écouté aux portes.

VOIX DE SIX CENTS LIVRES

Au moment d'une représentation de l'opéra *Ariane et Bacchus*, un acteur tomba malade. On prit, pour le remplacer, un de ces chanteurs subalternes accoutumés à être sifflés lorsqu'ils sortent de leur sphère.

Il avait à peine ouvert la bouche qu'il fut assailli de huées. Mais, sans sourciller, il regarda fixement le parterre :

— Je ne vous conçois pas, dit-il. Devez-vous penser que, pour six cents livres que je touche par an, j'irai vous donner une voix de mille écus ?

— Messieurs, dit un autre dans le même cas, je suis honnête homme, on me paye pour chanter, je chante et je chanterai.

VOL (un calembour au)

A Strasbourg, il y avait un régisseur nommé Lescaut qui avait beaucoup de présence d'esprit, et, en outre, une grande réputation en ville comme faiseur de calembours.

On l'aimait beaucoup. Toutes les fois qu'il faisait une annonce, le public établissait avec lui une véritable conversation, dont il se tirait toujours très-spirituellement, et qu'il terminait par un calembour qu'on lui réclamait.

Un soir, il avait à annoncer le remplacement de madame Valmont, la première chanteuse, indisposée subitement. Comme il avait la vue basse, il n'aperçoit pas la dernière marche du trône d'Isabelle dans *Robert le Diable,* il la heurte du pied, et tombe tout de son long sur le théâtre.

On rit et on l'applaudit, et, comme d'habitude, on lui crie :

— Lescaut ! un calembour, un calembour !

Lui, s'approcha de la rampe et dit :

— Ah ! messieurs, vous avez vu quelque chose de bien extraordinaire, c'est la chute de *Lescaut* sur la *scène.*

Vous jugez du succès !

VOLANGE

Volange se plaisait à débaptiser les pièces. Au lieu d'annoncer *Zaïre*, il mettait sur l'affiche : *le Grand Turc amoureux et jaloux;* Il intitulait *Beverley* : *les Cruels Effets de la passion du jeu.* Quand la troupe nomade qu'il dirigeait passait dans une ville, il avait soin de choisir parmi les pièces celles qui pouvaient y avoir un rapport quelconque. A Brevis-la-Gaillarde, il jouait le *Voyage interrompu* de Picard, et il l'intitulait : *le Jeune Homme de Brives-la-Gaillarde.* A Villeneuve-sur-Yonne, c'était le *Collatéral*, auquel il donnait pour titre : *le Marchand de bois de Villeneuve-sur-Yonne.* Il faisait jouer la même pièce sous le titre de : *la Diligence à Joigny, la Diligence à Reims, la Diligence à Gisors*, etc. Si on arrivait à Dijon, il intitulait le drame si connu de Mercier : *la Brouette du vinaigrier de Dijon.* C'est au point qu'un jour, à Villers-Cotterets, il eut l'aplomb de donner *le Misanthrope* et de l'intituler : *le Misanthrope de Villers-Cotterets.* Il avait une mémoire merveilleuse et se plaisait à rappeler le lieu de la naissance des auteurs dont il représentait les ouvrages. Quelquefois, pour les besoins de la caisse, il dépaysait les gens. Un jour, dans un mauvais village de la Brie, il eut le front d'annoncer *le Médecin malgré lui*, comédie, par un jeune auteur de cette commune. Du reste, ce vieux charlatanisme s'est renouvelé à notre époque. Des directeurs de province grossissent le bagage des auteurs en vogue. On a lu, dans une petite ville de département une affiche ainsi conçue :

LE TARTUFE,

Comédie en cinq actes de M. Scribe.

Volange imagina l'affiche suivante :

PAR PERMISSION DE M. LE MAIRE

la troupe de M. Volange fils, passant par cette ville pour se rendre dans les plus importantes de la France et de l'étranger, où elle est attendue et désirée, donnera, aujourd'hui une représentation de :

JOSEPH

Drame lyrique de MM. Alexandre Duval et Méhul, de l'Institut. La pièce sera jouée en drame, afin que la musique ne ralentisse pas l'action. Cependant, pour ne pas priver le public des délicieux accords de M. Méhul, la superbe romance de :

A PEINE AU SORTIR DE L'ENFANCE

sera chantée dans un entr'acte par mademoiselle Flore, élève du Conservatoire, et première cantatrice d'un des grands théâtres de la capitale.

Le spectacle commencera par

PYGMALION

scène mélodramatique de J.-J. Rousseau, philosophe de Genève, auteur de *la Nouvelle Héloïse*, qui a fait verser tant de larmes aux cœurs sensibles.

M. Floricourt remplira le rôle de Pygmalion, et le jouera d'une manière tout à fait historique.

Le rôle de la statue sera rempli par mademoiselle Flore, avec le costume modelé sur celui de mademoiselle Georges du Théâtre-Français.

Cette brillante soirée dramatique, qui doit faire époque dans la ville de Pontoise, sera terminée par :

LA FÊTE DE CAMPAGNE
OU L'INTENDANT COMÉDIEN MALGRÉ LUI

comédie-proverbe, l'un des chefs-d'œuvre de feu Dorvigny, que la mort vient d'enlever récemment aux Muses, qui pleurent sur sa tombe.

Dans cette pièce, M. Volange fils, successeur de son père, remplira le rôle créé par ce célèbre comédien, dont la réputation n'a pas besoin d'éloges, et changera sept fois de costumes, de caractère et de physionomie avec la célérité la plus extraordinaire.

Messieurs les militaires et messieurs les enfants nés à Pontoise ne payeront que demi-place.

VOLTAIRE

Voltaire faisait jouer aux Délices, près de Genève, son *Orphelin de la Chine*; Montesquieu, qui se trouvait là, s'endormit profondément. Voltaire lui jeta son chapeau à la tête en disant :
— Il croit être à l'audience.

*

Après la représentation de *Brutus*, Fontenelle dit à Voltaire :
— Vous n'êtes point propre à la tragédie; votre style est trop brillant, trop pompeux.
— Je vais donc relire vos pastorales, répondit Voltaire.

*

Voltaire disait après une représentation d'une pièce de Marivaux :
— C'est un homme qui connaît tous les sentiers du cœur humain; mais il n'en sait pas la grande route.

*

Après la première représentation de l'*Oreste*, de Voltaire, la maréchale de Luxembourg envoya à l'auteur quatre pages de critiques sur sa pièce; il se contenta de lui répondre par cette seule ligne :
« Madame la maréchale, on n'écrit pas Oresto avec un h. »

*

Voltaire faisait une répétition de son *Irène* chez le marquis de Villette; l'actrice à laquelle ce rôle était destiné mettant trop de rapidité dans son débit :

— Mademoiselle, lui dit-il, souvenez-vous que je ne vous ai pas fait des vers de six pieds pour en manger trois.

*

Larive, devant jouer le rôle de Titus dans la tragédie de *Brutus*, va trouver Voltaire pour répéter avec lui le rôle. Il le trouve étendu sur son lit (c'était huit jours avant sa mort).

— Ah! mon ami, je ne puis plus m'occuper des vanités du monde; je me meurs.

— Ah! monsieur, j'en suis bien affligé, car je dois jouer demain Titus.

A ces mots, le moribond ouvre les yeux, se soulève en s'appuyant sur le coude :

— Que dites-vous, mon ami? Vous jouez demain Titus? Il n'y a plus de mort qui tienne, je veux vous faire répéter.

WOFFINGTON (mistress)

Un jour, Quin, jouant le juge Balance dans *l'Officier recruteur*, de Foote, eut une singulière distraction en interrogeant mistress Woffington, qui faisait la fille du juge.

— Sylvia, lui dit-il, quel âge aviez-vous quand votre mère se *maria?*

L'actrice restant interdite, il reprit :

— Je vous demande quel âge vous aviez quand votre mère *naquit?*

— Je regrette de ne pouvoir répondre à cette question, répliqua celle-ci ; mais je puis vous dire, si vous le désirez, quel âge j'avais quand elle *mourut.*

*

Mistress Woffington, venant de jouer un rôle d'homme, dit en rentrant au foyer :

— En vérité, la moitié du parterre vient de me prendre pour un homme.

— Que fait cela, répondit une de ses camarades, si l'autre moitié sait le contraire?

FIN

TABLE DES MATIÈRES

	Pages
PRÉFACE	5

A

Abbés.	9	Amphigouri.	14
Abondance de pères.	10	Anaïs Aubert (mademoiselle).	14
About.	11	Ancelot.	15
Accident comique.	11	Ancelot et Molière.	15
Acte (un cinquième).	11	Andromaque	16
Age de mademoiselle P***.	12	Anglais.	17
Alboni (madame)	12	Anguilles de Melun.	17
Alcide-Tousez et la marchande de perdreaux	12	A-propos.	17
		A qui perd gagne.	18
Alcide-Tousez et la retraite de Russie.	13	Argument *ad hominem*.	18
		Arioste.	18
Allan (madame).	13	Aristophane.	19
Aménités théâtrales.	14	Arlequin.	20

Arlincourt (d').	26	*Atrides* (les).	37
Armand.	26	Auber.	37
Armand Carrel.	27	Aufresne.	37
Armée sur la scène.	27	Augier (Émile).	38
Arnal.	28	Auguste.	38
Arnauld (l'abbé).	29	Auteur.	39
Arnould (Sophie).	29	Auteur interloqué.	40
Art et nature.	35	Autreau.	40
Artiste et figurant.	36	Avare augmenté (l').	41
Aspic de Vaucanson.	36	Aymont (mademoiselle).	41
Atchi.	36	Azor.	41

B

Balzac.	42	Bergères.	57
Banque Mandrin.	43	Bernard (Samuel).	57
Banquier.	44	Bièvre (le marquis de).	58
Baptiste aîné.	44	Bilboquet.	59
Barbe de la reine.	45	Billet d'auteur.	59
Baro (Balthazar).	45	Billets de banque.	59
Baron.	45	Biron (le marquis de).	60
Barrière (Théodore).	48	Bohème.	60
Beaujolais.	48	Boïeldieu.	61
Beaumarchais.	49	Boileau.	61
Beaupré.	51	Boisgontier (mademoiselle).	62
Beau succès.	52	Bonne nouvelle.	62
Beauvallet.	52	Bonneval.	63
Beauvallet fils.	54	Bordier.	63
Beau vers.	55	Bouffé.	63
Béjart.	55	Bourgoin (mademoiselle).	64
Bellamy (mistress).	56	Boursier.	65
Bergerac (Cyrano de).	56	Boutin et Laurent.	65

Boyard	65	Brohan (mademoiselle Augustine)	69
Boyards (les) de mademoiselle Th...	66	Brueys	71
Brillant (mademoiselle)	66	Brueys et Palaprat	71
Brisebarre	67	Brunet	72
Brizard	68	Buloz	75

G

Cabotin	75	Chute de la pièce et culbute de l'auteur	86
Calembour d'actrice	76		
Camerani	76	Cicéron et Roscius	86
Campistron	77	Cinq portiers tués	86
Caron... l'homme à la barque	77	Cintio	87
		Cirque (une injustice au)	87
Carouby	78	Clairon (mademoiselle)	88
Carton (mademoiselle)	78	Claque	88
Cerrito (Fanny)	78	Clarinette de Beauvallet	88
C'est votre fils	79	Colardeau	89
Champcenetz	79	Collége des Quatre-Nations	90
Champmêlé (mademoiselle)	80	Colombe (mademoiselle)	90
Changement de ton	81	Comme la colonne	90
Chapelle	81	Compliment	91
Chapelle (du Vaudeville)	81	Condé et Lérida	91
Chassé	82	Congé	91
Chat de madame Vestris	82	Conseil amical	92
Chavanges	82	*Considération* (la)	92
Chef-d'œuvre tragique	84	Contat (mademoiselle)	92
Chêne et Roseau	84	Conti (le prince de)	92
Cherubini	84	Coq-à-l'âne	93
Cherubini et Berlioz	85	Coquette châtiée	93
Chœur incompris	85	*Coriolan*	93
Christine de Suède	86	Corneille	94

28.

Corps de ballet.	95	Coup de bec.	96
Corrections de Zaïre.	95	Crébillon.	96
Couci-couci.	96	Crébillon voué à l'enfer.	97

D

Dames de chœurs.	97	Directeur confondu.	109
Damoreau (madame).	98	Directeur qui aime à rire.	110
Danchet.	98	Directeur qui soupire.	110
Dancourt.	98	Directeur subtil.	111
Dancourt et sa fille.	99	Discours rentré.	111
Danger du subjonctif.	99	Dognon.	112
Dangeville (mademoiselle).	99	Donizetti.	112
Danseuse qui a de l'ordre.	100	Dormeur éveillé.	113
Datus.	101	Dorval (madame).	113
Dauberval.	101	Douvry.	114
Dédommagement.	102	Doyen.	115
Déjazet (mademoiselle).	102	Dragées de M. de Rothschild.	115
Delrieu.	103	Ducis méconnu.	115
Demande indiscrète.	103	Duclos (mademoiselle).	115
Demi-deuil.	104	Dufresny.	117
Demoustier.	104	Dugazon.	118
Démophon.	105	Du Luc (le comte).	120
Député.	105	Dumas (Alexandre).	121
Désenchantement.	105	Dumas fils (Alexandre).	127
Desessarts.	106	Dumesnil (mademoiselle).	129
Despotes femelles.	107	Dumont.	129
Destouches.	108	Duplessy (mademoiselle).	130
Dévote.	108	Dupré, maître de ballet.	130
Diderot.	109	Duthé (mademoiselle).	131
Digne-fermeté de Garrick.	109	Duverger.	131

E

Économie bien entendue. . . 133
Économie domestique de Rosambeau. 134
Elleviou. 134
Emma. 136
Empis. 137
Encore un tire-bouchon ! . . 137
Enfants (les) *d'Édouard.* . . . 137
Enfants de l'acteur Régnier. . 138
Esther de Bongars (mademoiselle). 138
Euripide. 138
Exempt mal élevé. 139
Ex-pairesse. 139

F

F*** (mademoiselle). . . . 139
Fables (les) *de la Fontaine et Granville.* 140
Fabre d'Églantine. 141
Factionnaires. 143
Faculté (la). 144
Faire de la tapisserie. . . . 144
Faite d'un Russe. 144
Faites des perruques. . . . 145
Fanier (mademoiselle). . . 145
Favart. 146
Favart (madame). 147
Fechter. 147
Félix père. 147
Femme sauvage. 148
Feu Wafflard. 148
Fiammina. 149
Fiorentino. 149
Flore (mademoiselle). . . . 150
Fontenelle. 151
Foote et le comte de Cumberland. 151
Fort pour son âge. 152
Fricassée d'enfants. . . . 152
Froment (Charles). 152
Furetière. 153

G

Gabrielli. 153
Galiani. 153
Gallien. 154
Garat. 154

Gare au manche.	155	Granier de Cassagnac.	159
Garennes de Nîmes (les).	155	Grassini.	160
Garrick.	146	Grassot.	160
Gaussin (mademoiselle).	156	Grave méprise.	162
Geoffroy (l'abbé).	157	Guérari (la comtesse).	162
Gluck.	157	Guignol.	163
Gouffé (Armand).	158	Guillard.	163
Goutte d'eau.	158	Guimard (mademoiselle).	164

H

Habeneck.	164	Homme dégoûté.	169
Harel.	164	Homme juste pour Molière.	170
Harlay (Achille de).	168	Houdon.	170
Héloïse et Anna Thillon.	169	Houssaye (Arsène).	150
Heuzey.	169	Huler (Charles).	170
Hoffman.	169	Hyacinthe.	171

I

Innocente. 172

J

Je m'en vais.	172	Jouy (de) et le poëme de *Guillaume Tell*.	173
Je suis du théâtre.	173		
Johnson (Samuel).	173	Justification de Piron.	174

K

Karr (les vers cassés d'Alphonse) 174

L

Lacour (mademoiselle).	175	Lemaître (Frédérick).	181
Lafon.	175	Lemierre.	185
La Fontaine endormi.	176	Léontine (mademoiselle).	187
Laissez-le faire.	176	Lepeintre jeune.	187
Lait de Beaumarchais.	176	Lerat.	188
Lambert (madame de).	177	Lesage et la duchesse de Bouillon.	189
Lange (mademoiselle).	177		
Larive.	177	Lettres patentes.	190
Lasozelière.	178	Linière.	190
Laurent-Jan.	178	Lireux (Auguste).	190
La Victoire (l'abbé de).	179	Loëve-Weimar.	192
Laya (Léon).	179	Lope de Véga.	192
Lebrun (madame).	180	Louis XII.	193
Leçon d'italien.	180	Louis XIV.	193
Lecouvreur (Adrienne).	180	Louis XVIII.	193
Lecture.	181	Louis prêté.	193
Legrand.	181	Loustic exigeant.	194
Lekain.	183	Lulli.	194

M

Maillard.	197	Manche du ballet.	198
Malitourne.	197	Manuscrit sans rature.	188

Marier Justine.	199	grats.	208
Marie Stuart chez M. de Saint-Aulaire.	200	Michot.	209
		Mi ré la mi la.	210
Mariolle.	200	Misanthrope (le) sans le savoir.	210
Marivaux.	200	Moëssard.	211
Mars (mademoiselle).	201	Molière.	211
Martainville.	204	Monnier (Henry).	212
Martin.	205	Monnier (Henry) cicerone.	212
Massacre de chats.	205	Monselet (Charles).	213
Maupin (mademoiselle).	205	Monsieur qui s'emporte.	213
Meilleure troupe.	206	Montansier (mademoiselle).	214
Mélodrame.	206	Mont-de-piété.	214
Ménandre.	207	Monvel.	214
Mercier.	207	Mort ou vif.	215
Mère d'actrice.	207	Moyen d'apprivoiser Palmis.	216
Métromanie (la) et les Fils in-		Murville.	216

N

Napoléon.	217	Notaire à marier (première représentation du).	218
Nicolet.	218		

O

Odéon.	219	Opposition sur les planches.	220
Odry.	219	Orage détourné.	221
OEil de mademoiselle Sontag.	219	Oreilles de l'écriture.	222
Offenbach.	220	Oreilles des grands.	222
Officiers d'autrefois.	220	Ormoire.	223
Opéra de mademoiselle X***.	220		

P

Paër à Toulon.	223	Pièces refusées.	237
Panard.	224	Pied bot.	237
Panseron.	226	Piron.	238
Pantomime à Rome.	226	Pixérécourt.	241
Part à deux.	227	Plessis (mademoiselle).	242
Parterre.	227	Plessis-Arnould (madame).	242
Partie de lansquenet.	228	Plus de danses et moins de jupes.	242
Paul et Virginie.	228	Poêle et lampion.	243
Pauses.	229	Poinsinet.	243
Pauvre jeune homme.	230	Point et virgule.	244
Péchantré.	230	Poisson.	244
Pécourt.	230	Police des théâtres.	245
Pellegrin.	231	Ponsard.	245
Pénitence.	231	Pons (de Verdun).	245
Père ou non.	232	Pont-Alais.	246
Père prodigue (le).	232	Pope.	247
Perpignan.	233	Portier de sa fille.	247
Petit baiser, s'il vous plaît.	233	Potier.	247
Petit banc qui rapporte gros.	233	Prenez mon ours.	248
Petit prince.	234	Présence d'esprit de Lassagne.	248
Peut-on siffler quand on bâille ?	234	Préville.	249
Peut-on siffler quand on pleure ?	234	Prince modeste autant que généreux.	250
Philippe.	235	Princesse.	250
Philomèle.	235	Princesse qui retarde.	250
Piano.	235	Procès burlesque.	251
Pièce à réchauffer.	236	Professeur d'enrouement.	252
Pièce trop longue	236	Pylade.	252
Pièces de circonstance.	237		

Q

Quatrième degré. 253	Quin. 254
Question indiscrète. . . . 253	Quinault (mademoiselle). . . 254
Question malhonnête. . . . 253	Quinault-Dufresne. 255

R

Rachel 256	Richard Cœur-de-Lion. . . 263
Racine. 257	Rimes riches. 264
Rameau. 258	Rivarol. 264
Rat d'opéra. 258	Rochefort (madame de). . . 264
Rateliers (les). 258	Roger de Beauvoir. 265
Recette commode pour faire un opéra-comique. . . 259	Roi boit (le). 265
	Roissy (mademoiselle). . . 265
Recette pour en faire une bonne. 260	Roqueplan (Nestor). . . . 266
	Rosambeau. 267
Recors impertinent. . . . 261	Rosalie (mademoiselle). . . 270
Repartie de mademoiselle Mars. 261	Rossini. 270
	Rousseau (J.-J.). 272
Repas de marbre. 262	Roy. 273
Répertoire du Petit-Lazary. . 262	Ruflo. 273
Responsabilité. 262	Rufus (Caius). 274
Révalard. 263	

S

Sabathier (l'abbé) de Castres. 274	Saint-Prix. 276
Sagacité de Monval. . . . 274	Saint-Victor (Paul de). . . 276

Samson.	276	*Siège de Calais* (le).	286
Sandeau (Jules).	277	Sifflets en voyage.	286
Sang-froid.	278	Simple réponse.	286
Savetier détrôné.	278	Soirée d'artistes.	287
Sax (mademoiselle).	279	Sommation.	288
Scaramouche.	279	Sommeil d'un directeur de théâtre.	288
Scène et scène.	279		
Scepticisme obstiné.	279	Sophie Arnould.	291
Scribe (Eugène).	280	Sophocle.	291
Scrupuleuse ponctualité de Monval.	281	Souffleurs interpellés.	292
		Sous le lustre.	292
Ségur (le vicomte de).	282	Soyons amis, Cinna.	293
Sensibilité modérée.	283	Succès d'Arnal.	293
Serment (le).	283	Sultan de nouvelle fabrique.	294
Serres.	284	Sur le point de devenir mère.	294
Sevestre père.	284	Susceptibilité de Numa.	294
Sheridan.	285	*Sylla* à Melun.	295

T

Taconnet.	296	Thermopyles	303
Taglioni (mademoiselle).	296	Thillon (madame Anna).	303
Talma	297	Thyngh-ti.	303
Talon.	299	Tibère volé.	304
Tartufe .	299	Tintiniac (le chevalier de).	305
Tartufe et *Scaramouche*	299	Titi.	306
Tautin.	300	Todi (madame).	306
Théâtre de Marmontel.	300	Tousez (Alcide).	306
Théâtre de Melun	300	Toux de M. de Maillé.	307
Théâtre, école de mœurs	301	Tragédie tuée par un moine.	307
Thémistocle.	301	Trait de courage de Gavaudan.	308
Ténors d'autrefois.	302	Trait de présence d'esprit de Numa.	308
Théodore (mademoiselle).	302		

TABLE DES MATIÈRES

Trait d'ingénue.	309	Trou de souffleur.	312
Transport au cerveau.	309	Tuile du prince X***.	312
Trop de pères.	310	Turlupin.	314
Trop tard.	311	Tyran (le) Polyphonte.	314

U

Uchard (Mario).	314	Un de perdu, dix de retrouvés.	316
Ultras (les) et madame Gavaudan.	215	Un grand seigneur frelaté.	316
		Un titi et madame Doche.	316

V

Vaches espagnoles.	317	Viennet et Alexandre Dumas.	322
Vadé.	317	Vierges en couches.	322
Vanhove (madame).	318	Vingt culottes.	322
Vaudevilliste féroce.	318	Vingt sous.	323
Vernet.	319	Voie d'une prima donna.	323
Vers de coulisses.	320	Voisenon.	323
Vertpré (Jenny).	320	Voix de six cents livres.	324
Vestris.	321	Vol (un calembour au).	325
Veuve du Malabar (la).	321	Volange.	326
Viennet.	321	Voltaire.	328

W

Woffington (mistress).	329

FIN DE LA TABLE

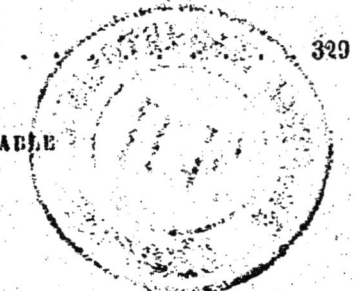

Pierre

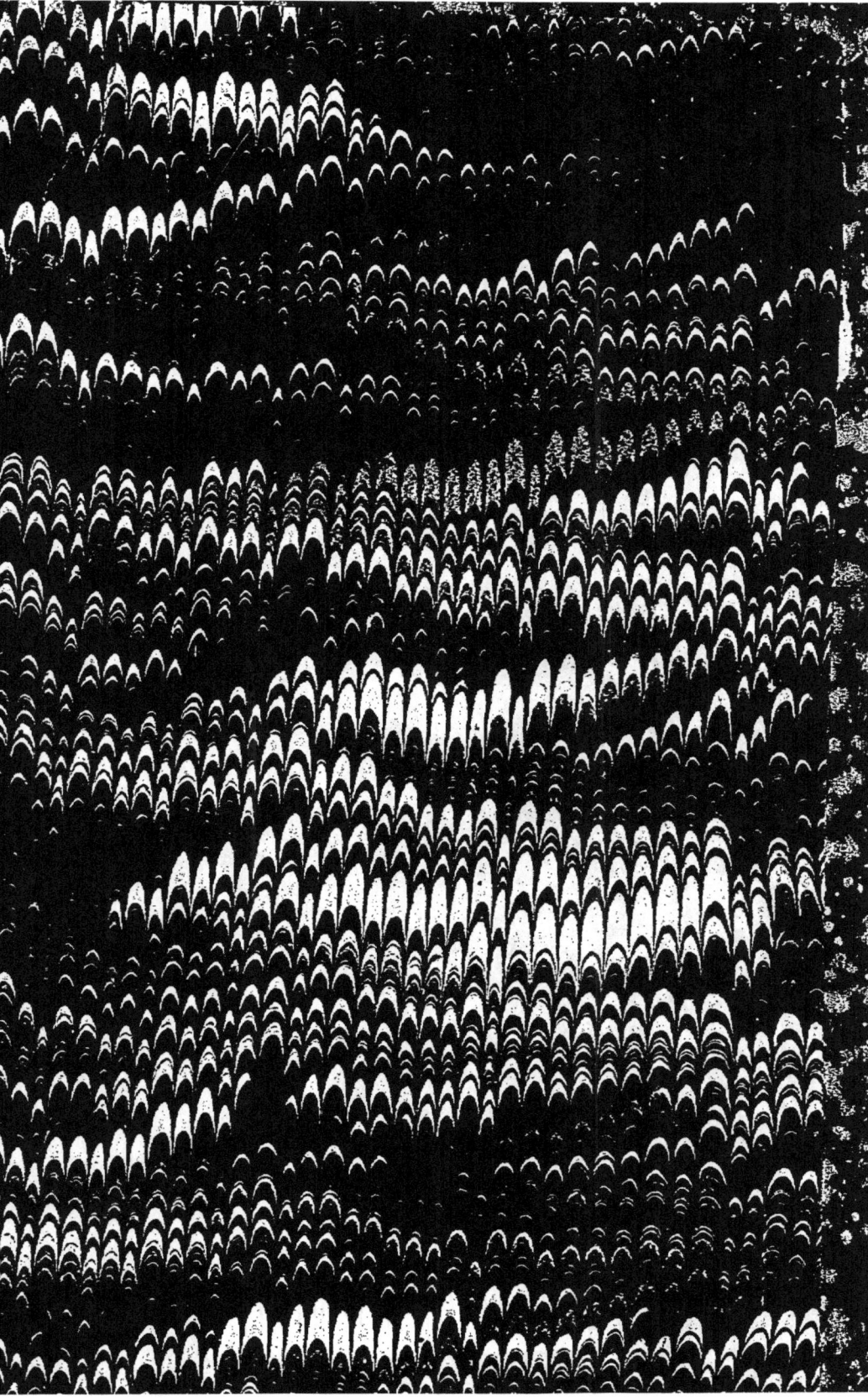

www.ingramcontent.com/pod-product-compliance
Lightning Source LLC
Chambersburg PA
CBHW050755170426
43202CB00013B/2432